本书是山东省社科规划项目：《慈善组织自律机制研究》（18CFXJ08）的最终成果。

CISHANZUZHI
ZILÜJIZHIYANJIU

刘海江　著

慈善组织
自律机制研究

中国政法大学出版社

2024·北京

图书在版编目（CIP）数据

慈善组织自律机制研究 / 刘海江著. -- 北京 ：中国政法大学出版社，2024. 11. -- ISBN 978-7-5764-1855-2

Ⅰ. D632.1

中国国家版本馆 CIP 数据核字第 2024UG6398 号

出 版 者　　中国政法大学出版社

地　　址　　北京市海淀区西土城路 25 号

邮寄地址　　北京 100088 信箱 8034 分箱　邮编 100088

网　　址　　http://www.cuplpress.com (网络实名：中国政法大学出版社)

电　　话　　010-58908586(编辑部) 58908334(邮购部)

编辑邮箱　　zhengfadch@126.com

承　　印　　固安华明印业有限公司

开　　本　　720mm×960mm　　1/16

印　　张　　12.5

字　　数　　230 千字

版　　次　　2024 年 11 月第 1 版

印　　次　　2024 年 11 月第 1 次印刷

定　　价　　59.00 元

党的十八大以来，我国慈善事业发展进入了崭新的时代。这突出表现在如下两个方面：一是慈善事业的定位有了新突破。慈善事业不仅是我国社会保障制度的重要补充，而且日渐成为我国社会分配的重要形式，也成为我国基层社会治理创新的重要载体。二是慈善活动的规范化法治化进入快车道。在我国原来《社会团体登记管理条例》《民办非企业单位登记管理暂行条例》《基金会管理条例》等立法基础上，《慈善法》及其配套法规出台、《民法典》颁布，为我国慈善活动治理提供了更高层次、更专业化的法律制度依据。因此，慈善事业在中国特色社会主义事业中的地位更加凸显，规范化水平不断提升，发展速度和质量也明显提高。

然而，受制于我国经济发展水平、社会发育程度以及文化建设等诸多方面，慈善事业的治理效能还存在非常多的问题。政府治理的尺度把握不够精准，放、管、服三者之间的定位不够清晰，扶持促进措施不够细致，落实也不到位；社会治理体制机制不够畅通，手段不足，力度不够。在慈善组织自律机制方面，问题也较多。慈善组织内部治理机构不健全，运转不够流畅，内部监督机构作用发挥不足；枢纽型行业组织、行业协会少，专业人员以及物质基础薄弱，未能发挥应有作用。

问题不容回避，但更为重要的则是寻找优化我国慈善组织治理的方法路径。本书就是从自律角度致力于解决我国慈善事业治理问题的成果之一。该书沿着提出问题、分析问题和解决问题的思路依次展开。在提出问题部分，不仅搜集了我国慈善事业治理中的诸多典型案例，也从理论和制度上阐述了我国慈善组织自律治理的必要性。在分析问题部分，分别从党的建设、内部治理和行业治理等多角度展开讨论，显示了比较宽阔的视野。在解决问题部分，在党的建设、内部治理和行业治理等方面均提出了富有建设性的观点。

在党的建设方面，提出了将党的监督贯彻全过程的思路和办法；在慈善组织行业自律方面，梳理了大量的国外慈善组织行业自律准则，并在此基础上提出了加强我国慈善组织行业自律的若干政策建议，对我国慈善组织行业自律机制的完善具有十分重要的意义。特别值得一提的是，本书借助于管理学、社会学等学科的理论资源和方法，研究慈善组织自律机制，从而超越了作者所在的法学学科的局限，拓宽了研究思路，丰富了研究结论。

慈善组织自律治理是一个大课题，也是我国慈善事业发展的重要瓶颈。我们热切期待，有更多的学者关注这一领域，为我国慈善事业研究再添新作。

杨道波

2024 年 9 月于聊城大学

目　录

第一章

导 言

第一节 研究背景

慈善是社会文明的重要标志，是一种具有广泛群众性的道德实践。世界各国均注重慈善事业的发展，并通过法律的形式对慈善事业加以保障。早在1601年，英国就通过《英国慈善用途法》对最早的慈善制度进行了勾勒。中国慈善文化、慈善实践源远流长，但是专门的慈善法出台较晚。习近平总书记高度重视慈善事业的发展，早在2002年8月22日，习近平同志在福建省慈善总会第一次代表大会上就指出："要通过组织慈善活动，动员社会力量，筹集社会资金，开展多种形式社会救助，协助政府发展慈善公益事业，更好地推进社会保障化，维护社会的稳定。""要在加强公民道德建设的同时，普及慈善意识，传播慈善文化，弘扬优良传统美德，通过广泛开展慈善活动，聚集广大群众广泛参与，推进社会文明程度和道德水准的提高。"2006年12月12日，习近平同志在浙江慈善大会上强调："在构建社会主义和谐社会中，必须把发展慈善事业作为一件大事来抓，真正确立慈善事业在经济社会发展中的地位。""各级党委、政府及有关部门要切实加强组织领导，把慈善事业发展列入经济社会发展规划和工作计划，进一步研究制定和完善加快慈善事业发展的政策措施，激发公众慈善捐赠的积极性。各类慈善组织要抓住有利时机，广泛开展形式多样的慈善活动，开发慈善资源，拓展服务领域。"党的十八大以来，以习近平同志为核心的党中央高度重视慈善事业在加强基层治理体系和治理能力现代化建设中的作用。党的十九大报告指出"完善社会救助、社会福利、慈善事业、优抚安置等制度"；2019年10月31日，党的十九届四中全会通过的中共中央《关于坚持和完善中国特色社会主义制度 推进国家治理体系和治理能力现代化若干重大问题的决定》指出"重视发挥第三次分配作用，发展慈善等社会公益事业"；2020 年 2 月 5 日，习近平总书记在中央全面依法治国委员会第三次会议上的讲话指出"要依法规范捐赠、受赠行为"；2020 年 10 月 29 日，党的十九届五中全会通过的中共中央《关于制定国民经济和社会发展第十四个五年规划和二〇三五年远景目标的建议》指出"发挥第三次分配作用，发展慈善事业，改善收入和财富分配格局"；2021 年 4 月 28 日，中共中央、国务院发布《关于加强基层治理体系和治理能力现代化建设的意见》，强调要"完善社会力量参与基层治理激励政策，创新社区与社会组织、社会工作者、社区志愿者、社会慈善资源的联动机制"。慈善事业是推进基层社会治理的重要力量，要加强基层治理体系和治理能力现代化建设，必须以习近平总书记关于慈善事业的重要论述为指导，有效推进社会慈善资源融入基层社会治理。习近平总书记多次就发展慈善事业、发挥慈善作用作出重要论述。党的二十大报告提出"构建初次分配、再分配、第三次分配协调配套的制度体系"，"引导、支持有意愿有能力的企业、社会组织和个人积极参与公益慈善事业"。在上述背景下，《中华人民共和国慈善法》（以下简称《慈善法》），自 2016 年 9 月 1 日起施行，中国慈善事业正式进入法治轨道。2016 年《慈善法》施行以来，在规范慈善活动、促进慈善事业的发展方面发挥了重要作用。但是，随着社会的发展，2016 年《慈善法》不再适应社会发展的需要，全国人大代表共提出 57 件修改《慈善法》的建议，其中最为重要的就是应对慈善组织治理能力和治理水平不高的现状，全国人民代表大会常务委员会把修改《慈善法》列入 2022 年度立法工作计划，并在 2023 年 12 月 29 日表决通过《关于修改〈中华人民共和国慈善法〉的决定》，新修正的《慈善法》自 2024 年 9 月 5 日起施行。

慈善组织在 2016 年《慈善法》出台后，在中国正式成为一个法律概念。截至 2023 年 12 月 31 日，根据民政部的统计，全国登记认定慈善组织超过 1.4 万家；备案慈善信托 1433 单，全国年度慈善捐赠总额最高突破 2000 亿元。截至目前，社会组织申请认定为慈善组织的积极性并不高。但是根据新修正后的《慈善法》第 10 条，已经设立的基金会、社会团体、社会服务机构等非营利性组织，可以向办理其登记的民政部门申请认定为慈善组织。在此规定下，预计慈善组织的数量会随之增加，但是就目前存在的慈善组织除了数量较少，也出现了公信力下降的问题而言，部分慈善组织思想建设薄弱、缺乏有效的监管体系等，加之部分慈善组织信息公开透明度较低、募捐及物资分发行为不规范，导致慈善组织公信力下降。这一方面表现为爱心企业及爱心人士跳过慈善组织直接对困难群众进行帮扶、捐赠；另一方面则表现为以物品进行帮扶替代直接捐款。慈善组织公信力下降使得慈善组织发展进一步受阻。

针对以上问题，2023 年《慈善法》加强了对慈善组织的监管，形成了多部门齐抓共管、第三方评价、行业自律、社会监督的综合监管模式。"物必先腐而后虫生"，在众多监管模式里，相对于他律而言，自律显得尤为重要。自律是指慈善组织利用内部的组织章程和监管机构等进行自我监管。关于慈善组织自律的法律依据，2023 年《慈善法》基本上延续了 2016 年《慈善法》的规定，只是在既有规定即第 4 条的基础上增加了第 1 款：慈善工作坚持中国共产党的领导。党的领导作为慈善组织进行自律的思想引领，为慈善组织公信力的提升保驾护航。

2023 年《慈善法》中涉及慈善组织自律的条款主要有：第 11 条明确规定，慈善组织的章程，载明内部监督机制、财产管理使用制度、项目管理制度；第 12 条第 1 款规定，慈善组织应当根据法律法规以及章程的规定，建立健全内部治理结构，明确决策、执行、监督等方面的职责权限，开展慈善活动。第 75 条第 4 款规定，慈善组织和慈善信托的受托人应当在国务院民政部门的慈善信息平台发布慈善信息，并对信息的真实性负责；第 107 条规定，慈善行业组织应当建立健全行业规范，加强行业自律。

在迈进第二个百年奋斗目标的征程上，慈善组织在慈善事业中被赋予了新的使命，《慈善法》为慈善组织的正常运转提供法治保障，在此背景下，研究慈善组织的自律问题就尤为重要了。

第二节　问题的提出及研究意义

一、问题的提出

慈善组织的自律看似是一个老问题，但其在实践中遇到的问题又赋予了慈善组织自律新的内涵，对慈善组织的自律提出了新的要求。理论的研究总是因为现实的需要，慈善组织的自律频繁提出，是因为慈善组织在实际操作中频繁触碰法律的底线，换句话说，慈善组织"丑闻"频出。

案例一： 中华少年儿童慈善救助基金会（以下简称"儿慈会"）涉嫌"配捐"诈骗。所谓"配捐"，是指专门针对患有严重疾病（如白血病、癌症）的儿童等设立的救助项目。患病儿童家属如果想获得该机构的捐助，需先向该机构捐助一笔钱，短期内该笔钱会被归还，并且还会得到一笔额外的捐赠用于患病儿童治病，因为对患病儿童的家庭而言，这笔钱不算多，能够拿得出来，短时间就能拿回来并且获得额外的捐助，捐助虽然不多，但是可以解燃眉之急。所以，当有个项目打着儿慈会的名义进行宣传的时候，许多家长基于对儿慈会的信任，不假思索地就把钱打了过去。然而，当他们急切地期盼这笔钱回款时，对方却消失了。家长们意识到自己受骗后，便及时报警，经初步调查核实，对方总共接受了近一千万元的捐款。因为诈骗人柯某是打着儿慈会的名义进行的诈骗，所以受骗家长都把矛头指向了儿慈会，这时候，儿慈会出具声明，声称柯某不是本组织的工作人员，只是在儿慈会9958儿童大病紧急救助项目河北廊坊地区合作机构中做过短暂的志愿者。但是，后来细心的网友却发现，柯某的名字曾多次出现在儿慈会旗下的公众号上，并且在2022年获得了"中华儿慈会年度最佳领导力奖"，这足以证明柯某不仅是儿慈会的工作人员，还是颇具权威的中高层成员。虽然最终儿慈会管理人员承认，儿慈会管理确有问题，是对地方合作机构管理和约束不足导致的。但是，此案件却令人深思，"配捐"确实在儿慈会实行过，根据参与的患病儿童家属提供的收据，他们收到的回款确实来自儿慈会的对公账户，所以儿慈会的"配捐"符不符合法律规定，这一行为违背公序良俗与否？患病儿童的家长捐出去十几万元，返还4000元，其中的猫腻有谁能解释得清楚？

2024年6月11日，民政部公布了《关于中华少年儿童慈善救助基金会有关问题调查处理情况的通报》。通报显示，确认柯某从2022年11月1日起参与了儿慈会9958儿童大病紧急救助项目廊坊救助站相关工作；从2023年6月至8月，柯某私自以"儿慈会9958项目"的名义向患儿家长筹集资金，骗取患儿家长钱款近千万元；柯某因涉嫌诈骗，被采取强制措施，已移送司法机关处理。儿慈会也因存在未按规定的业务范围进行活动、未依法履行信息公开义务等违法情形，根据《慈善法》《基金会管理条例》等法律法规的有关规定，被民政部作出停止活动3个月的行政处罚，并被列入社会组织严重违法失信名单。儿慈会相关负责人履职不力、失职失责，民政部已责令儿慈会按程序罢免其职务，并依规依纪对有关党员失职失责问题进行立案审查。儿慈会副秘书长、9958项目负责人王某涉嫌职务犯罪，经有关监察机关立案调查已移送司法机关处理。[1]

但是树欲静而风不止，儿慈会又在2024年8月被曝出惊天大丑闻"陪谁募捐"，据爆料，曾经入选"中华好人榜"的儿慈会河南负责人、9958项目志愿者雷某哄骗患病孩子的妈妈陪睡才给捐款。这次严重事件震惊了社会，引发了公众对慈善组织透明度与责任的广泛讨论。2024年8月6日，河南省慈善总会免去了雷某的理事职务，民政部派驻儿慈会工作组对网传事件相关问题开展调查，早在2024年2月份，雷某因涉嫌职务犯罪被有关检察机关立案调查并采取留置措施，5月已被移送检察机关审查起诉。

案例二：吴某燕事件。2019年10月，贵州大学生吴某燕的事件经媒体报道后引发社会关注，这名患病时大三的女学生，和弟弟相依为命，因贫苦的生活和长期没有营养的饮食患上了心源性水肿、肾源性水肿，体重只有43斤。2019年10月25日起，9958儿童紧急救助中心开始在水滴筹平台为吴某燕发起60万元的筹款活动，短短五天就完成了既定目标，间隔两天后，此中心在微公益平台发起两期40万元的爱心筹款。9958儿童紧急救助中心前后为吴某燕筹款超百万元。9958儿童紧急救助中心在筹集善款时公开承诺所有善款都将及时拨付，作为孩子治疗专用，并及时公布财务信息和治疗进展，接受监督。但是，这笔巨款并没有挽救吴某燕的性命，甚至暗藏巨大的"骗局"。2020年1月13日，吴某燕因病去世，次日，9958儿童紧急救助中心被爆料筹款的百万余元中，仅仅2万元被拨款用于救助吴某燕。人民日报网评：筹款超百万，转款只有两万，是患者离世意外还是慈善藏有猫腻？不能明示，必难服众。吴某燕贫病交加的悲惨故事，已让许多人涕下，谁愿再见八方善心被恶意透支？愿有一艘丰衣足食的小船，带所有人驶向远方，以初心为帆，以爱心为桨。

案例三：北京市红十字会信息披露案件。2023年，北京市红十字会的一系列信息的披露，使北京市红十字会陷入造假疑云。首先是2023年8月1日，

---

[1]　《民政部关于中华少年儿童慈善救助基金会有关问题调查处理情况的通报》，载 https://www.mca.gov.cn/n152/n165/C16610049999952/content.html，最后访问日期：2024年7月15日。

该网站披露的北京市红十字会 2023 年 7 月使用捐赠物资的信息显示，购买靴子的单价为 74.5 元、雨衣的单价为 74 元，与公众熟悉的靴子和雨衣的单价差了几倍；同样，7 月使用的捐赠物资有北京五木服装有限责任公司捐赠的西裤、套装西服、短袖 T 恤衫、短袖衬衣，分别价值 823 275.2 元、554 572.8 元、167 370.19 元、19 567.95 元，且不论在何种救灾用途中会用到西服，北京五木服装有限责任公司的法人季某旭不仅是服装公司的总经理，而且是北京市红十字会常务董事会成员。如此紧密的关系，甚至让人怀疑其中存在什么漏洞？会不会和避税有关联？更令人咋舌的是 2023 年 6 月，北京市红十字会开展了"北京博爱健康基层旅行"活动，本次活动的家庭慰问救助补助费为 4000 元，住宿费高达 2.7 万元。

以上案例均发生在 2016 年《慈善法》之后，在 2016 年之前，慈善丑闻更是屡见于报端。

案例四：2015 年，"百色助学网"创始人王某披着公益外衣，性侵多名中小学生的事件被曝光。一夜之间，曾被媒体誉为"大山里的天使"的王某，露出"魔鬼"真容。

案例五：云南文山马关县人王某琼，是当地知名的"慈善妈妈"。2015 年 3 月，王某琼曾经的得力助手赵某雷举报称，王某琼借慈善名义敛财。据了解，王某琼因"筹建敬老院"，从政府手中低价拿地 60 亩；声称壹基金向其捐助 1500 万元，又从政府手中获得 14 年出租车广告收益权。然而，敬老院至今没有开工，有关投资一事目前被壹基金证实造假。"慈善妈妈"光环的背后，疑点重重。

案例六：2015 年 6 月初，山东省某企业欲捐助河北省景县一家民间孤儿院"中华蓝天儿童村"，表示将出资 50 万元成立爱心基金。6 月 25 日，该公司成立了爱心基金，并举行了大型募捐活动。谁承想，从河北省景县来参加活动的 21 名"孤儿"中只有一名是真孤儿，其余都是该孤儿院以每人 500 元雇来的假孤儿。调查发现，总部设在石家庄市的中华蓝天儿童村（孤儿院）与其设在衡水市的 3 个孤儿院都属于非法机构。

案例七：媒体报道，以救助脑瘫患儿为目的的"星光专项基金"运行不到两年即宣告夭折。记者调查发现，这个共募集 140 万余元资金、67 万余元物资的基金，其管理费、行政支出及人员支出超过募集现款总额的一半，近86万元。

案例八：2012 年，号称"中国首家全透明网络慈善平台"的施乐会被指通过第三方网站收取高额网页置顶费、从每笔捐款中抽取高达 15% 的提成。[1]

纵观国内外，慈善组织出现丑闻，引发信用危机，对慈善组织的打击是毁灭性的，想要重新得到大众的认可，是十分困难的。如美国联合慈善基金会，[2] 1992 年，美国联合慈善基金会的前任主席阿尔莫尼被指控将善款用于自己和年轻女友的度假，购买豪华别墅和其他奢侈物品上。丑闻曝光后，整个联合慈善基金会的募捐资金大幅下降。2003 年，该基金会又爆出了该会有史以来最大的财政丑闻，有 6 名组织的前任高层领导人卷入其中，涉及的金额超过了 150 万元。除此之外，英国 BBC 公司私吞善款事件、新加坡慈善机构主席超前消费事件、联合国儿童基金会德国委员会乱用善款事件，在法治相对发达的国家，对慈善组织更是毁灭性的。2005 年的新加坡肾脏基金会丑闻、[3] 2011 年的中华慈善总会虚开发票丑闻、[4] 2011 年的中国红十字会郭美美网上炫富致捐赠锐减（以下简称"郭美美事件"）[5] 等，这些事件中虽然有的仅仅为某一国家内慈善组织所为，但是我们应该思考其究竟代表了谁？应该向谁负责？怎么负责？如果负责失败，应该承担什么样的后果？虽然有政府监管与社会监督，但是物先腐而后虫生，内因是事物发展的根据，所以，慈善组织的自律对于实现慈善组织的目的、增强慈善组织的公信力等发挥的

---

〔1〕 以上案例均来自人民政协网：https://www.rmzxb.com.cn/c/2015-10-13/595234.shtml，最后访问日期：2023 年 5 月 8 日。

〔2〕 阿尔莫尼挪用 60 万美元善款用于个人度假、购房以及包养情人，还安排儿子和朋友占据要职、享受高薪。参见《发达国家如何打造慈善公信力》，载 http://roll.sohu.com/20110707/n312721070.shtml，最后访问日期：2013 年 12 月 9 日。

〔3〕 肾脏基金会时任主席杜莱在 2005 年 7 月被曝其家中连水龙头都镀金，最终被迫辞职。参见《发达国家如何打造慈善公信力》，载 http://roll.sohu.com/20110707/n312721070.shtml，最后访问日期：2013 年 12 月 9 日。

〔4〕 2011 年 8 月 9 日《参考消息》报道称，中华慈善总会被指向一家太阳能电池板公司开出价值 1500 万元人民币的发票，但是这些太阳能电池板仍然留在捐赠者的仓库内，中华慈善总会收取了 5 万元的手续费。参见《中华慈善总会曝付钱捐赠丑闻》，载 http://china.cankaoxiaoxi.com/2011/0819/1142.shtml，最后访问日期：2013 年 12 月 9 日。

〔5〕 参见《郭美美事件持续发酵——红十字会陷信任危机》，载 http://news.ifeng.com/society/special/guomeimei/，最后访问日期：2013 年 12 月 9 日。

作用更大。鉴于此，本书选择慈善组织自律作为研究主题。

二、研究意义

慈善事业是中国特色社会主义事业的重要组成部分，在消除贫困、维护社会和谐稳定等方面具有重要作用，是国家治理体系、治理能力现代化的重要组成部分。2021年4月28日，中共中央、国务院发布《关于加强基层治理体系和治理能力现代化建设的意见》强调，要"完善社会力量参与基层治理激励政策，创新社区与社会组织、社会工作者、社区志愿者、社会慈善资源的联动机制"。当前我们国家已经踏上了实现第二个百年奋斗目标的征程，为把我国建设成富强、民主、文明、和谐、美丽的社会主义现代化强国，也要求慈善事业在第三次分配、增进民生福祉、实现共同富裕等方面充分发挥应有的作用，担当起时代赋予的历史使命。慈善组织是慈善供需的纽带，从三个内在方面加强、规范和完善慈善组织的建设，建立健全现代慈善组织体系：加强慈善组织党的领导和党的建设、规范慈善组织内部治理、行业自律，就彰显出了非常重要的意义。所以，研究慈善组织的自律不仅有十分重要的实践意义，而且还具有重要的理论意义。

（一）实践意义

（1）有利于推动慈善组织的健康发展。在慈善组织进行慈善活动时，人们往往对其独立性、透明度、合法性等问题有所怀疑。即慈善组织的资金来源主要是靠社会捐赠，会不会出现"拿人手短"而"受制于人"？慈善组织得到慈善捐赠之后，捐赠财物的用处是否透明？会不会继续出现"郭美美事件"、上海卢湾天价发票事件〔1〕、北京市红十字会捐款4000元，住宿费2.7万元事件等？特别是2011年"郭美美事件"，虽然最后调查组否认了郭美美与中国红十字会有任何联系，但是慈善组织的公信力已经大大下降，数据表明，2011年6月到8月，全国慈善组织接收到的社会捐赠数额降幅高达86%，

---

〔1〕 2011年4月15日，一张上海市卢湾区红十字会的餐饮消费发票出现在网络上，发票显示，收款单位为上海慧公馆餐饮管理有限公司，付款单位为卢湾区红十字会，消费金额则是9859元。作为社会救助团体的卢湾区红十字会，一顿饭消费接近万元，网友们都高呼"震惊"，上海市红十字会在第一时间告知媒体：上海市红十字会已通报，"卢湾区红十字会高额餐饮费"开支渠道为卢湾区红十字会工作业务经费，非救灾救助款。红十字会系统的快速应对和处理后，"发票微博风波"并没有平息下来，仍有大量网友对通报表示不满意。

2012 年社会捐赠总量同比减少 17% 左右。[1]可见，公信力危机是慈善组织发展的主要瓶颈，有学者认为慈善组织的公信力至少包括六个方面：慈善组织的政治、社会、法律合法性、诚信度、运作绩效、主体品格、社会使命感、专业程度。[2]其中诚信度不足已经成为我国慈善组织公信力危机的关键性因素。鉴于慈善组织公信力对于其自身的健康发展具有非常重要的作用，我们仍然要注重通过加强慈善组织内部的自我管理提升其公信力，从而推动慈善组织的健康发展。

（2）有利于基层治理目标的实现。基层治理是国家治理的基石，统筹推进乡镇（街道）和城乡社区治理，是实现国家治理体系和治理能力现代化的基础工程。2021 年 4 月 28 日，中共中央，国务院正式发布《关于加强基层治理体系和治理能力现代化建设的意见》，该意见就培育扶持基层公益性、服务性、互助性社会组织，发展公益慈善事业，作出了系统性、制度性安排，首次提出了"五社联动"的要求，即社区与社会组织、社会工作者、社区志愿者、社会慈善资源的联动。这些安排和要求，赋予了慈善组织尤其是基层慈善组织新的使命、新的任务。2019 年 10 月 31 日，党的十九届四中全会通过的中共中央《关于坚持和完善中国特色社会主义制度　推进国家治理体系和治理能力现代化若干重大问题的决定》指出，坚持和完善共建共治共享的社会治理制度；实现政府治理和社会调节、居民自治良性互动；建设人人有责、人人尽责、人人享有的社会治理共同体。共建共治共享的社会治理制度是指由政府、社会、人民共同建立的一种合作共赢的社会治理模式，在保证社会和谐稳定、促进全体人民共同富裕等方面发挥着重要作用。在共建共治共享理念下，慈善组织参与基层治理可以显著增强基层治理的民主化与公正性。慈善组织更能代表广大人民群众的利益诉求，更接地气，且通过依托自身的知识储备、资源优势、技术优势与实践经验，可以为基层治理提供专业化的服务和支持，协助政府在提升决策水平与执行水平的基础上，有效解决基层治理过程中遇到的各类实际问题，显著提升基层治理效能。此外，慈善组织作为联系社会成员的重要纽带，能够以公益活动、社区服务等方式参与基层

[1]　参见杨团主编：《中国慈善发展报告》，社会科学文献出版社 2012 年版。
[2]　石国亮：《慈善组织公信力重塑过程中第三方评估机制研究》，载《中国行政管理》2012 年第 9 期。

治理工作，在整合各方力量中增强社会凝聚力与稳定性，进而为共同富裕目标的实现提供支撑。2023 年《慈善法》第 96 条规定，国家鼓励有条件的地方设立社区慈善组织，加强社区志愿者队伍建设，发展社区慈善事业。这就为慈善组织参与基层治理提供了非常重要的途径。慈善组织要坚持以人民为中心，聚焦群众关切，聚焦社会热点，聚焦民生重点，在社区服务、社区文化、社区生态、社区创业、社区安全、社区健康等领域找到切入点，实施好相关的公益慈善项目。

（3）有利于进一步提高国家的管理职能。慈善组织已经通过《慈善法》被赋予法律人格，成为国际社会的主要行为体之一，其活动范围主要在于国家内部，所以能起到上传下达的作用。慈善组织一边连着政府，一边连着人民，一边服务国家大局，一边服务受益群众。一方面，慈善组织利用自身优势，熟悉国家政策要求、链接慈善资源、贴近基层群众，学习政策、读懂政策、用好政策、用足政策，为广大群众送去党和政府以及社会各界的关怀；将国家的决策及时推广到社会中，有时候还能发挥促进国家政策实施的功能。另一方面，慈善组织还可以将社会中出现的问题反馈给国家，对国家的决策起到一定的推动作用。通过这种互动的形式，国家的管理职能得到大大提高。

（4）有利于慈善组织实现其职能目标。慈善组织应自觉建立健全内部治理结构，完善决策、执行、监督制度和决策机构议事规则，确保人员、财产、慈善活动按照法律法规和组织章程有序运作，严格按照规定列出行政管理成本和项目实施所需成本，并向社会公开。慈善组织开展慈善活动时要严格履行监管职责，遵循其宗旨和业务范围。慈善组织要科学设计慈善项目，加强项目管理，优化实施流程，降低运行成本，提高慈善资源使用效益，使慈善项目的帮扶对象或目标人群真正受益。除了加强完善内部治理，慈善组织行业自律也起到了促进慈善组织实现其职能目标的作用，如《非政府组织参与阿富汗人道主义救助、重建和发展行为准则》明确行为准则的目的：通过自愿自我约束，达到非政府组织运作的透明、问责和良好管理实践目标[1]；通过提出行为标准提高非政府组织提供服务的质量。

（5）有利于慈善组织对外交流。2017 年 1 月 1 日施行的《中华人民共和国境外非政府组织境内活动管理法》（以下简称《境外非政府组织境内活动管

---

［1］ 刘海江编译：《非政府组织行为准则译汇》，中国政法大学出版社 2014 年版，第 46 页。

理法》）为境外非政府组织进入我国国内进行活动提供了法律依据。相关数据显示，截至 2022 年 12 月 31 日，已有 678 个境外非政府组织代表机构在我国依法登记，临时活动备案 4688 项。大量境外非政府组织走进来，同时，中国慈善组织也在积极走出去。原中国扶贫基金会和阿里巴巴公益于 2019 年共同启动国际爱心包裹项目，截至目前已获得超过 26 亿笔爱心捐款，募集善款超过 1.28 亿元，惠及包括缅甸、尼泊尔、埃塞俄比亚、柬埔寨、老挝、巴基斯坦、纳米比亚、乌干达、蒙古国、菲律宾和津巴布韦等 11 个国家，受益人数超过 100 万人。习近平总书记在中共中央政治局第十次集体学习中指出，要坚定法治自信，积极阐释中国特色涉外法治理念、主张和成功实践，讲好新时代中国法治故事。加强涉外法治理论和实践前沿课题研究，构建中国特色、融通中外的涉外法治理论体系和话语体系，彰显我国法治大国、文明大国形象。2015 年，国家发展和改革委员会、外交部、商务部经国务院授权发布《推动共建丝绸之路经济带和 21 世纪海上丝绸之路的愿景与行动》指出，加强沿线国家民间组织的交流合作，重点面向基层民众，广泛开展各类公益慈善活动，促进沿线贫困地区生产生活条件改善。随后，中共中央办公厅、国务院办公厅先后发布《关于促进社会组织参与国际非政府组织活动的通知》《关于进一步加强国际组织人才培养推送工作的意见》，积极倡导社会组织参与国际交流，加强国际人才培养。2016 年，中共中央办公厅、国务院办公厅发布《关于改革社会组织管理制度促进社会组织健康有序发展的意见》，进一步鼓励社会组织"有序开展对外交流"。2021 年民政部印发的《"十四五"社会组织发展规划》指出要稳妥实施社会组织"走出去"，增强我国社会组织参与全球治理能力。2021 年 8 月国家国际发展合作署、外交部、商务部发布的《对外援助管理办法》指出南南合作援助基金支持社会组织、智库等实施的项目，对外援助项目也可以同非政府组织等合作实施，这也对中国慈善组织"走出去"释放了积极信号。民间团体对中国慈善组织"走出去"也在作着努力，如中国乡村发展基金会在亚洲基金会的资助下，梳理《中国民间组织走出去操作手册》，把"走出去"的关键点分享给了其他组织；全球环境研究所在福特基金会的资助下，发布《中国民间组织"走出去"：现状、挑战及政策建议》。联合国经社理事会是唯一一个具有非政府组织参与正式框架的主要机构，联合国通过授予非政府组织"联合国经社理事会咨商地位"的方式，认可其在国际事务中发挥的重要作用，这更是一国慈善组织走出国门与国际政府组织建立联系的最为重要的途径。截至目前，全球共有 6557 家非政府组织获得联合国经社理事会咨商地位，中国（含港澳台地区）拥有联合国经社理事会咨商地位的机构数量为 101 家，占比仅为 1.54%。对于慈善组织来讲，只有完善自身建设，才能更好地进行慈善合作。对此应当强化内部规范管理，内部管理不规范、机构效益不高是慈善组织自身发展的一个重要制约因素，只有下大力气实现慈善组织的机构合理、运行规范，才能真正赢得国际社会的认同。

（二）理论意义

（1）有利于进一步丰富慈善组织监督理论。各国一般都注重对慈善组织的监管，如英国目前对慈善组织的监管形成了以慈善委员会为主、辅之以高等法院、皇家检察总长、遗嘱事务署、国内税务署与地方政府组成的全面监管。美国对于慈善事业的监管主要体现在四个层次，分别是联邦政府、州政府、地方政府、社会监督。中国于 2023 年修正的《慈善法》第十一章也把对慈善组织的监督归为县级以上人民政府民政部门、第三方机构、内部治理等。由此可见，世界各国对慈善组织实行的是外部监督为辅，行政监督为主的综合监督体制。即使在理论界，对慈善组织的监督研究也主要体现在外部监督。本书对慈善组织自律机制的研究，可以进一步丰富慈善组织监督理论，特别是内部治理理论，主要是坚持中国共产党的领导、内部管理与监督、行业自律三位一体的自律理论。

（2）有利于进一步丰富我国法律法规的完善。目前，我国现行《慈善法》对于慈善组织的自律涉及的条款不多并且分散，主要有：第 11 条明确规定，慈善组织的章程应载明内部监督机制、财产管理使用制度、项目管理制度；第 12 条第 1 款规定，慈善组织应当根据法律法规以及章程的规定，建立健全内部治理结构，明确决策、执行、监督等方面的职责权限，开展慈善活动；第 75 条第 4 款规定，慈善组织和慈善信托的受托人应当在国务院民政部门的慈善信息平台发布慈善信息，并对信息的真实性负责；第 107 条规定，慈善行业组织应当建立健全行业规范，加强行业自律。我们不难看出，这些法律条款的规定大多仅仅为原则性的规定，内部监督机制包括哪些？怎样健全内部治理结构？行业自律规范的内容应该包含哪些部分？当然，这些内容在《慈善法》中不应被涉及，但是接下来国务院、民政部等部门势必会出台相应的行政法规、部门规章对这些内容加以细化规定。本书的研究目的之一就是以期为慈善组织的自律理论扩展献计献策。

第三节 研究现状

自律是促使组织使命与行为最大限度地保持一致的积极方式，也是非政府组织问责的最高境界。慈善组织自律是在法律、法规的框架下，建立起一整套自我管理、自我发展、自我约束的监督保障体制，这是对法律监管的一项重要补充。我国慈善组织出现较晚，其正式成为一个法律概念是 2016 年《慈善法》的出台，所以对于慈善组织的理论研究也较晚，现有的文献多以慈善组织的外部监管、公信力为主题进行研究，直接涉及慈善组织自律的文章更是少之又少。笔者以"慈善组织自律"为关键词在中国知网进行检索，查询到学术期刊 91 篇，学位论文 212 篇。

20 世纪 90 年代以来，我国慈善事业快速发展，慈善组织的数量也越来越多，慈善组织在慈善事业的发展中发挥着非常重要的作用。但是我国慈善事业的发展也并非一帆风顺，虽然势头强劲但是问题仍然存在，丑闻不断，究其根本是监管方面的问题，慈善组织作为社会公益组织的重要形式之一，具有志愿性、公共性、自发性等特征，使得社会公众对慈善组织期望很高，对组织的不合理行为与贪腐行为的容忍度远远低于企业。在疫情防控工作中，网络媒体一旦披露出慈善组织行为不规范的信息，便会引起社会公众的强烈反响，直接影响慈善组织的社会声誉。

一、国内研究现状

当前我国慈善组织的监管主要分两个方面，即外部监管和内部监管，国内针对慈善组织内部的监督研究主要集中在以下几个方面：

1. 目前慈善组织自律机制存在的问题（慈善组织缺乏公信力的原因）

我国慈善事业的快速发展，慈善组织的增多也使得监管难度加大，对慈善组织的内部治理要求更高，郑善文、高祖林认为我国慈善组织还存在内部治理的组织架构不健全、战略管理与内部管理能力不足、透明度公开度水平不高以及内部软环境与核心竞争力建设滞后等问题需要解决。许多慈善组织内部机构设置不健全，有些慈善组织由秘书处承担了大量的具体项目管理工作，组织运行的协调和沟通机制不顺畅。组织发展和运行的重要部门虚置、空转的问题仍然突出；当前许多慈善组织缺乏相应的战略管理部门、缺乏战略规划、战略实施与项目管理缺乏有效衔接、慈善组织内部治理缺乏相对独立性。[1]

高志宏认为我国慈善组织自律机制发展并不完善的一个重要原因是独立性不强，慈善组织具有"官民二重性"的性质。官民二重性有违慈善组织的民间本性，导致慈善组织的独立性、公益性、运作效率降低，导致对慈善组织监管不力，进而阻碍慈善事业的健康发展。慈善组织受"行政机制"和"自律机制"的双重支配，同时依赖"体制内"和"体制外"的两种资源且通过"官方"与"民间"的双重渠道去获取资源，缺少独立性、自主性、中立性，甚至异化为国家权力机关的附庸，侵害捐赠人的合法权益。[2]慈善组织的内部治理机制存在专制化倾向，慈善组织的意志往往被极少数高层把持或左右，理事会没有实际的话语权，导致理事不实际做事的现象普遍。总的来讲，当前我国慈善组织受政府影响较大，从设立到运行再到监管都要在政府规定的框架之下，暂且不谈政府规定的监管权力交叉、范围漏洞等问题的存在导致的监管效果不理想，太多的政府干预导致的慈善组织过多依赖是重中之重，慈善组织没有较强的独立性就没有自律的动力和压力。

郑晓齐、宋忠伟认为慈善组织在内部治理、财务管理等自身建设方面，存在专业化人才不足的问题。受传统观念的影响，加上我国慈善组织自身在资源筹集、社会认可度等方面不占优势，难以吸引行业内优秀人才加入，即便是一些慈善组织招募到专业人才，由于薪酬待遇不高、缺乏后期职业规划愿景，也难以留住人才，导致人才队伍流失。[3]

胡春辉认为慈善组织内部审查机制不完善，部分社会慈善组织设立的内部监督和审查机构始终处于空转状态或是直接由机构的管理者或成立者进行监督审查，这种自我监督的框架严重违背了规范（监管体系）制定的基本原则。同时，还可能存在部分慈善组织的成立者或管理者因为各种外部压力或自身需要利用职权安排一些比较亲近的人加入慈善组织中来，这部分人能力参差不齐，水平高低不一，部分能力和水平达不到要求的人员可能仅凭与组

---

〔1〕 参见郑善文、高祖林：《我国慈善组织内部治理能力建设研究》，载《学海》2020 年第 6 期。

〔2〕 参见高志宏：《经济法视野下的经济自治团体——以经济自治团体功能的异化与重构为视角》，载《甘肃政法学院学报》2009 年第 4 期。

〔3〕 参见郑晓齐、宋忠伟：《我国慈善组织参与社会救助论析》，载《吉林大学社会科学学报》2019 年第 4 期。

织或基金的设立者或管理者有比较亲近的关系而留在慈善组织里，从而增加了社会慈善组织的内部消耗，降低了社会慈善组织的公信力。[1]

周秋光和彭顺勇二人同样认为政府部门对慈善组织实行的监管制度，包括"归口登记、双重负责、分级管理"，充分体现了行政权力的高度介入，而政府部门的高度介入会带来慈善组织对政府依赖性强，缺乏独立性，生存运作在很大程度上依靠财政和政策的支持，工作效率不高，内部管理体制僵化等问题，阻碍慈善组织的发展，进而影响慈善组织的社会公信力。[2]

韩兆柱、赵洁强调在新冠疫情暴发期间，多个慈善组织内部设立的监事会形同虚设，并未对其自身进行有效监管，这是慈善组织内部监管机制不完善的表现。[3]

2. 促进慈善组织自律的做法

第一，构建阳光透明的信息公开制度。何国科和张凌霄都强调了信息公开对促进慈善组织自律的作用，认为一是基本信息，二是年度工作报告和财务会计报告，三是公开募捐情况，四是慈善项目情况，五是慈善信托情况，六是重大资产变动及投资、重大交换交易及资金往来、关联交易等情况，七是法律法规要求公开的其他信息这些重要信息都应该在统一的信息平台上进行公开，以便接受群众的监督，从而督促慈善机构在运行过程中做到正当透明。《慈善组织信息公开办法》发布以后，全国的慈善组织都应当组织学习，遵守规定，履行信息公开义务。慈善组织因为代表着公共利益，代表着社会的良善，所以更应当做守法的模范。更重要的是，公信力是慈善组织发展的基石，而做好信息公开，是慈善组织建立公信力的根本且唯一途径。[4]

第二，加强自身建设。詹成付认为，打铁还需自身硬，慈善组织要进一步完善内部治理结构，健全自律机制。要建立健全人员录用培训、薪酬待遇、

---

〔1〕 胡春辉：《重塑与维护社会慈善组织公信力的法律思考和建议》，载《山东农业大学学报（社会科学版）》2020年第2期。

〔2〕 周秋光、彭顺勇：《慈善公益组织治理能力现代化的思考：公信力建设的视角》，载《湖南大学学报（社会科学版）》2014年第6期。

〔3〕 韩兆柱、赵洁：《新冠肺炎疫情应对中慈善组织公信力缺失的网络化治理研究》，载《学习论坛》2020年第10期。

〔4〕 何国科：《信息公开是慈善组织建立公信力的根本且唯一途径》，载《中国社会组织》2018年第16期；张凌霄：《阳光透明，是慈善组织最好的天然养分——兼评〈慈善组织信息公开办法〉发布》，载《中国社会组织》2018年第16期。

财务管理、项目运作、信息公开、会费管理、廉洁自律、论坛会议管理等规章制度，要追求高质量发展，控制体量规模，防止二级机构失控失察。要发挥慈善领域联合性、枢纽型行业组织作用，建立健全行业标准和行为准则，大力推进慈善组织信息公开、信息披露，增进慈善组织及其活动透明度、诚信度，有效防范和化解慈善组织的各类风险。[1]

第三，提升慈善组织的独立性。高志宏认为改革我国封闭的官僚化的慈善体制，增强慈善组织的公信力，需要从多个角度着力。其中，两个角度至关重要，一个是破除慈善组织的行政管理体制，增强其民间性；二是建立慈善组织公开透明的内部运作机制，加强监管。[2]理顺政府与慈善组织的关系，将培育慈善组织自身能力作为慈善立法的目标选择，使我国当前慈善组织的主要运行方式从行政主导转向社会自治发展，大力培育和发展民间慈善机构，增强社会竞争，促使各慈善组织在高度的竞争环境中为了生存而进行自制改革，不断从内部完善发展，增强其改革的自觉性和积极性。

慈善组织的自律不仅仅指各慈善组织内部的自律，更包括慈善行业的自律，对此可以在慈善行业中形成一个单独的专门的慈善组织监管机构，这个机构处于完全中立的地位，不受政府等国家机关的干预。就像德国的公益慈善组织的监管主要由创立于 19 世纪末的私营机构社会福利问题中央研究所（DZI）这一独立的第三方评估机构进行，这一第三方评估机构在德国有着非常高的信誉，在司法实践以及社会层面也深受认可，因此为了得到其积极的评估结果，各慈善机构只能从内部进行自律，完善自我管理机制，加强自我规范和自我约束。[3]

周秋光、彭顺勇在研究中表示，慈善组织的治理结构中存在所有权、控制权、监督权和管理权，四种权力相互制衡。应严格划清"四权"，规范各项权力使用，禁止权力缺位或越位。加强对慈善组织的监管，促进内部治理现代化并提高可信度。可见，理事会应该是一个公共利益的表达者。[4]

---

[1] 詹成付：《新时代慈善组织的使命》，载《中国社会组织》2019 年第 10 期。

[2] 高志宏：《再论我国慈善组织公信力的法律重塑》，载《政法论丛》2020 年第 2 期。

[3] 赵文聘、陈保中：《国外公益慈善监管发展趋势及对我国的启示》，载《上海行政学院学报》2019 年第 6 期。

[4] 周秋光、彭顺勇：《慈善公益组织治理能力现代化的思考：公信力建设的视角》，载《湖南大学学报（社会科学版）》2014 年第 6 期。

涂兆宇认为加强慈善组织人才队伍建设十分重要，同时也应加强对慈善组织内部从业者的约束，防止"郭美美炫富"等损害慈善组织公信力的事件发生，并利用同行监督和举报等有效手段完善慈善组织的内部监管。[1]

李长春认为完善慈善组织的内部治理架构可以从几个方面来进行：一是建立实际有效的董事会治理架构，以组织规章保障董事会的职权，落实并完善董事会的监督职能，制定行为规范和行为禁区，减少内部董事，增设外部董事并建立董事会内部的专业委员会制度；二是推行监事会的监督治理，设立监事会及专职的监督员、审计员，集中监视组织运营的财务活动；三是加强组织内部的财务规制，比如进行盈余分配约束、设立行政支出最高比例和公益支出最低比例规制以及确立财务报表披露原则等；四是完善组织内部的规章制度，完善自身的管理制度、财务会计与审计制度以及增加信息透明度等。[2]

张冉认为应当学习国外的慈善组织监管机制，建立自治性、竞争性、同业性的慈善组织监管，鼓励慈善组织自治和民间独立，让其进行独立的管理和经营，发挥灵活性，防止慈善组织行政化与官僚化倾向。另外，充分发挥市场竞争机制，实行优胜劣汰，促进慈善组织公信力和能力自我建设机制的形成。竞争机制可以鞭策慈善组织不断提升组织声誉，提高社会公信力。慈善领域的同业组织有增进慈善组织的信息公开和透明、起到相互监督和自律的作用。[3]

3. 慈善组织自律与其他监督

葛道顺认为社会组织拥有"四律"机制，即自律、他律、互律和政律。他认为自律分为三个层次：第一层次是组织文化伦理的约束，即体现为"章程"中有关组织的使命、愿景、价值观和行为原则对组织决策、任务结构和行动倾向的引导；第二层次是组织内部治理体系的约束，即社会组织的理事会、执行委员会和监事会的内部分工治理体制，体现了民主决策和内部监测评估的要求；第三层次是组织具体运行的制度，包括财务规则、业务规定、岗位责任、内部审计等成文制度的约束。社会组织的自律是体现在组织章程中

〔1〕 涂兆宇：《新时代中国特色社会主义慈善事业发展研究》，吉林大学2020年硕士学位论文。
〔2〕 李长春：《论中国慈善组织的监管》，载《暨南学报（哲学社会科学版）》2013年第6期。
〔3〕 张冉：《国外慈善组织声誉建设成功实践探析：基于政府实施的视角》，载《兰州学刊》2014年第12期。

的。[1]

谢琼认为应该对慈善组织进行立体监管，即建立政府部门、行业组织、利益相关方、第三方机构及社会公众等多元共同参与的立体型监督体系。她认为捐赠人、慈善组织、受益人及政府这四个主体之间均存在失灵的情况，只有将它们结合在一起，互相之间取长补短、查漏补缺，才能做到对慈善组织的全方位、立体的监管，如果各方能相互监督和协同，并充分发挥己方优势，共同治理的最优效果便会实现。并指出可以从监管原则、监管主体、监管内容和监管方法四个方面对立体型慈善组织监管体系进行构建，坚持依法监管、规范监管、适度监管，主体方面奉行多元协同监管，内容上组织监管与行为监管并行，方法上重视规范内部治理和明确信息披露。[2]

汪潇、高鉴国认为应该建立基于政府、社会和组织自律三大监督体系的多维监督机制，通过每一种具体途径呈现出的特有优势或不足来互相弥补。政府监督通过法律规范和监管部门职能的发挥，拥有较高的强制力和权威性，但在监督的灵活性或及时性方面还有欠缺。社会监督能够有效补充法律监督和部门监管的空白，在灵活性和时效性方面更具优势，但社会监督依靠宏观法律规范作为监督依据，同时需要慈善组织的主动配合，否则监督效力和可信度将大打折扣。自律形式的自我监管能够提供更加专业和准确的监督评估标准，在提升慈善事业公信度和推动慈善捐赠发展方面发挥着举足轻重的作用，但组织自律水平的高低会受到法律准绳、专业技术手段、道德底线等多重因素的制约。他们认为三大监督支柱缺一不可，并且相互补充、相辅相成。因此，各子系统紧密衔接将会形成相互促进、制衡的有效监督机制，构建起立体的慈善捐赠多维监督机制。[3]

吴洲认为目前我国慈善组织社会监督力量可分为公民个人（社会公众）、新闻媒体、社团组织以及第三方评估机构，但是各主体对慈善组织的社会监督过于分散，未能形成合力，因此，应完善各方面的制度保障，强化各社会主体间的互助、协作，只有完善了社会监督主体慈善组织监督的制度保障，

----

〔1〕 葛道顺：《失信与问责：我国社会组织"四律"机制和政策建构》，载《学习与实践》2021年第9期。

〔2〕 谢琼：《立体监管：我国慈善事业发展的理性选择》，载《国家行政学院学报》2015年第4期。

〔3〕 汪潇、高鉴国：《中国慈善捐赠多维监督机制发展研究》，载《沈阳大学学报（社会科学版）》2015年第4期。

社会监督主体对慈善组织的监督才有可能真实有效地进行。具体做法包括：完善慈善组织社会监督法律制度、确定慈善组织信息公开具体内容、发展公民社会以强化公民参与、重塑媒体与公众关系以及推行多主体参与的第三方评估制度。[1]

综上所述，有关慈善组织的自律机制的国内研究主要集中在当前慈善组织在自律这一内部监督方式方面所存在的主要问题，目前对这一问题的主要观点有信息披露机制不健全、行政化程度高，政府干预过多、专业人才不足、慈善组织内部监督机构设置问题等。慈善组织的自律即内部监督方式主要依靠的是各慈善组织的自觉性、道德感和责任感，这些都是无法进行评估和强制督促的，但是可以通过外部激励方式来督促其实施自律措施。针对这些问题，国内学者也提出了自己的意见，比如提高慈善组织独立性，强调其民间性、公益性，减少与行政机关的过度绑定、增加竞争机制、加强专业人才培养、完善内部机构建设和内部规章制度设计、建立公开透明的信息公开制度等。

二、国外研究现状

国外近代公益慈善事业的发展要比我国早起步近一百年，研究比较充分，但多是对于法律规制、社会监督等外部监督的研究，对于慈善组织自律的研究甚少。然而慈善组织的自律机制和国家的法律规则等具有密切的联系，例如，国家法律法规对于慈善组织的准入规定较宽泛，使得自愿成立的慈善组织数量十分庞大从而加剧竞争，这些民间的慈善组织因面临生存危机不得不进行自我革命，加强自律，就像现如今美国、英国等慈善事业发达的国家所采取的方式那样。

1. 慈善组织自律的理论研究

马克·西德尔（Mark Sidel）认为自律是美国非营利组织越来越突出的任务，但对自律的关注并不仅限于美国。在亚洲，非营利组织（NPO）的自我监管作为集体行动的一种表现，正在迅速扩张，以抵御国家压力的侵蚀和不断增加。例如，加强部门治理、服务、财务管理和筹资的质量；改善公众、

---

〔1〕 吴洲：《我国慈善组织多元主体社会监督机制研究》，载《北京电子科技学院学报》2017 年第 1 期。

企业、媒体和其他对非营利组织和慈善机构的看法；组织一个不守规矩的领域并边缘化低质量的参与者或其他异常者；获得政府或捐助者的资金；作为一种市场机制，为了剩余参与者的利益而排除竞争性或非生产性参与者，或边缘化对该行业造成声誉损害的组织；作为非营利组织及其网络的学习机会；并作为澄清和加强共同身份的一种手段。除此之外，他在文章中分析了柬埔寨、印度、巴基斯坦和菲律宾的非营利组织自律的快速发展和形式，以及这种快速增长背后的动机。[1]

安吉拉·L. 比斯（Angela L. Bies）探讨了欧洲历史悠久和新兴的非营利部门中非营利自律的出现。他通过将代理、资源依赖和制度理论应用于特定的国家案例揭示了三种主要的自我调节类型，即合规、适应性和专业模型，以不同的市场、政治和社会前提为条件。合规体系在西欧（德国、瑞士、荷兰和奥地利）的案例中占主导地位，这些国家的非营利部门早已建立，但对该部门的公共监管薄弱。适应性模式在英国得到证明，该国已经建立了非营利部门，但自律设计随着公共监管和资源环境的变化而变化。专业自律类型在非营利部门及其法律体系都存在，如在波兰，自律的出现塑造了慈善、民间社会和非营利实践。对欧洲环境的更广泛分析表明，自我调节在许多环境中出现，存在同构的证据。[2]

萨洛蒙（Salamon）教授提出志愿失灵理论，指出"家长式作风"已严重掣肘了慈善事业的发展。[3]

劳拉·E. 格兰（Laura E. Grant）和马修·波托斯基（Matthew Potoski）认为维护组织的声誉是非营利组织管理者面临的一项重要挑战。组织通常通过其行业或部门内的共同声誉联系在一起。在非营利组织中，共同声誉之间的联系可能特别明显，因为它们质量的重要方面很难被直接观察到。二人的文章通过对 1993 年至 2008 年间 3413 家慈善机构的分析发现，对慈善导航器评级的非营利组织的捐赠随着同行发布的慈善导航器评级上升和下降。这种

〔1〕 Sidel, M., "The Promise and Limits of Collective Action for Nonprofit Self-Regulation: Evidence From Asia", *Nonprofit and Voluntary Sector Quarterly*, 2010, 39（6）: 1039~1056.

〔2〕 Bies, A. L., "Evolution of Nonprofit Self-Regulation in Europe", *Nonprofit and Voluntary Sector Quarterly*, 2010, 39（6）: 1057~1086.

〔3〕 Salamon Laster M., "Partners in Public Service", in The Scope and Theory of Government-Nonprofit Relations, *The Nonprofit Sector: A Research Handbook*, New Haven: Yale University Press, 1986, pp. 111~112.

影响似乎是由于慈善机构根据评级而不是捐助者的反应更新筹款选择。集体声誉的存在对非营利组织的管理具有重要意义，其中一项重要的意义便是促进集体自律计划的顺利开展，因为非营利组织的自律对于形象维护发挥着十分重要的作用。[1]

桑德拉·斯托岑（Sandra Stötzer）、塞巴斯蒂安·马丁（Sebastian Martin）与克里斯汀娜·布罗德尔（Christiana Broidl）提出了一项研究，即探索奥地利慈善标签"OSGS"的影响，通过调查192名参与者的捐赠行为来明确捐助者是否更愿意支持慈善机构参与这一自我监管计划。非营利组织经常采用的一种问责机制是根据自愿管理计划或标准制定俱乐部，通过采用一定的行为守则和做法，提供机会向利益攸关方传达质量、良好治理和可信度的信号。它们认为人们普遍假设，这种"良好内务管理的标志"将对捐助者的决定产生积极影响。也就是说，慈善组织能够通过自愿参与自我监管计划来向外界传达一种值得信赖的形象信号，进而提升自己的公信力来促进自身的发展，这也是慈善组织进行自律的意义。[2]

贝奇·布查特·阿德勒（Betsy Buchalter Adler）编写的《美国慈善法指南》（A Guide to the Law of Charities in the United States）作为一本十分具有参考价值的书籍，不仅介绍了美国慈善的相关法律法规，也详细介绍了慈善组织的概念、形式以及监管等方面的内容；迈克尔·切斯特曼（Michael Chesterman）在《新福利国家的慈善法基础》（Foundations of Charity Law in the New Welfare State）中认为，政府的干预影响了慈善组织发展的自主性和创新性，应尽量减少政府干涉，限制其权力，相应地，应更加重视慈善组织内部的自我监管，提高其自律性。[3]

吉贝尔曼（Gibelman）认为非营利组织的董事会对于完善组织内部监督、提升对内部高管监督的有效性、减少组织负面丑闻、提高组织的社会公信力和社会地位具有重要作用；普里登（Pridgen）通过实证论证了审计委与非营

---

[1] Laura E. Grant, Matthew Potoski, "Collective Reputations Affect Donations to Nonprofits", *Journal of Policy Analysis and Management*, 2015（7）.

[2] Sandra Stötzer, Sebastian Martin & Christiana Broidl, "Using Certifications to Signal Trustworthiness and Reduce the Perceived Risk of Donors—An Exploratory Investigation into the Impact of Charity Labels", *Journal of Nonprofit & Public Sector Marketing*, 2023, 35（3）: 265~289.

[3] Michael Chesterman, "Foundations of Charity Law in the New Welfare State", *The Modern Law Review*, 1999, 62（3）: 333~349.

利组织的社会公信力存在一定的关联性，认为审计委对于完善非营利组织的监管具有至关重要的作用。[1]

2. 慈善组织自律的实现路径

卡尔杜恩·阿布·阿西（Khaldoun AbouAssi）与安吉拉·L. 比斯认为自我监管作为对政府对非营利组织机构环境的控制的一种选择而出现。虽然大多数研究都集中在自我调节的概念化和争论上，但他们的研究通过制度视角来考察自我调节，重点关注黎巴嫩非营利组织的特定制度领域。结果表明，通过促进专业化，一定程度的规范同构对非营利组织参与自我调节具有积极影响。[2]

艾利森·邓恩（Alison Dunn）认为虽然自力更生和自我监管为慈善部门提供了创建细致入微、部门敏感的监管的机会，但它们也可能损害慈善监管的可信度和质量。因此，慈善部门需要优先解决监管改革的驱动因素、慈善监管的目的和重点，以及由此产生的权力平衡的转变。[3]

珍妮·哈罗（Jenny Harrow）在其文章中探讨了最终为英格兰、苏格兰和威尔士的慈善筹款活动建立自律机构的政策发展。其以监管文献为基础，确定了导致 2006 年成立"筹款标准委员会"的政策年表和过程；又借鉴了"影子"来隐喻自律系统中始终存在的状态，强调了慈善组织自律的重要性。同时还考虑到了英国慈善筹款监管的先前复杂性，并表明这一最新发展反映了基于市场的筹款环境观点，而不是提供新责任的观点。[4]

柯德利（Cordery）、西姆（Sim）和范西尔（van Zijl）认为与社会其他阶层一样，慈善机构也受到越来越多的监管。然而，与监管趋向同质化的其他部门不同，慈善机构的监管方式越来越多样化，除了受到外部监督，慈善组织的自我监督越来越流行。菲利普斯（Phillips）和史密斯（Smith）指出，慈善监管目前是不同的，特别是因为慈善机构的本土重点减少了国际协调的动力，政府监管可能并不总是理想的。因此，司法管辖区实行共同监管和自我

〔1〕 陈艳：《我国公益慈善组织监管问题研究》，中央民族大学 2016 年硕士学位论文。

〔2〕 Khaldoun AbouAssi, Angela L. Bies, "Relationships and resources: the isomorphism of nonprofit organizations'（NPO）self-regulation", *Public Management Review*, 2018, 20（11）: 1581~1601.

〔3〕 Dunn A., "Regulatory shifts: developing sector participation in regulation for charities in England and Wales", *Legal Studies*, 2014, 34（4）: 660~681.

〔4〕 Harrow, J., "Chasing Shadows? Perspectives on Self-Regulation in UK Charity Fundraising", *Public Policy and Administration*, 2006, 21（3）: 86~104.

监管并行的制度。[1]

三、综合评价

法律研究是社会制度及其实践的重要写照。国外有较多国家，特别是英美法系国家，其慈善法出现得较早，对慈善组织的约束也规定得较为全面。相应地，国外对于慈善组织管理机制的研究也集中在对其的法律监管及外部监督领域，并产生了一些具有前沿性和代表性的研究成果。如特里·林恩·赫尔格（Terri Lynn Helge）在其文章 Policing the Good Guys：Regulation of the Charitable Sector Through A Federal Charity Oversight Board 中就建议应该创设一个新的、在联邦层面准公营的（quasi-public）承担监督慈善的主要机构。詹姆斯·J. 菲什曼（James J. Fishman）主要分析了美国联邦税务局（Internal RevenueService，IRS）在约束慈善组织募捐者时的不足，并提出了解决之道，但是他只是建议在美国联邦贸易委员会（Federal Trade Commission）框架下成立自我约束组织来约束募捐者。达娜·布拉克曼·瑞泽（Dana Brakman Reiser）和克莱尔·R. 凯利（Claire R. Kelly）则从加强非政府组织的管理，增强其问责性，更好地发挥非政府组织在全球治理的作用角度提及了非政府组织的自我约束。马克斯韦尔·B. 卡伦伯格（Maxwell B. Kallenberger）认为传统的针对慈善组织的他律方式面临着职员与资金缺少的问题。

而对于慈善组织的自律问题，国外很少有专门的文章进行研究，对该部分的研究大多是在对慈善组织的约束管理进行探讨的时候作为其中的一部分进行的。相关研究成果主要集中在如下几个方面：一是对慈善组织自律的主体进行研究，认为主要有慈善组织的内部成员、理事会成员、包括捐赠人与受益人在内的特殊利益主体、民众、访问者与其他私人组织等（特里·林恩·赫尔格、詹姆斯·J. 菲什曼、马克斯韦尔·B. 卡伦伯格等）。二是探讨了慈善组织自律的作用，即对于保证慈善组织的成功运营起到了非常重要的作用［如克里斯·瑞安（Chris Ryan）、劳埃德·黑陶希·梅耶尔（Lloyd Hitoshi Mayer）、布伦丹·M. 威尔逊（Brendan M. Wilson）等］。三是探讨了慈善组织自律的主要途径，如通过信息披露等［如伊夫林·布罗迪（Evelyn Brody）、

[1]　Carolyn Cordery, Masayuki Deguchi, "Charity registration and reporting: a cross-jurisdictional and theoretical analysis of regulatory impact", *Public Management Review*, 2018, 20（9）：1332~1352.

乔希·戈尔茨坦（Josh Goldstein）、卡尔·斯塔克（Karl Stark）和克里斯蒂娜·瓦松（Christyne J. Vachon）等〕。四是探讨了慈善组织自律的方式，如玛丽·凯·古格里（Mary Kay Gugerty）在其论文中探讨了慈善组织的四种自我约束方式，即捐赠人主导的方式、第三方认证方式、自我约束的集体方式和自愿的行为准则，并且分别详细叙述了特征。马克斯韦尔·B.卡伦伯格认为在众多学者为加强对慈善组织的约束而提出的包括成立新的州监管机构、发挥州慈善委员会作用、成立联邦规制委员会、发挥 IRS 的作用、扩大私人行为体的诉讼权利与成立自我约束组织的建议中，成立自我约束组织是最为有效的方式。五是探讨了慈善组织自律的缺陷，如特里·林恩·赫尔格认为缺少有效的实施机制与监督机制；马克·西德尔则认为现行的慈善组织自律机制缺少有效的资金、没有政府资源、缺少统一的实施标准等。反观国内，主要从以下几个方面展开研究：一是强调慈善组织自律的重要性。如吉莉安·S. 阿什利（Jillian S. Ashley）、何鹏宇认为慈善组织应该加强内部治理，增加其信任度，以回应政府的改革，与政府一起加强自身的管理。〔1〕康晓光、冯利在其主编的《中国第三部门观察报告 2016》中认为公益组织需通过自律降低软性财务逻辑和双重代理的影响。〔2〕杨思斌认为慈善组织应该建立与完善信息公开制度，并且慈善组织的监管体系应该由社会监管、内部治理、行业自律和社会监督等几个层面构成。二是分析慈善组织自律的缺陷。如卡拉·W. 西蒙（Karla W. Simon）在其文章中认为中国慈善组织自我管理的主要缺陷是缺少透明度。〔3〕上海社会科学院政府绩效评估中心在其编著的《非营利组织绩效评估》中认为非营利组织自律机制不健全的表现主要是，一方面，少数非营利组织未经批准擅自成立并开展活动；另一方面，一些非营利组织的内部议事制度、财务管理制度、章程履行制度、工作人员录用与考核奖惩制度无章可循、有章不循的问题同时存在；赵春雷认为慈善组织信息公开、监督等方面的内部制度建设比较落后，从而损害了慈善组织的公信力。三是对如何增强慈善组织的自律提出了建议。如康晓光、冯利在其主编的《中国第三部门

---

〔1〕 Jillian S. Ashley, Pengyu He, "Opening One Eye and Closing the Other: The Legal and Regulatory Environment for 'Grassroots' NGOs in China Today", *Boston University International Law Journal*, 2008, 26 (1): 29~96.

〔2〕 参见康晓光、冯利主编：《中国第三部门观察报告 2016》，社会科学文献出版社 2016 年版。

〔3〕 Karla W. Simon, *Civil Society in China*, Oxford University Press, 2013.

观察报告 2016》中认为公益组织加强自律应该完善治理结构，实现内部问责；建立信息披露制度和内部举报人制度。毕素华与张萌认为要加强慈善组织内部规章制度和管理机构建设，实行专业、系统的管理模式。刘娜认为完善的慈善组织内部治理机构应该借鉴商业的治理模式建立决策、执行、监督三权分立的运行框架。公益元老商玉生早在 2001 年就提议为所有的中国非营利组织创设行为准则（code of conduct）。四是慈善组织自律的方式。如上海社会科学院政府绩效评估中心在其编著的《非营利组织绩效评估》中总结了非营利组织的自律包括同行互律与自我监督，并详细分析了各自的形式。

总体上看，国内外的研究成果或多或少都对慈善组织的自律进行了研究，这些研究成果虽然在一定程度上对慈善组织的运行、内部治理、公信力的提升等发挥了较为重要的作用，为我国刚开始运行的《慈善法》及慈善组织的后续研究都奠定了重要的基础；但是，对于慈善组织的自律研究显然在国内外研究领域还处于表面研究阶段，并没有进入深入研究。这突出表现在以下几个方面：

（1）在研究领域上，大多数研究主要集中在整体上对于慈善组织的监管体系的研究，并且着重针对慈善组织的政府监管进行，而对于慈善组织的自律只作了浅尝辄止的涉及。即使是涉及慈善组织的内部治理制度的研究，也主要体现在慈善组织信息披露制度对提高慈善组织公信力的作用上；在《慈善法》颁布之前，相关研究主要集中在呼吁《慈善法》出台。

（2）在研究视角上，目前的法学研究主要停留在私法层面，大多数研究主要基于民法之民事主体范畴来研究慈善组织自身的有关问题，而鲜有以社会法作为其理论基础展开。

（3）在研究成果的价值上，现有研究不仅具有专门性和理论性不足的特点，而且还呈现出应用性不突出的特点；不仅没有将慈善组织的自律贯穿慈善组织、慈善行为以及慈善终止全过程进行系统研究，更没有对慈善组织自律的实现机制进行深入与具体的分析。所以，目前综合国内外研究内容来看，面对慈善组织出现的自律缺陷，还没有有效的解决之道。

总之，国内外对于慈善组织自律机制的研究除了表现数量较少，还呈现出停留在表面，没有对慈善组织自律机制的全面建设进行详细的构建等不足。

第四节　研究思路、框架内容及研究方法

一、研究思路

本书主要是沿着提出问题—分析问题—解决问题的思路展开的。首先，提出问题。通过列举一些具体的实例，表明慈善组织的问责危机已经存在，通过加强慈善组织自律完善其问责已属确有必要；其次，分析问题。通过对慈善组织现有的自律机制即党建、内部治理与行业自律分别进行分析探讨，继而分析探讨该问题的理论框架；最后，解决问题。在上述分析的基础上提出解决问题的建议。

二、框架内容

国家坚持鼓励支持和监督管理并重，持续推进依法治善、依法促善、依法行善。指导督促慈善组织加强党的建设，健全法人治理机制，加强自我管理、自我约束、自我监督，严守公益初心和非营利性底线，防范公益慈善活动中的法律风险和道德风险。[1]概括慈善组织的自律框架主要是沿着党建、法人治理机制与行业自律展开，从而使慈善事业的公信力和透明度显著提升。本书也是按照此框架展开。

本书主要分为五个章节。

第一章为导言。按照提出问题—分析问题—解决问题的思路，本部分主要介绍慈善组织自律问题产生的背景，以案例导入的方法，通过列举国内外案例展现慈善组织内部出现的问题，引出慈善组织自律的重要性。慈善事业的生命力与动员力取决于社会公信力，公信力又取决于充分的信息公开披露和慈善组织的公正无私。慈善行业加强自律，是由慈善的公益属性决定的。慈善募捐的款物一分一毫、一件一物都来之不易，更需倍加珍惜，务必确保募捐款物资金使用安全、合法合规、公开透明。慈善从业者要有如履薄冰、诚惶诚恐的履职心态，管好用好每一分资金、每一件物资，用自律塑造诚信，

---

〔1〕　张春生：《为慈善事业发展提供法治保障》，载 https://www.xinhuanet.com/government/20240813/89fc20f7031446b78917d93acce11b6a/c.html，最后访问日期：2024 年 8 月 20 日。

用诚信塑造慈善组织的公信力。

　　第二章为慈善组织。北京师范大学中国公益研究院慈善研究中心发布的《中国慈善事业 2023 年十大进展与 2024 年五大趋势》报告显示，2023 年中国慈善事业取得了显著进展，慈善组织数量达到 13 619 个，同比增长 7.74%。截至 2024 年 6 月，全国共登记认定慈善组织超过 1.5 万个，其中具有公开募捐资格的慈善组织 3200 多个。慈善组织发展迅速。2016 年《慈善法》实施以后，慈善组织作为法律概念进入理论视野，同时社会组织成为慈善组织有两种途径：一是社会组织成立时直接登记为慈善组织；二是社会组织通过认定成为慈善组织，获取慈善组织的资格。但随着《慈善法》实施一段时间以后，慈善组织认定的业务领域逐渐呈现出一些问题。当时《慈善法》也出现了一些未尽事宜，如《慈善法》实施以后未选择成立登记为慈善组织的社会组织无法通过认定或变更转为慈善组织、获取慈善组织的资格。根据《慈善法》及《慈善组织认定办法》的规定，社会组织可通过登记或认定成为慈善组织，慈善组织作为一种资格，可取得应当就可放弃，但如何放弃慈善组织这个资格法律法规却没有规定，即社会组织一旦成为慈善组织，就只能一直是慈善组织。可见，对于慈善组织目前的规定是只存在进入机制，没有设立退出机制。所以，本部分是对慈善组织这一专业术语的界定。是解决慈善组织存与退的前提。

　　第三章为慈善组织的党建引领。贯彻落实习近平总书记重要指示批示精神和党中央决策部署。党的十八大以来，以习近平同志为核心的党中央高度重视慈善事业，习近平总书记多次就发展慈善事业、发挥慈善作用作出重要指示批示。修正后的《慈善法》增加了"慈善工作坚持中国共产党的领导"的规定。为慈善事业发展提供法治保障，民政部门要深刻领悟"两个确立"的决定性意义，增强"四个意识"、坚定"四个自信"、做到"两个维护"，坚决落实以习近平同志为核心的党中央关于慈善工作的决策部署。要在党委政府领导下，着力推动解决涉及多部门的慈善领域制度设计、重大问题协调等体制机制性问题。要积极推动慈善组织的业务主管单位履行职责，在慈善组织日常管理中发挥作用，建设好慈善行业组织，形成共同推动慈善事业高质量发展的合力。[1]

　　————————————

　　〔1〕　张春生：《为慈善事业发展提供法治保障》，载 https://www.xinhuanet.com/government/20240813/89fc20f7031446b78917d93acce11b6a/c.html，最后访问日期：2024 年 8 月 20 日。

第四章为慈善组织的内部治理。要注重慈善组织内部治理能力建设，优化慈善组织章程和内部管理规定，提高运行效率，降低运行成本，建立具有中国特色的"透明、高效、规范"的管理体制和运行机制，提升慈善组织的公信力和专业化能力。[1]本部分主要是对慈善组织内部治理的法治途径进行阐述。《中华人民共和国民法典》（以下简称《民法典》）第93条对慈善组织的法人治理提供了法律依据，明确规定：设立捐助法人应当依法制定法人章程。捐助法人应当设理事会、民主管理组织等决策机构，并设执行机构。理事长等负责人按照法人章程的规定担任法定代表人。捐助法人应当设监事会等监督机构。捐助法人应当制定章程，规定其设立宗旨和活动范围等。捐助法人的章程应当经过理事会等捐助法人的决策机构通过生效。对此，按照《民法典》第93条的规定，慈善组织应当设置决策机构、执行机构、监督机构与法定代表人作为其内部治理结构。

第五章为慈善组织的行业自律。《慈善法》第19条规定，慈善组织依法成立行业组织。慈善行业组织应当反映行业诉求，推动行业交流，提高慈善行业公信力，促进慈善事业发展；第103条规定，县级以上人民政府民政部门应当依法履行职责，对慈善活动进行监督检查，对慈善行业组织进行指导；第107条规定，慈善行业组织应当建立健全行业规范，加强行业自律。这几条的出现足以证明慈善组织的行业自律在慈善组织治理中的重要作用。马克思认为："道德的基础是人类精神的自律。"[2]他指出，自律主要是指道德主体依靠对自然、社会规律以及现实生活的认识，自觉遵守社会道德规范，把被动的他律变成主动的自律。有学者认为，自律是行动主体凭借自身生活常识获得对客观规律的认知，愿意遵守社会道德规范，并主动履行该规范，从而将被动的他律变成主动的律己，自觉要求自己遵守该规范的过程。[3]以《慈善法》为依据，依法行善，是慈善组织落实慈善法的重要抓手。为了确保慈善事业的良性发展，慈善行业的行业规范和自律机制就变得尤为重要，行业自律是保障慈善事业健康发展的基础，它能够规定和约束慈善组织的行为，确保其遵循合法、透明与公正原则。

〔1〕 参见《健全慈善组织体系》，载《山西日报》2023年9月6日。
〔2〕 《马克思恩格斯全集》（第1卷），人民出版社1956年版，第15页。
〔3〕 金筱萍：《论道德他律到自律的形成发展规律》，载《咸宁学院学报》2007年第1期。

三、研究方法

1. 实证分析方法

慈善组织是通过自身的行为积极地参与到国家治理中来的，所以对其治理的重要性也就尤为重要，除了国家通过治理工具对其进行约束之外，其自律危机在其行为过程中才表现出来。所以，对慈善组织自律机制进行研究，必将离不开各种案例，通过这些案例提出问题的存在、通过这些案例来表明慈善组织是以什么样的身份参与到国内法治的进程中以及发挥出什么样的作用。实证分析方法是贯穿本书的主要方法。

2. 跨学科分析方法

慈善法是一门较为特殊的学科，其不但属于法学的基本学科，而且与管理学、法理学、社会学等学科有着密切的关系。而慈善组织的自律也是一个特殊的问题，其不能仅用空洞的法律理论去约束，其中必将用到管理学等学科知识，笔者以期借用上述学科的研究思路与方法得到有益的结果。

3. 文献分析方法

文献分析方法是法学研究的重要方法。慈善组织在中国发展多年，得到诸多主体的广泛关注。无论是官方还是民间，都在关注慈善组织的存在和发展，所以有关慈善组织的研究资料数量还是较为庞大的。本书在研究慈善组织的时候也需要通过各种途径获取比较多样的研究资料。首先，主要是从民政部等官方网站中获取慈善组织发展的相关数据和材料；其次，研究中心和学者们对慈善组织的发展也贡献出了大量智库文献。通过对从这些途径获得的文献资料进行分析，了解发展现状，发现问题并解决问题。

慈善组织

  2024 年 5 月 10 日，我国民政部召开第二季度例行新闻发布会，民政部新闻发言人武增锋介绍，截至目前，全国现有慈善组织 14 791 家，全国已备案慈善信托 1762 单，信托财产总规模逾 71.4 亿元。慈善组织对社会捐赠的作用主要表现为两个方面：一方面，慈善组织作为社会捐赠的主要接收方之一，承担了社会捐赠募捐和接收的职责；另一方面，慈善组织作为社会捐赠的捐赠主体之一，直接进行社会捐赠。中国社会科学院大学国家治理现代化与社会组织研究中心的重要学术成果《社会组织蓝皮书：中国社会组织报告（2023）》显示，部分慈善组织思想建设薄弱、缺乏有效的监管体系，加之部分慈善组织信息公开透明度较低、募捐及物资分发行为不规范等，导致慈善组织公信力下降。其中，一方面表现为爱心企业及爱心人士跳过慈善组织直接对困难群众进行帮扶、捐赠；另一方面则表现为以物品进行帮扶替代直接捐款。慈善组织公信力下降使得慈善组织的发展进一步受阻。对此慈善组织应注重服务的公开性和透明性，提高服务的针对性和有效性，以打造慈善组织良好形象，提高慈善组织公信力，推动慈善组织高质量发展。研究慈善组织自律，必须从界定慈善组织这一定义展开。

第一节　慈善组织概述

  慈善组织是以专门化、组织化形式持续开展慈善活动的民事主体。慈善组织是现代慈善事业的最为重要的主体。通过慈善组织能够有效地将慈善资源聚集在一起，大大提高慈善财产的使用效益。慈善组织从事慈善活动，充当的是捐赠者与受益人之间的中间方。对捐赠者来说，慈善组织汇聚了捐赠财产并利用自己的专业能力管理这些财产，帮助捐赠者实现他们的理想和愿望；对受益人来说，他们因慈善组织的帮助得以生存和发展，获得做人的尊严。

一、慈善组织的定义

慈善组织有广义和狭义之分。狭义的慈善组织仅指符合各国法律所规定的慈善条件、其慈善属性经权威机构[1]确认的组织，又称法律意义上的慈善组织。狭义的慈善组织拥有特定的法律地位，享有税收优惠等特定的权利。英国、日本、俄罗斯、亚美尼亚、波兰等国家制定有慈善组织的专门性法律，如2006年《英国慈善法》第一部分的第1条就界定了慈善组织的含义，认为慈善组织是仅仅为慈善目的而设立及从属于最高法院管辖的组织。但是有些国家还未制定专门性法律，其慈善组织由民法、税法或非营利组织法等调整。广义的慈善组织还包括事实上以慈善为目的，但其慈善属性未经权威机构确认的组织。事实上的慈善组织虽然可以开展慈善活动，但是因为慈善属性没有经过权威机构的确认，不能享有税收优惠权、公募权等特定的权利。本章所称慈善组织，除非特别指明，均指狭义上的慈善组织。

各国法律对慈善组织的定义并不完全相同，同一国家的不同历史阶段对慈善组织的定位也不相同。《俄罗斯慈善活动与慈善组织法》规定，慈善组织是为了实现本联邦法律规定的、通过实施慈善活动造福整个社会或特定范畴公民的目的，而成立起来的非政府性（非国家性和非地方性）、非商业的组织。我国《慈善法》第8条对慈善组织的定义是："依法成立、符合本法规定，以面向社会开展慈善活动为宗旨的非营利性组织。"

各国对于慈善组织规定的差异，主要在于法律规定的"慈善活动"（或称慈善目的）的范围不同。《亚美尼亚慈善法》规定了8项慈善目的，《日本公益社团法人及公益财团法人认定法》规定的公益目的有23项。总的来说，各国规定的慈善目的是朝着更为广泛而具体的方向发展。例如，1995年颁布的《俄罗斯慈善活动与慈善组织法》规定了11项慈善目的，2010年修正时扩展到19项。《英国慈善用益条例》列举了10项慈善目的，以扶贫济困类居多。到了2006年，《英国慈善法》规定的慈善目的扩展到13项，范围拓展到非常

---

〔1〕　各国确认慈善属性的权威机构不同，例如，日本在中央是内阁府，在地方是都道府县的知事；英国是慈善委员会；美国是联邦税务局。

广泛的领域，扶贫济困仅是其中一项。我国《慈善法》对慈善活动范围的规定也较为广泛，该法第 3 条规定的慈善活动包括：扶贫、济困；扶老、救孤、恤病、助残、优抚；救助自然灾害、事故灾难和公共卫生事件等突发事件造成的损害；促进教育、科学、文化、卫生、体育等事业的发展；符合该法规定的其他公益活动。与其他国家不同的是，我国关于慈善活动范围的规定过于抽象，不够明确具体，这给慈善组织登记带来不少困惑。

二、慈善组织与相关概念辨析

在慈善组织作为法律概念出现之前，非营利性社会团体、非营利性社会组织、非营利性组织、社会组织、公益组织、民间组织、人民团体等概念在不同的场合出现，只有厘清它们之间的区别，才能对慈善组织进行深层次的研究。

（一）慈善组织与社会组织

社会组织是指相对于政党、政府等传统组织形态以外，为了实现特定的管理目标，按照一定的宗旨和系统建立、组合起来，依照各自的章程开展活动的组织。按照该概念，首先，社会组织要有特定的组织目标，并且组织目标一般是明确的、具体的，能够表明社会组织的性质与功能，围绕某一特定目标才形成从事共同活动的社会组织，是社会组织活动的灵魂；其次，社会组织有一定数量的固定成员，是由至少两人组成的系统。社会组织的成员是相对固定的，成员明确意识到自己属于某一组织，进入或者退出一个组织必须按照一定的程序进行；再次，社会组织有制度化的组织结构，为了实现特定的目标并提高活动效益，社会组织一般都具有根据功能和分工而制度化的组织结构，协调各个职能部门或个人的活动，顺利实现社会组织的目标；最后，社会组织是一个开放的系统，它不仅自身要与周围环境进行物质、人员、信息的交换，而且还根据与其他组织的关系，组成不同的组织体系，在更大的范围内和更高水平上与外界环境进行各种形式的交换。根据《社会组织名称管理办法》，社会组织包括社会团体、基金会和民办非企业单位。根据民政部 2024 年 1 季度民政统计数据，中国现有社会组织近 90 万个，其中社会团体 37.5 万个、基金会 9668 个、民办非企业单位 49.7 万个。根据《社会团体登记管理条例》的规定，社会团体是指中国公民自愿组成，为实现会员共同意愿，按照其章程开展活动的非营利性社会组织。国家机关以外的组织可以作为单位会员加入社会团体。社会团体应当具备法人条件。成立社会团体的具体条件包括：①有 50 个以上的个人会员或者 30 个以上的单位会员；个人会员、单位会员混合组成的，会员总数不得少于 50 个；②有规范的名称和相应的组织机构；③有固定的住所；④有与其业务活动相适应的专职工作人员；⑤有规定最低限额的活动资金（全国性的社会团体不低于 10 万元，地方性的和跨行政区域的社会团体不低于 3 万元）；⑥有独立承担民事责任的能力。下列团体不属于该条例规定登记的范围：①参加中国人民政治协商会议的人民团体；②由国务院机构编制管理机关核定，并经国务院批准免于登记的团体；③机关、团体、企业事业单位内部经本单位批准成立、在本单位内部活动的团体。

按照《基金会管理条例（修改草案征求意见稿）》的规定，基金会是指利用自然人、法人或者其他组织捐赠的财产，以开展公益慈善活动为目的，按照该条例的规定成立的非营利性法人。设立基金会应当具备的条件包括：①以开展公益慈善活动为宗旨；②不以营利为目的；③有一定数额的注册资金，并且为到账货币资金；④有自己的名称、章程、住所、组织机构和负责人，以及与其业务活动相适应的专职工作人员；⑤能够独立承担民事责任。在县级人民政府民政部门登记的基金会注册资金不低于 200 万元人民币；在设区的市级人民政府民政部门登记的基金会注册资金不低于 400 万元人民币；在省级人民政府民政部门登记的基金会注册资金不低于 800 万元人民币；在国务院民政部门登记的基金会注册资金不低于 8000 万元人民币。

根据《民办非企业单位登记管理暂行条例》的规定，民办非企业单位，是指企业事业单位、社会团体和其他社会力量以及公民个人利用非国有资产举办的，从事非营利性社会服务活动的社会组织。申请登记民办非企业单位应当具备的条件包括：①经业务主管单位审查同意；②有规范的名称、必要的组织机构；③有与其业务活动相适应的从业人员；④有与其业务活动相适应的合法财产；⑤有必要的场所。

从数量及构成层次来看，慈善组织属于社会组织的一个组成部分。

（二）慈善组织与公益组织

一般而言，国际社会中，对于公益组织与慈善组织并没有明显的区别，在不同的场合，两个概念是可以互换的，甚至有的学者把慈善组织称为慈善公益组织。从《英国慈善法》对慈善组织的定义来看，其注重强调慈善组织的公益目的，所以看不出二者的区别。但是有的学者认为公益来自公领域，慈善来自私领域。[1]根据我国 1999 年实施的《中华人民共和国公益事业捐赠法》（以下简称《公益事业捐赠法》）第 2 条的规定，自然人、法人或者其他组织自愿无偿向依法成立的公益性社会团体和公益性非营利的事业单位捐赠财产，用于公益事业的，适用该法。第 10 条第 2、3 款规定，该法所称公益性社会团体是指依法成立的，以发展公益事业为宗旨的基金会、慈善组织等社会团体。该法所称公益性非营利的事业单位是指依法成立的，从事公益事业的不以营利为目的的教育机构、科学研究机构、医疗卫生机构、社会公共文化机构、社会公共体育机构和社会福利机构等。由此可知，广义上讲，我国的公益组织包括依法设立的公益性社会团体和公益性非营利的事业单位两大类。其中公益性社会团体主要包括基金会、慈善组织等社会团体；公益性非营利的事业单位主要包括教育机构、科学研究机构、医疗卫生机构、社会公共文化机构、社会公共体育机构和社会福利机构等。目前在我国，公益组织仅是一个事实概念，是对依法成立的公益性社会团体和公益性非营利的事业单位的统称，并不存在由国家统一认可并颁发公益组织证书的问题。但是慈善组织则是一个行政认证的结果，必须具备民政部门颁发的表明慈善组织属性的登记证书。"慈善组织"与《公益事业捐赠法》规定的"公益组织"之间有交叉又有所不同。《公益事业捐赠法》中的"公益组织"更多的是从接受捐赠的角度来定义的，而《慈善法》中的"慈善组织"则更多的是从向社会开展慈善活动的角度来定义的。其中，《公益事业捐赠法》中的"公益性社会团体"接受捐赠后主要用于向社会开展公益活动；而公益性非营利的事业单位作为接受捐赠的对象，一般将捐赠用于自己所从事的非营利性公益事业，包括教育、科研、医疗卫生、公共体育或其他社会福利。因此，《慈善法》中的"慈善组织"与《公益事业捐赠法》中的"公益性社会团体"的概念比较接近。[2]

（三）慈善组织与非营利组织

非营利组织是指不以营利为目的的组织，它的目标通常是支持或处理个

---

〔1〕 参见谢志平：《关系、限度、制度：转型中国的政府与慈善组织》，北京师范大学出版社 2011 年版，第 95~96 页。

〔2〕 刘双舟：《公益组织、慈善组织和社会组织》，载 http://www.sohu.com/a/224069550_10001 1202，最后访问日期：2024 年 8 月 1 日。

人关心或者公众关注的议题或事件，所涉及的领域非常广，包括艺术、慈善、教育、学术、环保等。它的运作并不是为了产生利益，这一点通常被视为这类组织的主要特性。非营利组织也可以收费，可以有经济利润，但不是其目标，就算有利润也不会用来分红，而是继续投入公益事业。

《中华人民共和国企业所得税法实施条例》对非营利组织的条件进行了规定。

第八十四条　企业所得税法第二十六条第（四）项所称符合条件的非营利组织，是指同时符合下列条件的组织：

（一）依法履行非营利组织登记手续；

（二）从事公益性或者非营利性活动；

（三）取得的收入除用于与该组织有关的、合理的支出外，全部用于登记核定或者章程规定的公益性或者非营利性事业；

（四）财产及其孳息不用于分配；

（五）按照登记核定或者章程规定，该组织注销后的剩余财产用于公益性或者非营利性目的，或者由登记管理机关转赠给与该组织性质、宗旨相同的组织，并向社会公告；

（六）投入人对投入该组织的财产不保留或者享有任何财产权利；

（七）工作人员工资福利开支控制在规定的比例内，不变相分配该组织的财产。

前款规定的非营利组织的认定管理办法由国务院财政、税务主管部门会同国务院有关部门制定。

财政部、国家税务总局《关于非营利组织免税资格认定管理有关问题的通知》

一、依据本通知认定的符合条件的非营利组织，必须同时满足以下条件：

（一）依照国家有关法律法规设立或登记的事业单位、社会团体、基金会、社会服务机构、宗教活动场所、宗教院校以及财政部、税务总局认定的其他非营利组织。

…………

（四）慈善组织与社会团体

社会团体，是指中国公民自愿组成，为实现会员共同意愿，按照其章程开展活动的非营利性社会组织。社会团体包括宗教、文化、艺术、慈善事业等多种类型，各类行业协会、学会、商会、联合会等都是典型的社会团体。

社会团体概念的演变经历了一定的历史过程。在新中国成立以后，社会团体的概念最早见于 1950 年颁布的《社会团体登记暂行办法》（已失效），当时规定社会团体包括人民群众团体、社会公益团体、文艺工作团体、学术研究团体、宗教团体。1988 年 9 月 27 日，国务院制定的《基金会管理办法》（已失效）明确基金会属于社会团体法人。

1989 年 10 月 25 日，国务院制定《社会团体登记管理条例》（已失效），取代了 1950 年的《社会团体登记暂行办法》，明确规定社会团体包括协会、学会、联合会、研究会、基金会等。

1998 年 10 月 25 日，国务院又新公布了《社会团体登记管理条例》（已于 2016 年修订）、《民办非企业单位登记管理暂行条例》（现行有效），上述条例取代了 1989 年制定的《社会团体登记管理条例》，明确了社会团体和民办非企业单位的概念。

《社会团体登记管理条例》

第二条第一款　本条例所称社会团体，是指中国公民自愿组成，为实现会员共同意愿，按照其章程开展活动的非营利性社会组织。

《社会团体登记暂行办法》（1950 年 9 月 29 日通过，已失效）

第三条　社会团体包括下列各类范围：（1）人民群众团体；（2）社会公益团体；（3）文艺工作团体；（4）学术研究团体；（5）宗教团体；（6）其他合于人民政府法律组成的团体。

《基金会管理办法》（1988 年 9 月 9 日通过，已失效）

第二条第一款　本办法所称的基金会，是指对国内外社会团体和其他组织以及个人自愿捐赠资金进行管理的民间非营利性组织，是社会团体法人。

（五）慈善组织与民间组织

民间组织，是一种与政府相对应的组织称呼。1998 年，国务院颁布《民办非企业单位登记管理暂行条例》，并修订《社会团体登记管理条例》，明确界定了民办非企业单位和社会团体的概念，与此同时，民政部原社会团体管理司改为"民间组织管理局"，地方民政部门也新设或者将社会团体管理部门改为"民间组织管理局""民间组织管理办""民间组织管理股"。民间组织遂成为"社会团体"和"民办非企业单位"的共同上位概念。

2000 年 4 月，民政部发布《取缔非法民间组织暂行办法》，"民间组织"

概念正式用于规章的表述。2016 年，民政部民间组织管理局更名为社会组织管理局，"民间组织"被概念内涵更广的"社会组织"所替代，自此民间组织也算是退出历史舞台（但未全退出，至少《取缔非法民间组织暂行办法》没有废止）。

《取缔非法民间组织暂行办法》

第二条　具有下列情形之一的属于非法民间组织：

（一）未经批准，擅自开展社会团体筹备活动的；

（二）未经登记，擅自以社会团体或者民办非企业单位名义进行活动的；

（三）被撤销登记后继续以社会团体或者民办非企业的单位名义进行活动的。

三、慈善组织的特征

慈善组织以其特征区别于营利组织、政府和其他非公益性的非营利组织。这些特征是慈善组织发挥各种功能的前提。慈善组织的特征也决定了慈善组织认定时必须具备的条件，在慈善组织认定一节中笔者将具体阐述这些必要条件及判断基准，此处仅对慈善组织的基本特征做一简单介绍。慈善组织作为非营利组织的一种，具备非营利组织的一般特征，例如民间性和非营利性等，依照这些特征，慈善组织与政府和营利组织区别开来。而慈善组织所具有的公益性、非政治性又使其区别于互益组织等非公益性的非营利组织。

（一）民间性

慈善组织的民间性又称为非政府性，它意味着慈善组织独立于政府存在，既不是政府的组成部分，也不隶属于政府的直接管理，慈善组织的法律性质为私法人。慈善组织接受政府资助或有官员参与管理并不影响慈善组织的私法人性质。政府对慈善组织的财产投入在性质上属于捐助，所有权只能归慈善组织所有，政府不能直接参与慈善组织的运作和管理。政府官员根据章程规定进入理事会后，可以以理事的名义参与管理。有的国家（或地区）为了保证慈善组织的民间性，甚至直接规定政府不能设立慈善组织。例如，《亚美尼亚慈善法》第 11 条第 4 款规定，不允许公共行政管理部门和地方自治团体作为慈善组织的创立者。我国过去由政府主导设立了众多的慈善组织（例如地方各级慈善会），政府的逐渐退出需要一个过程，法律应当承认这些组织。从未来的发展看，在我国由政府和民间协力设立（捐助）慈善组织也有其存在的合理性。

（二）非营利性

慈善组织必须满足非营利性的消极条件。非营利性指慈善组织不能以营利为目的，其具体判断基准为：①慈善组织的利润和剩余财产不能分配或者变相分配给设立人、会员、捐赠者等人；②慈善组织要严格限制关系人交易，这些关系人包括：巨额捐赠者及其关联实体、慈善组织的管理者及其近亲属或关联实体；③慈善组织可以向其管理人员和职工支付合理的报酬，但理事会成员领取报酬的人数不能超过一定比例（比如不能超过1/3）；④慈善组织可以从事符合条件的盈利活动（在日本称为收益活动），这并不影响组织的非营利性。慈善组织的非营利性是针对终极目的而言的，如果慈善组织能将盈利用于慈善事业，仍不失为慈善组织。美国的制度也不禁止慈善组织从事盈利活动，美国通过税收制度来平衡慈善组织从事盈利活动可能产生的不正当竞争，即，如果慈善组织从事盈利活动，未将所得一定比例之上用于慈善目的，则不能享有税收优惠，以符合市场公平竞争的原则。

对慈善组织从事盈利活动必须进行限制，否则会影响到组织的慈善性质。日本学者森泉章先生对公益法人从事盈利活动的分析可资借鉴。森泉章认为，公益法人为了完成公益事业，必须拥有必要的财产（物的要素）。为此，公益法人为了保证财政基础的安定，不得不经营盈利活动（收益活动）。但是，若无限制地承认盈利活动，就会带来盈利活动成为主要事业、公益事业成为附带事业的危险。因此，公益法人从事盈利活动要受到以下原则限制：①本质界限——不允许公益法人从事有损于公益法人社会信用的盈利活动，不能阻碍公益事业的进行；②目的界限——从盈利活动的内容看，其应当有助于公益法人目的事业的完成，而且只能作为辅助性事业或副业；③规模界限——收益事业的规模不能太大，否则会使人误认为该公益法人的主要目的事业是盈利事业。

为了保证慈善组织的非营利性，对慈善组织能够从事的盈利（收益）活动，有必要记载在法人的章程或捐助行为中。同时，有必要强化主管机关对盈利（收益）活动的监督，并采取一些法律约束措施，如对于超过一定范围的盈利（收益）活动，应当强令停止或解散。

（三）公益性

慈善组织除了民间性和非营利性还必须满足追求公益的积极要求。利益以其归属对象不同，可分为公益、共益和私益。公益是不特定多数人的利益，共益是指会员之间的共同利益，私益指特定人的利益。慈善组织的宗旨，应当指向不特定的多数人，或者指向其他公益组织。公益性是慈善组织与其他非营利组织区分的主要标志，具体表现在：

（1）慈善组织是开放性组织，而共益组织或私益组织是封闭性组织。共益组织的成员限于有着共同的利益需求、身份地位或兴趣爱好的特殊人群。如商会、职业性的行业协会只有营利法人或特殊的职业群体才有权加入，即使那些建立在共同爱好和兴趣基础上的共益组织，也往往规定了一定的资格要求，其会员身份不是任何人可以取得的。私益组织比共益组织更为封闭，例如，为特定企业员工子女设立的私益基金会并不对社会上的其他人开放。与以上组织不同，慈善组织中的社团组织允许任何人加入，尽可能吸引更多的人参与组织的设立和运营。慈善组织的治理结构也对社会开放，吸引社会人士参与其经营管理。财团类慈善组织服务于社会上的不特定人，同样具有开放性特征。

（2）慈善组织以实现公共利益为目的，而共益组织、私益组织的设立是为其成员或特定人谋求利益。共益法人的成员既是组织的设立者、组织事务的决策者，又是组织所提供产品和服务的消费者。实践中，共益法人也可以为会员以外的其他人服务，如商会、行会往往把本地域范围或本行业领域内的所有市场主体作为服务对象。但共益组织为非会员服务取决于全体会员的意志，这与慈善组织必须服务于公共利益不同。

（3）慈善组织在终止时，只能把财产转让给其他性质相同的组织，而共益组织终止时，允许把法人的财产返还给会员。慈善组织的这一项规定源于慈善公益领域的"近似原则"。[1]根据《美国非营利法人示范法》第14条第6款和第7款的规定，如果该法人是慈善法人或宗教法人，且在其章程或章程细则中没有规定剩余财产的分配方法，则依照任何合同或法律上的要求，可

---

〔1〕 古罗马对后世慈善事业的贡献是其所创造的近似原则（Cypres）。"Cypres"这个词出自诺曼时代的法兰克语，意为"尽可能地靠近"，可译为"近似原则"。该词虽出自中世纪，但作为法律原则实际上起源于罗马，并在《查士丁尼法典》中已有表述。这一原则认为，在施主的直接资助目标不能达到时，基金的管理者可以将捐款用于"最近似于施主愿意的其他目的"。通过近似原则，既可以最大限度地尊重分散的众多捐助者的个人意愿，也可以把这些捐款整合为统一的资助意向，并服务于更大的社会目标。

以把资产转移给：①《美国国内税收条例》第 501（C）（3）条所记述的一人或多人；②如果被解散的法人并未为前项条款记载，则转移给一个或多个慈善法人或宗教法人。如果该法人是共益法人，且在其章程或章程细则中没有规定解散时资产的分配，则可以把资产转移给它的成员，没有成员的，可以转移给法人为其谋利或服务的人。

（四）非政治性

慈善组织应当具有非政治性的品格。非政治性原则是指慈善组织不得具有政治目标，或者组织参与政治性活动。比如，《俄罗斯慈善活动与慈善组织法》规定，禁止在实施竞选活动的同时实施慈善活动，禁止在实施慈善活动的同时就公决问题实施鼓动宣传。利用金钱以及其他物资设备向政党、政治活动、政治小组提供帮助不属于慈善活动。《亚美尼亚慈善法》第 3 条第 2 项规定，慈善不包括以货币或其他物质方式给政治党派和商业组织提供帮助。"在英国现行判例中，促进一个特殊政党的利益，就一组特殊政治原则或单一事项教育公众、促成或就本国法律变动进行游说，促成改变或者谋求维持国外政府机关的特殊决议，或者就有争议的社会事项谋求改变公共意见等均被认定为是政治性的，因而不具有慈善目的。"[1]

《美国国内税法》规定，为了尽量保证慈善组织的非政治性，慈善组织不应该支持或反对公职候选人，这是绝对禁令。除了不得参与竞选，慈善组织还不得将主要精力用于旨在影响立法的活动上。慈善组织参与立法游说只能是其全部活动的非实质性部分，否则会失去免税资格。但是，在美国的政治体制下，立法机关不是唯一的决策者。政府的执行机构对许多重要的公共政策作出决策，司法部门也通过法庭裁决来改变法律的执行，从而对公共政策产生影响。慈善组织参加影响执行机关和司法部门的活动只是一般的宣传活动时，不认为是立法游说。慈善组织还可以努力影响政府官员的行动，通过公益性诉讼来宣传其观点，就有争议的公共政策问题召集会议，通过广告表达其对这些问题的看法，所有这些都不属于美国联邦税务局所明确的政治游说活动的范围，不影响慈善组织的慈善地位和免税地位。

---

〔1〕 李德建、王丽萍：《论慈善法的基本原则》，载肖金明主编：《慈善立法理论与实践学术研讨会论文集》，山东大学法学院 2014 年，第 51 页。

四、慈善组织的组织形式

(一)慈善法人和非法人慈善组织

根据是否具有法人人格,慈善组织可以区分为法人和非法人两种组织形式。历史上最早产生的是非法人慈善组织,随着慈善活动的发展产生了慈善法人的形式,但非法人慈善组织的形态仍然存在。非法人慈善组织有登记的,也有未登记的。瑞士、[1]乌克兰、[2]俄罗斯、法国等国家都承认未登记的慈善组织的合法身份,而获得登记的非法人慈善组织可以享有特定的法律地位。在德国,设立一个非法人慈善团体仅需要一个不拘形式的设立行为和由设立人所制定的章程。[3]《美国统一非法人非营利社团法》[4]承认非法人慈善组织为民事主体,非法人慈善组织可以以团体名义取得、占有、转让不动产、动产和财产权利,可以充当信托受益人、合同受益人、遗产受赠人,可以作为独立法律主体起诉和应诉,并在合同和侵权法律关系中享有权利、履行义务和承担责任。相对于普通法,这是一个非常大的转变。按照普通法,非法人慈善组织不是独立于其成员的法律主体,它是成员的集合体,所有成员互为代理人。但《美国统一非法人非营利社团法》改变了普通法的观点,认为一个人不应当仅仅因为其成员身份,或者被授权管理社团的事务,而为社团的违约行为或侵权行为承担责任。[5]

我国《慈善法》中关于慈善组织的定义并没有排除非法人慈善组织,但是在实际操作层面,将慈善组织解释为了慈善法人。《慈善组织认定办法》规定,慈善组织认定条件的第一项就是申请者必须为法人。[6]非法人慈善组织在我国的合法地位一直没有得到彻底解决。《民办非企业单位登记管理暂行条

---

〔1〕《瑞士民法典》第52条第1项规定,团体组织以及有特殊目的的独立机构,在商事登记簿上登记后,即取得法人资格。第2项规定,公法上的团体组织及机构,非经济目的的社团、宗教财团、家庭财团,不需经过登记。

〔2〕《乌克兰慈善与慈善组织法》第1条规定,个人及法人实体可以通过法律的方式登记为某一类慈善组织来共同地从事慈善活动。也就是说,不登记也是允许的。

〔3〕[德]卡尔·拉伦茨:《德国民法通论》(上册),王晓晔等译,法律出版社2003年版,第184页。

〔4〕该文件由美国统一州法全国委员会起草,1996年通过,建议各州采纳。

〔5〕参见《美国统一非法人非营利社团法》第4条、第6条和第7条。

〔6〕根据《慈善组织认定办法》第4条第1项的规定,基金会、社会团体、社会服务机构申请认定为慈善组织时,应具备相应的社会组织法人登记条件。

例》原本允许非法人形态（个人和合伙）的民办非企业单位登记，但是后来因为此类组织难以管理取消了此种登记。一些地方对社区类非法人组织实行备案制，经备案的非法人组织具有合法地位，而没有登记或备案的非法人组织则随时有被取缔的危险。[1]非法人慈善组织的法律地位，有待于我国法治社会的逐步健全而完善。

西方国家除了采用以上两种慈善组织形式从事慈善活动，还采用慈善信托的形式从事慈善活动。大陆法系国家多采用法人形式，英美法系国家多采用信托形式，但随着两大法系法律制度的不断融合，非法人慈善团体、慈善法人和慈善信托已经成为各国发展慈善事业的普遍形式。《美国统一非法人非营利社团法》序言明确指出，非营利社团至少有三种形式：慈善信托、非营利法人和非法人非营利社团。其他国家对于慈善组织的形式，也大概可以归为这三类。鉴于我国《慈善法》单设一章对慈善信托加以调整，本节所称慈善组织不包括依据慈善信托所设立的组织体。

（二）慈善财团法人和慈善社团法人

法人形态的慈善组织依其设立基础的不同，可分为财团法人与社团法人两种形式。慈善社团法人是以社员为基础的组织，组织本身的人格与社员人格明确分离，组织与社员均保持其独立的主体性。组织的行为由法人机关为之，机关的行为就是组织的行为。社员通过社员大会参与组织意思的形成，并且监督法人机关的行为。组织的财产及负债均归属于组织自身。慈善社团法人终止后有剩余财产的，只能按照"近似原则"分配给其他慈善法人。慈善财团法人则是集合"财产"的法人组织，该组织为达成一定慈善目的对法人财产加以管理运用。慈善财团法人并没有组成分子的个人，捐助章程所揭示的设立目的，即该财团法人的目的，该财团法人之机关（董事或董事会），依据捐助目的忠实管理财产，以维护不特定人利益并确保受益人之权益。

我国《慈善法》第8条第2款规定，慈善组织可以采取基金会、社会团体和社会服务机构等组织形式。根据《民法典》第92条第1款的规定，[2]基

---

〔1〕《取缔非法民间组织暂行办法》第2条规定，具有下列情形之一的属于非法民间组织：（1）未经批准，擅自开展社会团体筹备活动的；（2）未经登记，擅自以社会团体或者民办非企业单位名义进行活动的；（3）被撤销登记后继续以社会团体或者民办非企业的单位名义进行活动的。

〔2〕《民法典》第92条第1款规定，具备法人条件，为公益目的以捐助财产设立的基金会、社会服务机构等，经依法登记成立，取得捐助法人资格。

金会和社会服务机构属于捐助法人，捐助法人与上文所述财团法人的含义基本相同。可以说，我国慈善组织所采取的组织形式，与大陆法系国家实行的社团法人和财团法人的二分法基本相同。结合《民法典》和《社会组织登记管理条例（草案征求意见稿）》的规定，慈善社团法人是基于会员共同意愿，为慈善目的设立并依法登记的非营利法人。基金会是利用自然人、法人或其他组织捐赠的财产，以促进公益事业为目的，按照其章程开展活动的非营利法人。社会服务机构是指自然、法人或者其他组织为了公益目的，按照其章程提供社会服务的非营利法人。

除了设立基础不同，慈善社团法人与慈善财团法人还有以下区别：

1. 成立方式不同

设立慈善社团法人必须有一定人数以上的成员（会员），有成立慈善社团法人之共同意思表示，并有组织社团的共同行为；而慈善财团法人可由单个自然人或法人捐助设立，也可以由几个自然人或法人一起设立，即慈善财团法人的设立既可以是单独行为，也可以是共同行为。

2. 会员、捐助人与法人的关系不同

慈善社团法人的会员拥有会员权，是社团的成员，会员大会为社团的最高权力机关；但慈善财团法人的捐助人并未拥有类似会员的权利，不属于该财团法人的成员，其所捐助的财产于捐助行为完成时，也已脱离其财产范围，这是慈善社团法人与慈善财团法人最大的区别。关于捐助人与慈善财团法人的关系，除非通过捐助章程赋予捐助人介入慈善财团法人事务的一定权限（例如选举董事及监察人等），否则其财团法人一经成立，捐助人即不能有任何正当权利介入其事务运作。

3. 组织上的区别

慈善社团法人需有会员大会，并以会员大会或会员代表大会为最高权力机关，以理事会作为法人之意思决定机关及执行机关。会员大会或会员代表大会可以变更章程、任免理事及监察人、监督理事及监察人职务之执行、以正当理由开除会员等。但是慈善财团法人则无会员也无总会，其章程原则上一旦确定，除非依法律规定而无法变更，董事及监察人之任免，亦应依捐助章程所定之方式为之。至于董事及监察人职务之执行的监督，则由法院依主管机关、检察官或利害关系人的申请，宣告其行为为无效。理事（会）为慈善财团法人之意思决定机关及执行机关，于捐助章程所定目的及职权范围内，代表慈善财团法人对外为意思表示，并执行为达成捐助目的所需之各种行为。

4. 组织变更或解散方式的区别

慈善社团法人的组织富有弹性，在性质上为自律法人，可以由决议变更组织与章程；慈善财团法人的组织则较为固定，是依照捐助章程所定之组织方法组成，相对慈善社团法人来说为他律法人，当组织或管理方法不完备时，得申请法院为必要的处分。此外，慈善社团法人可随时由会员决议解散；慈善财团法人则只能在目的不能达到时，由主管机关宣告解散。慈善社团法人会因会员之缺额而解散，而慈善财团法人则不产生此问题。

尽管慈善社团法人与慈善财团法人有以上区别，但在实践中也有处于二者之间的中间性组织，尤其是在新兴的志愿者组织那里，二者的差别越来越不重要。某些慈善社团法人的运作类似于基金会，法人和会员只有松散的联系，会员大会作为法人的最高权力机关发挥的作用很小，甚至只是一种形式，理事会成为法人运作的核心，在管理结构方面与慈善财团法人非常接近。从财产来看，许多慈善社团法人接受非会员的捐款，外界捐款远远超过会员交纳的会费总额，捐助财产成为法人主要的财产来源；从参加慈善活动的人员构成来看，志愿者越来越成为慈善社团法人的主力，社团成员的作用反而不那么重要。

（三）公募慈善组织和非公募慈善组织

公募慈善组织指经备案登记或许可，有资格向公众举行募捐活动的慈善组织。非公募慈善组织指没有公募资格的慈善组织。各国（或地区）对公募资格的取得实行不同的制度，有的实行许可制，有的实行备案登记制。《基金会管理条例》将基金会划分为"公募基金会"和"非公募基金会"，两种基金会在登记时即作出区分。《慈善法》改变了这种做法，规定慈善组织在登记（或认定）时不区分是否为公募组织，登记（或认定）满2年后，符合条件的慈善组织都可以申请取得公募资格。除了基金会和公益性社团法人，具有慈善组织资格的社会服务机构（民办非企业单位）也可以申请取得公募资格。实际上，公募慈善组织和非公募慈善组织的划分仍然存在，只不过是由登记阶段的划分转移到了募捐证书取得阶段。取得了募捐证书的为公募慈善组织，没有取得的则为非公募组织。

专门的慈善募款机构是典型的公募慈善组织。近现代慈善组织向着专业化发展最重要的表现是募款与服务的分离，出现了专门的慈善募款机构。专门的慈善募款机构是统一募捐，再将所募款项分配于各慈善组织的机构。专门的慈善募款机构的出现可以减少重复募捐和慈善资源的流失浪费，避免因慈善组织的分散募捐带来的公信力、监督难问题。专门的慈善募款组织在美国又称联合劝募组织。[1]联合劝募的理念并非仅在于改善分别劝募的困扰，其重点还在于鼓励民众踊跃参与，提升民众的精神境界，为全人类谋求更好的生活而努力。我国专门从事募捐活动的慈善组织在清末也已出现。光绪初年（1875 年），经元善等在上海创办协赈公所，即实行募与赈的分离，是近代专门募捐机构的雏形。19 世纪末，《申报》馆协赈所实际上已经形成了一个运作规范、制度完善的专门从事募捐活动的慈善组织。这些专门性募捐机构将筹集的善款悉数分配给实施慈善赈济的机构，从而形成了募集与救济相分离的体制。

（四）全国性慈善组织和地方性慈善组织

在中国，红十字会和慈善会是两个非常具有特色的慈善组织。中国的红十字会包括红十字总会、地方红十字会和行业红十字会，并且上下级红十字会都取得了社会团体法人资格，处于指导与被指导的关系，所以红十字总会属于全国性慈善组织，相应地，地方红十字会属于地方性慈善组织。除了红十字会系统，中国的慈善会系统也有全国性慈善组织与地方性慈善组织之分，中华慈善总会属于全国性慈善组织，省市地级的慈善总会属于地方性慈善组织。

五、中国慈善组织的历史发展

中国自古以来就有慈善活动，中国的慈善文化贯穿历史。中国在过去很长时间内是社区共同体的社会形态，依托地缘和血缘关系维系。在这样的社会形态之下，中国的慈善团体自古有之，既有受佛教和儒家思想等影响产生的宗族慈善、宗教慈善、地方慈善，这些自发形成的民间慈善机构，担负一定范围内的公共功能，也有大量的官办慈善机构。截至本书成稿之日，在慈善中国服务平台，笔者查到的慈善组织信息为 15 318 条。

---

〔1〕　美国最著名的联合筹款组织是"联合之路"（United Way）。联合之路有 2300 多个社区分部，它们将从捐赠者那里募集到的善款用于地方社会服务机构。联合之路的最直接之处在于筹款方式：它往往直接与雇主和雇员打交道，雇主可在每次发薪水时，将雇员同意的认捐额从其工资中扣除。

（一）中国古代的慈善组织

在儒家的仁义学说、道教的周穷救急思想，还有佛教的因果报应学说和慈悲精神的影响下，南北朝时期产生了我国古代最早的一批慈善机构。如六疾馆设立的目的是"以养穷民"，在中国慈善发展史上具有划时代的意义，它标志着中国最初慈善组织的建立，推动了传统慈善救济从个人性质的临时性救济到有组织救济的发展，促进了慈善救助的规范化和制度化，同时也表明中国慈善救济与福利制度正经历着由以设官掌事为主向因事设署、以署定职的方向发展变化。病坊是中国历史上最早的官办慈善医院。孤独园，用来收留孤寡老人和孤儿。孤独园的设立不仅传承了中国尊老恤老的传统美德，还标志着我国慈善组织从无到有，是南梁慈善事业进步和政府对慈善事业重视的表现，更是后世慈幼局、福田院等慈善机构的滥觞。佛寺在物资雄厚的经济支撑下，进行了一系列慈善救济活动。佛寺从事慈善活动的范围十分宽广，涉及济贫赈灾、医疗救助、劝善修德等。[1]到了宋代，"义庄"的出现成了慈善组织发展史上第二件具有里程碑意义的事件。"义庄"的出现体现了中国传统的宗族观念的现实影响，也表达了儒家"达则兼济天下"的理想。慈善组织发展史上的第三次飞跃发生于明末清初。"明末民间慈善组织之中以同善会最突出"，最早出现的同善会，大概是杨东明于万历十八年（1590年）在河南虞城建立的。同善会（筹募善款和其他救助）、会馆（救济同乡）、清节堂（救助贞女孀妇）、骼会（救助贫民丧葬）、族田义庄（救助族人），这些都是当时民间慈善组织发展的硕果。[2]

（二）中国近现代的慈善组织

回顾我国近代慈善教育事业的历史演进，可谓是中西慈幼文化融合的过程。19世纪末20世纪初，随着人文主义精神和近代公益慈善思想的传播，中国发展出以教堂为载体的慈善事业。而在寻求救亡图存的道路中，以贫民救济、互助慈善为主的传统慈善开始向近代公民改善的方向转型，如提供免费的教育机会、免费的公共设施与公共服务、城市自治等。晚清到民初这一历史阶段被视为"中国传统慈善与现代公益的枢纽节点"。教会慈善教育机构几

---

〔1〕 参见王盈：《南北朝时期的慈善组织》，载 https://www.scf.org.cn/csjjh/n3421/n5604/n5606/u1ai254956.html，最后访问日期：2024年8月5日。

〔2〕 参见《中国古代慈善组织的发展历程与特点》，载 https://www.sohu.com/a/152441746_805920，最后访问日期：2024年8月5日。

乎遍及大半个中国，为数甚众，如著名的上海圣婴会、蔡家湾孤儿院、土山湾孤儿院等，均是外国传教士在近代中国创办较早、规模较大的慈善教育机构。维新运动兴起后，社会各界普遍意识到中国慈善事业要走向近代化，应该师法泰西各国，重视慈善教育。1897年冬，经元善邀集梁启超、施善昌等人捐资创办中国女学会书塾，除了基础的中西文学习，还专设算学、医学、法学、师范科，陆续延请教习纺织、绘画等技艺，以期培养自立之本。1898年夏，罗振玉、经元善等人拟办余姚、上虞两邑农工学堂，向桑梓贫民招收艺徒，推广中国传统工艺，并创兴中国未有之工艺，且中外技艺兼习，颇具实用价值。20世纪初，一些有识之士和有公益理念和社会责任的民族资产阶级，就已经开始尝试借鉴西方基金会的运作形式，试图解决中国面临的社会问题。近代有著名将领张学良，他以父亲的名字设立了"汉卿讲学基金"，并设定基金宗旨，成立基金管理委员会，资助东北大学毕业生出国深造和教师出国考察、进修等。民国肇建后，慈善救济事业得到较大发展。因战乱、灾荒所致的大量孤贫儿，急需人们救助，施予适当的教育，以期长大后独立于社会。在民国前期短短20年间，慈善教育机构已遍行全国各省。

1937年，因日本发动全面侵华战争，许多慈善教育机构由此被迫转移或中辍，仅有战时儿童保育会、中国战时儿童救济协会等少数民间慈善团体所开展的慈善教育活动尤可称道。20世纪40年代以后，战争频仍，时局不靖，全国的慈善教育事业渐趋于衰微。[1]

（三）中国现代慈善组织的发展

这一阶段的慈善组织的发展以改革开放为分界线，改革开放以前，虽然开始处于政治吸纳的需要建立了青联、妇联、工商联、科协等大型的人民团体和大量学术性、文艺类的社会团体，但是之后由于受"文化大革命"的影响，中国慈善组织处于停滞时期。

随着改革开放的到来，公益慈善的理念开始在国内传播，具有公益慈善性质的活动迎来新的生机。成立于1981年的中国儿童少年基金会是新中国成立后的第一家国家级公募基金会。1984年，陈子民、陈经纶兄弟捐资千万港

---

〔1〕 参见王盈：《近代中国的慈善教育事业》，载 https://www.scf.org.cn/csjjh/n3421/n5604/n5606/u1ai254982.html，最后访问日期：2024年8月5日。

元在广东兴建了高级职业中学。[1] 1987 年 5 月，大兴安岭地区发生特大森林火灾后，中国红十字会首次向国际社会提出援助请求，成为中国接受国际救灾援助的开端。1988 年 5 月，美国福特基金会中国办事处在京成立。1989 年 3 月，中国青少年发展基金会成立。公益组织在中国开始复苏。20 世纪 90 年代初期，国内经济快速起步，在由计划经济向市场经济的转型过程中，分配不均、土地问题、环境污染问题、流动人口问题等出现。一方面，政府财政难以应对层出不穷的社会问题，需要借助民间力量提供更多的公共服务；另一方面，原有的弱势群体和实现市场经济体制后新产生的弱势群体也需要通过组织化的资源维护自身的利益。因而，在这一阶段，社会团体大量涌现。[2] 20 世纪 90 年代，以现象级项目——希望工程为代表的公益项目、活动开始涌现。为此，1993 年《人民日报》开设"希望工程大家谈"专栏，通过当时发生的社会事件以及有影响力人物的参与，呼吁公众参与公益慈善。1995 年，"第四次世界妇女大会"和"世界非政府组织妇女论坛"在北京召开。当时国内很多人民团体、社会团体、学者和政府官员都参加了论坛，NGO（非政府组织）的概念在国内传播。中国自下而上的 NGO 开始渐趋活跃，数量日益增长，相互间的沟通与合作迅速增多，在社会发展中扮演着重要的角色。自此，中国公益行业的发展步入国际合作期。

2008 年的"汶川大地震"开启了民间公益的新起点。"汶川大地震"后，国内涌现了大量的民间参与公共救灾和灾后重建行动。国民参与公共事务的热情被激发，越来越多的积极的公民开始成立公益组织，活跃在各个社会议题领域，致力于推动社会问题的改善和解决。

这一时期的慈善事业法治建设加快，促进了慈善组织蓬勃发展。1999 年，《公益事业捐赠法》出台，这是公益慈善事业第一部国家法律；2004 年，《基金会管理条例》正式颁布；2016 年 4 月，《境外非政府组织境内活动管理法》出台；2016 年 3 月，我国慈善事业第一部综合性法律——《慈善法》颁布。在法治的保障下，至今中国慈善组织的数量近 1.5 万个。

（四）中国慈善组织发展评述

结合历年《中国民政统计年鉴》对慈善组织数量的统计，中国慈善组织

---

[1]《陈氏兄弟捐资千万港元兴建高级职业中学》，载《人民日报》1984 年 7 月 24 日。

[2] 参见《追溯：中国公益慈善的发展脉络 | 社区发展通讯卡 NO.3》，载 https://www.163.com/dy/article/HJKR2M890525D88B.html，最后访问日期：2024 年 8 月 10 日。

虽然在数量上每年都呈增长态势，但是也表现出以下不足。

（1）慈善组织地域分布不均衡，主要表现在东中西部地区之间、重大国家战略发展区域之间、重大国家战略发展区域内部各省份之间慈善组织数量的不均衡。我国慈善组织分布东多西少，沿海多内陆少，虽然部分中部地区的省份如湖南省发展较快，但多数中西部省份的慈善组织总量仍与东部地区差距较大。

（2）慈善组织总量中社会组织占比较低。根据《社会组织蓝皮书：中国社会组织报告（2023）》，截至2022年底，我国共有社会组织89.13万个，而慈善组织仅有1.35万个，占比仅为1.5%。社会组织可依法申请认定为慈善组织，但目前社会组织申请认定为慈善组织的积极性不高。

（3）慈善组织公信力下降。慈善组织丑闻屡见不鲜，其中儿慈会更是被责令整顿。这是由于部分慈善组织思想建设薄弱、缺乏有效的监管体系等，加之部分慈善组织信息公开透明度较低、募捐及物资分发行为不规范，导致慈善组织公信力下降。具体而言，一方面表现为爱心企业及爱心人士跳过慈善组织直接对困难群众进行帮扶、捐赠；另一方面则表现为以物品进行帮扶替代直接捐款。慈善组织的公信力下降使得慈善组织的发展进一步受阻。

第二节　慈善组织成立的条件

一、各国规定的一般性条件

各国对于慈善组织应具备的条件的规定并不完全相同，但基于慈善组织的共同特征，以下几个方面的基本要求是慈善组织必须具备的。日本于2006年颁布的《公益社团法人及公益财团法人认定法》（以下简称《日本公益法人认定法》）详细规定了公益法人的认定基准，形成了完备的认定体系，值得我国借鉴。

（一）独立性条件

独立性条件是指慈善组织应当是独立的民事主体，具有确定的慈善目的和章程、组织名称和活动场所，拥有独立开展活动所必需的财产，具有组织的议事机关、执行机关等。独立性条件要求慈善组织是一个不受其他民事主体支配的独立实体，慈善组织虽然接受政府补贴和社会捐赠，却是根据自己的判断从事法律行为，它既独立于捐赠人和政府，也独立于成员和其他利益关联人员。即使是由政府设立并支持运营的慈善组织，也不能成为政府的附庸。

为满足慈善组织的独立性条件，避免其他主体对慈善组织的支配，慈善法律对此要作出更为细致的规定，例如，《日本公益法人认定法》认定基准中的相关规定有：①为避免慈善组织被特定人控制，配偶、近亲属和有特别关系者担任慈善组织理事（监事）的合计数不应超过理事（监事）总数的1/3；②对于社团法人来说，关于社员资格的取得和丧失，没有附加不合理的条件；对于社员的表决权，没有不合理的区别对待；社员的表决权并非根据社员向社团法人提供金钱或其他财产的数额而区别对待；③公益法人不能持有能够参与其他团体意思决定的股份和其他内阁府令规定的财产，但持有该财产不会实质性支配其他团体业务活动的不在此限。

（二）非营利性条件

慈善组织所得的收益在扣除必要的成本外，应当全部用于慈善目的。非营利性条件并不禁止慈善组织从事营利性活动（也可称为获利性活动、收益性活动），只不过其所获利润不能用于分配和变相分配，也不能在组织终止时将剩余财产分配给其成员。但是，为了避免慈善组织所从事的盈利活动影响到其公益目的，有的国家在立法中明确规定了对盈利活动的限制：①慈善组织的利润和剩余财产不能分配给会员或捐助者等。②为了避免变相的利润分配，慈善组织不应直接或通过关联交易等给予关系人特别利益。《日本公益法人认定法》规定公益法人不得给予社员、评议员、理事、监事、工作人员等关系人特别利益。③慈善组织应制定合理的薪酬标准。多数国家的法律都规定基金会的非专职人员不支付报酬，理事会成员中支付报酬者不得超过1/3。《日本公益法人认定法》规定公益法人应参照民间企业高级管理人员的报酬以及员工的工资、法人自身的经营状况等，制定关于理事、监事及评议员的合理薪酬标准，这一标准应当公开。④慈善组织不得从事损害公益目的的盈利活动。《日本公益法人认定法》规定，公益法人不得从事投机交易、高息融资以及其他由政令规定的不利于维护公益法人社会信用或有可能损害公共秩序及善良风俗的事业；公益法人从事盈利活动（注：日文原文为收益事业）时不应妨碍公益目的事业的实施；公益法人从事的收益事业的比率必须在50%以下。⑤公益法人从事盈利活动和公益活动的账目应当分列。

（三）公益性条件

慈善组织除了应具备非营利性的消极要求，还必须满足追求公益（Public Benefit）的积极要求，公益性条件包括以下几个方面：

1. 慈善组织应当以法律承认的特定慈善目的为宗旨

每个国家规定的慈善目的的范围不同，需要根据各国情况具体判断。在英国，慈善组织要想获得登记，其宗旨必须落入《英国慈善法》（2006 年）规定的 13 种慈善目的之中。慈善目的必须具有排他性（Exclusive），即慈善组织必须仅以慈善目的为限。如果捐赠者无法明确地表明其慈善意图，或者捐赠既有慈善目的又有非慈善目的，并且允许托管人自由决定是否将捐赠物部分或者全部用于非慈善目的，则此类捐赠因不具有排他性而无法成为慈善捐赠。但慈善目的的排他性也有例外：①非慈善目的仅为附属目的。比如，捐助章程或法人章程规定捐助财产主要供公园之用，但遗赠人约定其所饲养的动物须置于公园中饲养，此种将所饲养的动物留在公园里，虽非慈善目的，但因其并非主要目的，并不影响慈善性的成立；②非慈善目的仅为附随产生。例如，捐赠设立外科医院，其目的在于促进教育与维护人类健康，此捐赠虽然可使外科医师因其技能提升而增加获利机会，但由于医师的获利是附随于主要目的而生的反射利益，因此应判定不影响对外科医院捐赠的慈善性。[1]

2. 慈善组织必须具备实施公益事业所必需的会计基础和技术能力

慈善组织为达到慈善目的，需要稳定、持续地进行事业活动，为此，正确地进行会计核算非常重要。这并不意味着一定要有税务师或会计师，而是要求应进行妥当的事业运营和财产管理。

3. 慈善组织从事的慈善目的事业应成为其主业

慈善组织可以从事某些盈利活动，但是应当以慈善活动为主。例如，《日本公益法人认定法》要求公益法人所从事的公益目的事业的比例必须达到50%以上。为了保证公益法人以公益活动为主业，该法还规定法人预计的闲置资产不能超过限制额度。为实现公益目的，公益法人从事公益目的事业所得收入不得超过实施该事业所需的合理费用（收支相抵原则）。

---

〔1〕 李德建、王丽萍：《论慈善法的基本原则》，载肖金明主编：《慈善立法理论与实践学术研讨会论文集》，山东大学法学院 2014 年，第 49~50 页。

4. 慈善组织提供的服务应具有有益性

慈善组织提供的服务必须给社会带来切实的客观利益。如果捐助章程或法人章程所称的公共利益的内容过于抽象，难以证明，通常也不被认为具有利益存在。例如，在1949年的Gilmour v. Coats一案中，法院认为，捐助金钱给修道院专门用于冥修祈祷很难证明其有助于人类幸福与和平，即难以证明对他人具有利益，所以该捐赠不具有慈善性。而且，由于1601年《英国慈善用益条例》序言已将鼓励女性结婚规定为法定慈善目的，因此鼓励修士与修女保持独身主义的捐助不认为具有慈善性。再如，捐赠文件或章程中记载的宗旨中包含"博爱""善举"等不确定的语言表达时，不被认定具有公益性。慈善组织开展活动所造成的损害或危害也不得超过其带来的利益，否则也不承认其有益性。

5. 受益人必须为不特定人

慈善组织的服务确实可以支持公众中足够多的成员，而且受益人并非可以识别的非常有限的个人，或者是一个封闭的阶层。受益人也不得与捐赠人等具有私人关系。例如，为确保债权人（Creditors）之债权而成立的基金不具有慈善性；以提供本公司现职及退休子女教育费用而设立的基金，纵使员工人数已逾万人，仍不具有慈善性；为资助后代子孙之教育目的而设立的基金，也不具有慈善性，但以救助贫困亲属为目的者不在此限。

6. 慈善组织不能以牟取不法利益为目的设立

不能通过设立慈善组织来牟取不法利益。一则，不得为犯罪目的而设立慈善组织，也不得为鼓励犯罪而设立慈善组织。比如，在1856年的Thrupp v. Collett一案中，委托人设立一基金，目的在于将基金用于因违反狩猎法被判处罚金而无力缴纳者，使之免受牢狱之灾，法院认为此项目的有鼓励违反狩猎法之嫌，故不承认其慈善利益的合法性。二则，不得违反公共政策设立慈善组织。例如，在1922年美国华盛顿州的Re HillS Estate一案中，某捐助人捐助设立一个基金，受益人为某类医疗学校，但要求受益人必须以捐助人指定的医学论文作为教科书，但由于该论文内容根据专家判定，其实施将危害人类健康，故法院判决捐助目的不法，捐助行为无效。为避免慈善组织沦为不法工具，很多国家还规定了不能取得慈善组织资格的事由（欠格事由）。

（四）非政治性条件

非政治性指法律禁止慈善以政治为主要目的，开展可能影响立法和特定政策的活动。慈善法所禁止的政治活动主要有三类：①资助和建立政治组织；②实施实质性的游说以修订法律；③倡导针对社会或政治问题的某种观念等。政治性条件存在例外，当慈善组织为实现合法的慈善目的而推动法律或政策的制定与修改时，即便其属于政治活动，也由于其与慈善目的直接关联，不应被认为违反了政治性条件。例如，慈善组织以教育为目的，通过合法手段推动教育相关立法修订时，并不违反非政治性要求。[1]

表1　日本公益法人认定标准

序号	日本公益法人认定标准
1	以公益目的的事业为法人的主要目的。公益目的的事业是指学术、技术、慈善及其他有关公益的附表中所列事业。
2	具有实施公益事业所必需的会计、技术方面的能力。
3	法人实施其事业，不向会员、评议员、理事、监事、职工以及其他由政令规定的该法人的有关人员提供特别利益。
4	不向股份公司以及其他从事收益事业者以及由政令规定的为特定个人或团体的利益进行活动者，实施捐赠及其他提供特别利益的行为。但是，为了公益法人所从事的公益目的的事业，向公益法人为捐赠及其他提供特别利益的行为的，不在此限。
5	不从事投机交易、高息融资以及其他由政令规定的不利于维护公益法人社会信用或有可能损害公共秩序及善良风俗的事业。
6	预计其所从事的公益目的的事业所得收入不超过实施事业所需合理费用。
7	法人实施收益事业的，实施收益事业等不会影响公益目的的事业实施。
8	所从事的公益目的的事业的比例在50%以上。
9	预计闲置资产不超过限制额度。
10	各理事及其配偶以及三亲等以内的亲属（包括与这些亲属关系相当的特别关系者）所担任的理事人数不超过理事总人数的1/3。监事同样。
11	其他同一团体（公益法人或与此相当的团体除外）的理事或职工及其他与其存在相当密切关系者所担任的理事人数不超过理事总人数的1/3。监事同样。
12	大规模法人要设会计审计师。
13	制定并公布合理的报酬基准。

〔1〕　吕鑫：《法律中的慈善》，载《清华法学》2016年第6期。

序号	日本公益法人认定标准
14	社团法人对会员资格不得附加不正当的歧视性条件；行使表决权时不得采取不正当的歧视性做法；关于会员的表决权，没有根据会员向该法人提供金钱或其他财产的数额进行区别对待；需设置理事会。
15	不持有能够参与其他团体意思决定的股份和其他由内阁府令规定的财产。但是，由政令规定、持有该财产不会实质性支配其他团体的事业活动的，不在此限。
16	存在对实施公益事业不可或缺的特定财产，对其持有、维持、处置要用章程限制。
17	章程应规定：公益认定被取消或由于合并无效时，对以公益目的取得的财产余额在 1 个月内赠与类似公益团体、国家地方公共团体。
18	章程应规定：清算后的剩余财产赠与类似公益团体、国家地方公共团体。

＊来源：依据《日本公益法人认定法》第 5 条整理。

二、我国慈善组织的基本条件和认定标准

（一）《慈善法》规定的慈善组织应具备的基本条件

在我国，慈善组织也必须符合独立性、非营利性、公益性、非政治性条件才能被确认为法律意义上的慈善组织。《慈善法》第 9 条规定的慈善组织应具备的基本条件有：其一，以开展慈善活动为宗旨；其二，不以营利为目的；其三，有自己的名称和住所；其四，有组织章程；其五，有必要的财产；其六，有符合条件的组织机构和负责人；其七，法律、行政法规规定的其他条件。在这些条件中，第 1 项规定和公益性有关，第 2 项规定的是非营利性条件，第 3 项至第 6 项属于独立性条件。《慈善法》颁布后的新设慈善组织应当满足该法第 9 条规定的条件，民政部《关于慈善组织登记等有关问题的通知》没有对这些条件作出细化，只是增加了申请文件和登记程序方面的规定。《慈善法》颁布前的非营利组织（存量组织）可以申请认定为慈善组织，这些组织不但要满足《慈善法》第 9 条的规定，还要满足《慈善组织认定办法》细化了的具体标准。新设慈善组织依照《慈善法》，自由裁量权较大。存量组织主要依照《慈善组织认定办法》，自由裁量权较小。同为慈善组织却要适用不同的标准，在实践层面难免会带来不公平。因此，将来的立法应细化新设

慈善组织的认定标准，并尽量与存量组织的标准保持一致。

（二）《慈善组织认定办法》规定的慈善组织认定标准

以慈善组织应具备的基本条件为基础，各国通常会建立起更为详细的慈善组织认定标准。[1]在我国，《慈善法》颁布前已经登记的社会团体、基金会和社会服务机构等非营利组织，可以认定为慈善组织。《慈善法》对慈善组织应具备的基本条件的规定较为原则，《慈善组织认定办法》将其细化为具体的认定标准。该办法第4条规定了慈善组织的认定标准，这些标准围绕《慈善法》第9条规定的慈善组织应具备的基本条件展开。

1. 与独立性相关的标准

《慈善法》第9条要求慈善组织应当具备自己的名称、财产、章程、组织机构和负责人等，这体现出慈善组织的独立性要求。《慈善组织认定办法》第4条第1项则规定申请者必须为法人："申请时具备相应的社会组织法人登记条件。"这一规定和《社会组织登记管理条例（草案征求意见稿）》相一致。该征求意见稿将社会团体、基金会和社会服务机构均定位为法人。具备法人登记条件当然表明慈善组织具备独立性，但是独立性原本并不要求一定具备法人条件。某些非法人组织也可以拥有自己的名称、章程、组织机构、负责人和独立的财产，这些组织应当也有权利申请认定为慈善组织。随着非营利非法人组织合法地位的确立，其认定为慈善组织的权利也会逐渐落实。

2. 与公益性相关的标准

第一，慈善组织应当以开展慈善活动为宗旨。

《慈善组织认定办法》第4条第2项规定，慈善组织应以开展慈善活动为宗旨，业务范围符合《慈善法》第3条的规定。慈善组织是否"以开展慈善活动为宗旨"要回到《慈善法》第3条进行解释。一方面，申请者的业务活动应当属于《慈善法》第3条规定的慈善活动的种类；[2]另一方面，申请者还要以不特定多数人的利益为宗旨。《慈善法》第3条规定："本法所称慈善活动，是指自然人、法人和非法人组织以捐赠财产或者提供服务等方式，自愿开展的下列公益活动：……"，该条明确对慈善活动提出了公益性

---

〔1〕 王名、李勇、黄浩明编著：《英国非营利组织》，社会科学文献出版社2009年版，第96页。

〔2〕 俞祖成：《构建具有科学性和可操作性的慈善组织认定标准（下）》，载《公益时报》2016年9月6日。

要求。[1]

第二，慈善活动的支出和管理费用应符合一定标准。

《慈善组织认定办法》第 4 条第 2 项规定，申请人"申请时的上一年度慈善活动的年度支出和管理费用符合国务院民政部门关于慈善组织的规定"。该条没有直接规定具体的标准，这些标准的依据是另外一个法律文件——民政部、财政部、国家税务总局印发的《关于慈善组织开展慈善活动年度支出和管理费用的规定》。这一文件对公募基金会和非公募基金会、社会服务机构和社会团体设定了不同的标准。例如，上述规定第 7 条第 1 款规定："慈善组织中具有公开募捐资格的基金会年度慈善活动支出不得低于上年总收入的百分之七十；年度管理费用不得高于当年总支出的百分之十。"

表 2　慈善活动支出及管理费用标准

慈善组织的类型	公募（上年度总收入）		非公募（A 代表上年度净资产）（万元）							
			基金会				社会团体及社服机构			
	基金会	社会团体、社会服务机构	A≧6000	800≦A<6000	400≦A<800	A<400	A≧1000	500≦A<1000	100≦A<500	A<100
慈善活动支出	≧70%	≧70%	≧6%	≧6%	≧7%	≧8%	≧6%	≧7%	≧8%	≧8%且≧50%（上年度总收入）
管理费	≦10%	≦13%	≦12%	≦13%	≦15%	≦20%	≦13%	≦14%	≦15%	≦20%

但是，这一文件仅规定了慈善活动支出在上年度总收入中所占比例的标准，即闲置财产控制标准，并没有规定慈善活动年度支出应占年度总支出的比例。通常，慈善活动的年度支出占年度总支出 50% 以上时，才能保证慈善组织的慈善宗旨。例如，日本将公益法人的活动区分为公益目的事业和收益目的事业，收益目的事业不仅在投资范围上有限制，而且在投资比例上必须低于 50%。[2] 我国相关免税政策中有公益支出的比例标准，财政部、国家税务总局、民政部《关于公益性捐赠税前扣除有关问题的通知》（已失效）第 4 条第 4 项规定，确认公益性捐赠税前扣除资格需要满足相应的支出标准。为

---

〔1〕 王涛：《英国慈善法中的公益性标准及启示》，载《聊城大学学报（社会科学版）》2014 年第 4 期。

〔2〕 ［日］梅泽敦：《公益法人制度改革关连 3 法》，载《ジュリスト》2006 年第 11 期。

使慈善组织更易取得公益性捐赠税前扣除资格，慈善组织认定应当纳入该通知中规定的支出标准。

3. 与非营利性相关的标准

为满足慈善组织的非营利性要求，《慈善组织认定办法》第 4 条第 3 项进一步规定，申请者"不以营利为目的，收益和营运结余全部用于章程规定的慈善目的；财产及其孳息没有在发起人、捐赠人或者本组织成员中分配；章程符合慈善法第十一条的规定，且有关于剩余财产转给宗旨相同或者相近的其他慈善组织的规定"。《慈善组织认定办法》第 4 条第 4 项规定的"有健全的财务制度和合理的薪酬制度"，也是非营利性的要求。至于怎样才是合理的薪酬制度，可以参照财政部、国家税务总局《关于非营利组织免税资格认定管理有关问题的通知》第 1 条第 7 项的规定，非营利组织"工作人员平均工资薪金水平不得超过税务登记所在地的地市级（含地市级）以上地区的同行业同类组织平均工资水平的两倍"。[1]此外，《社会组织登记管理条例（草案征求意见稿）》还规定在基金会领取报酬的理事不得超过理事总人数的 1/5。

为保证慈善组织的非营利性，慈善组织的内部治理结构也应有所限制。《慈善法》第 9 条只规定了慈善组织应当"有符合条件的组织机构"，至于是什么样的"条件"，《慈善法》并没有规定。《慈善组织认定办法》也没有提及对组织机构的要求。慈善组织的内部治理结构要求在《社会组织登记管理条例（草案征求意见稿）》中有所规定。该征求意见稿第 44 条第 2 款规定，"同一社会团体的负责人之间不得具有近亲属关系"；第 45 条第 2 款规定，"基金会、社会服务机构相互间有近亲属关系的理事，总数不得超过理事总人数的 1/3"。

（三）慈善组织的资格事由

慈善组织除了应满足以上基本条件或标准，还不能存在法律所规定的资格事由。《慈善法》第 16 条规定了不得担任慈善组织负责人的情形："（一）无民事行为能力或者限制民事行为能力的；（二）因故意犯罪被判处刑罚，自刑罚执行完毕之日起未逾五年的；（三）在被吊销登记证书或者被取缔的组织担任

---

〔1〕《日本公益法人认定法》第 5 条第 13 项规定："关于理事、监事及评议员的报酬等（指报酬、奖金以及作为其他履行职务的对价所接受的财产利益以及退休津贴），依据内阁府令，参照民间企业高管的报酬以及员工的工资、该法人的经营状况和其他情况，规定相应的支付标准，确保报酬不至于过高。"

负责人，自该组织被吊销登记证书或者被取缔之日起未逾五年的；（四）法律、行政法规规定的其他情形。"慈善组织的负责人存在以上情形之一的，该组织不得被认定为慈善组织。

《慈善组织认定办法》规定了慈善组织的其他欠格事由。《慈善组织认定办法》第5条规定："有下列情形之一的，不予认定为慈善组织：（一）有法律法规和国家政策规定的不得担任慈善组织负责人的情形的；（二）申请前二年内受过行政处罚的；（三）申请时被民政部门列入社会组织活动异常名录或者严重违法失信名单的；（四）有其他违反法律、法规、国家政策行为的。"

三、我国慈善组织成立的程序

（一）实现途径

慈善组织成立可通过慈善组织登记、慈善组织认定两种途径实现。

（1）慈善组织登记，主要针对《慈善法》公布后，拟设立登记为慈善组织的自然人、法人和其他组织，为新法人登记。

（2）慈善组织认定，主要针对《慈善法》公布前，已经设立的基金会、社会团体、社会服务机构等非营利性组织，为属性确认。

（二）所需条件

（1）慈善组织登记需要具备以下条件：以开展慈善活动为宗旨；不以营利为目的；有自己的名称和住所；有组织章程；有必要的财产；有符合条件的组织机构和负责人；法律、行政法规规定的其他条件。

（2）慈善组织认定需要具备以下条件：申请时具备相应的社会组织法人登记条件；以开展慈善活动为宗旨，业务范围符合《慈善法》第3条的规定；申请时的上一年度慈善活动的年度支出和管理费用符合国务院民政部门关于慈善组织的规定；不以营利为目的，收益和营运结余全部用于章程规定的慈善目的；财产及其孳息没有在发起人、捐赠人或者本组织成员中分配；章程符合《慈善法》第11条的规定，且有关于剩余财产转给宗旨相同或者相近的其他慈善组织的规定；有健全的财务制度和合理的薪酬制度；法律、行政法规规定的其他条件。

（三）申报材料

1. 慈善组织登记

首先应按基金会、社会团体或社会服务机构成立的有关规定提交申请材料。同时，应当在所要提交的设立申请书和章程草案中补充以下内容：在设立申请书中明确提出设立慈善组织的意愿，以及该组织符合《慈善法》规定的慈善组织宗旨、业务范围等情况的说明；在章程草案有关财产管理使用一章中增加项目管理制度的规定，在终止和剩余财产处理一章中增加"清算后的剩余财产，应当按照章程的规定转给宗旨相同或者相似的慈善组织，章程未规定的，由民政部门主持转给相同或者相近的慈善组织，并向社会公告"的规定。

2. 慈善组织认定

申请认定为慈善组织的基金会，应当提交下列材料：申请书；符合《慈善组织认定办法》第4条规定以及不存在第5条所列情形的书面承诺；按照《慈善组织认定办法》第6条规定召开会议形成的会议纪要。

申请认定为慈善组织的社会团体、社会服务机构，除上述材料外，还应提交下列材料：关于申请理由、慈善宗旨、开展慈善活动等情况的说明；注册会计师出具的上一年度财务审计报告，含慈善活动年度支出和管理费用的专项审计。有业务主管单位的，还应当提交业务主管单位同意的证明材料。

第三节　慈善组织的认定制度

一、慈善组织认定的三种模式

本节所称慈善组织认定，属于广义上的认定，既包括对非营利组织是否具备慈善属性的事实判断，也包括行政机关对慈善属性所作的法律确认。考察各国慈善组织的管理情况，对于慈善组织资格的认定可以概括为三种基本模式，第一种模式是慈善组织认定与民事主体资格的取得相结合模式；第二种模式是慈善组织认定和民事主体资格的取得相分离模式；第三种是混合模式。

（一）慈善组织认定和民事主体资格的取得相结合模式

这一模式下，慈善组织的认定仅是事实行为，并没有形成独立的行政行为，慈善组织资格和民事主体资格是二合一的状态。慈善组织应具备的条件只是获得民事主体资格的前提条件（前置判断）。在民事主体资格需要政府部门许可才能取得的情况下，是否满足慈善组织的条件也由许可机关判断。原《日本民法典》设立的公益法人即采取此种模式。在此种模式下，法人资格的取得和公益属性的判断是捆绑在一起的，目的事业主管部门要对公益属性和法人条件同时作出判断。在不需要目的事业主管部门许可而直接登记的情况下，民事主体的登记部门（如法人登记部门）既要审查组织的"慈善属性"，也要审查组织是否具备法人条件。我国对扶贫济困类公益慈善组织实行的直接登记制即采取此种做法。在同时审查慈善属性和法人条件方面，直接登记制和许可制并没有根本的不同，都属于慈善组织认定与民事主体资格取得相结合模式。

将慈善组织认定与民事主体资格取得捆绑在一起存在诸多弊端：①慈善属性的判断没有从民事主体资格许可或登记行为中独立出来，慈善属性的判断被认为属于认定机关自由裁量的范围，不具有可诉性；②此种模式会提高许可或登记门槛，使慈善组织难以取得法人资格；③此种模式下的慈善属性审查标准通常比较原则和简单，行政机关拥有较大的自由裁量权，容易造成腐败和不公平的结果；④此种模式下的慈善组织通常不能自动获得免税资格，免税资格需要由财税部门（或行政主管部门）根据更为详尽的标准赋予或确认。例如，日本根据《日本特定非营利活动促进法》成立的 NPO 法人必须由税务部门（后改为内阁府或都道府县知事）再次认定后才能获得免税资格，此类法人被称为认定的 NPO 法人。

（二）慈善组织认定和民事主体资格的取得相分离模式

慈善组织依据其他法律取得民事主体资格，之后再进行"慈善属性"的认定（后置判断）。在此种模式中，慈善组织的认定主体或者由税务部门担任，或者由其他政府机构担任。此时，慈善组织属性的判断已成为一项独立的行政行为。分离模式下的慈善组织认定有具体而严格的认定标准。分离模式使法人资格取得更为容易的同时，也使慈善组织更容易获得免税资格。采取第二种模式的典型国家是美国和日本。在美国，慈善组织由联邦税务局根据《美国国内税收条例》认定，其慈善组织地位和免税资格是合二为一的。非营利组织通常会按照州的法律向州首席检察官提出法人登记申请，再向联邦税务局提出免税资格申请，根据《美国国内税收条例》第 501（C）（3）条获得免税资格的非营利组织同时被认定为慈善组织。

在日本，依照 2006 年颁布的《日本公益法人认定法》和《日本一般社团法人及一般财团法人法》的规定，一个组织首先依照《日本一般社团法人及一般财团法人法》登记为一般非营利法人，一般非营利法人可以向行政厅

（内阁总理大臣或都道府县知事）申请认定为公益法人，具体的认定工作由公益认定委员会（内阁府设置）或合议制机关（都道府县设置）实施。《日本公益法人认定法》第 5 条详细规定了公益法人认定的基准。认定机关依此基准进行审查，审查通过后一般非营利法人即被认定为公益法人。在这种认定模式下，慈善组织的认定制度严格限制行政部门的自由裁量权，与第一种模式中的前置审查有着本质差异。日本于 2006 年实行的新制度将法人资格取得和公益法人认定相分离，疏通了非营利法人资格取得的道路，也便利了公益法人取得免税资格（经认定的公益法人可以自动获得免税资格），由此大大促进了日本公益法人的发展。

（三）"结合式"和"分离式"共存的混合模式

这种模式简称混合模式，一个组织可以直接设立为慈善组织（"慈善属性"的认定和民事主体资格合并进行），也可以先按照其他法律取得民事主体资格，然后再申请慈善组织认定。英国是采取混合模式的典型国家。《英国慈善法》规定，已经取得民事主体资格的组织可以在慈善委员会登记（广义上的认定）为慈善组织。对于这些组织，在慈善委员会的登记相当于是双重登记。2006 年，《英国慈善法》引入慈善法人（CIO）的法律形式后，一个组织也可以选择法人资格取得和"慈善属性"认定相结合的模式，直接在慈善委员会登记为 CIO，仅接受慈善委员会的单一登记和管理。慈善公司可以向慈善委员会申请转换为 CIO，未缴清资本额的股份公司和豁免登记的慈善组织不能提出转换申请。[1]

二、慈善组织的认定主体

不同模式下慈善组织的认定主体也不相同。慈善组织的认定主体是对慈善属性加以判断、识别和确认的机关，经确认的慈善组织享有不同于一般非营利组织的权利和义务。慈善组织认定形成一项专门性制度的过程与法人设立制度的发展密切相关。在不同的法人设立制度下，慈善组织的认定主体也不相同，通常有以下几种情况：

（一）由许可机关进行认定

在慈善组织成立为法人必须进行前置许可的国家（地区），慈善组织的慈

---

[1] 金锦萍译：《非营利组织法译汇（三）：英国慈善法》，社会科学文献出版社 2017 年版，第 370 页。

善性由许可机关进行判断和识别，此时的判断和识别只是整个许可过程中的事实行为，还未形成一项独立的行政行为。例如，根据旧《日本民法典》成立的公益法人实行许可制（2006 年新公益法人制度改革前），需要取得目的事业主管机关的许可，如果某个公益法人计划在公共福利和环境保护两个领域开展活动，必须获得厚生省、环保厅两个部门的批准，然后再到登记机关进行登记。每个目的事业主管部门按照自己制定的标准对公益法人进行审查。由许可机关认定公益属性并许可设立法人存在不少弊端：①不同的目的事业机关有着不同的审核标准，宽严不一，给申请者带来不公平的后果；②因为审查责任分散于不同的目的事业主管部门，没有任何一个部门有可能发展出处理公益法人业务的专长；③一些社会团体可能因为找不到相关的目的事业主管部门而无从建立；④许可机关在审查中享有较大的自由裁量权，这一权力往往被许可机关滥用。正是为了解决以上许可制度的弊端，日本进行了一系列的改革，将公益法人的认定统一交由都道府县的知事行使（具体的认定工作由公益认定委员会负责）。

（二）由税务机关或财政部门进行认定

美国和德国是由税务机关对一个组织进行慈善组织认定的典型国家。在美国，该组织的慈善地位和免税地位是合二为一的，慈善组织的认定和慈善组织免税资格的认定是同一个行政行为。一个组织民事主体资格的取得和其慈善属性的判断相分离，该组织首先根据州的法律进行登记，然后再向美国联邦税务局申请免税资格，经审查符合《美国国内税收条例》第 501（C）(3) 条的要求并取得免税资格的，被认为是慈善组织。

在德国，成立一个社团法人只要到当地法院直接履行登记手续即可，而成立一个财团法人必须获得所在州的主管部门的许可。社团法人在登记之前、财团法人在主管部门许可后，需要将其章程寄给所在地的政府财政部门，同时向财政部门申请确认其公共福利性质和申请临时证明。财政部门帮助其修改章程，使之符合慈善的原则并开具临时证明。临时证明证实慈善组织章程符合《美国国内税收条例》的要求。经财政部门认可的章程要到公证处公证，最后到所在地法院登记注册。临时证明使慈善组织可以以公共福利机构的名义进行活动，可以得到补贴等优惠待遇。根据所得税法，像这样的组织捐赠，其捐赠可以获得免税。但临时证明并不等于组织在以后的税额确定时也能享受税收优惠。一般每三年一次的税额确定要审查慈善组织是否真的具有慈善目的并有权享受税收优惠。如果在税额确定时被拒绝承认公共福利性质，组织的慈善地位就得不到认可。当然，慈善组织对此否认决定可提出异议，异议被驳回时还可以向财政法庭提起诉讼。

（三）由慈善委员会等专门机关进行认定

在英国，慈善组织享受公共福利、免税待遇，享有广泛的社会信誉，同时也受到严格的监管。除豁免登记的慈善组织外，其他慈善组织必须在慈善委员会登记，由慈善委员会确认其慈善组织地位。经登记的慈善组织享受财政和税收优惠政策。英国慈善委员会要求国内税务署承认并优待所有已登记的慈善组织。英国慈善委员会根据 1853 年《英国慈善信托法》成立，2006 年《英国慈善法》首次明确规定了英国慈善委员会的法律地位。该委员会由英国财政全额拨款，其运作管理独立于政府和议会之外，是一个依法设立、依法行使职能的独立机构。英国慈善委员会由 5 个委员领导，委员由内政大臣任命，但却是一个"非内阁部门"，不受内阁指挥和控制，只对议会负责。

慈善委员会最为重要的职能就是负责英格兰和威尔士地区各类慈善组织的登记注册（包括新注册组织和已注册组织的变更）。慈善委员会应以其认为合适的方式持续保留一份关于慈善组织的登记簿，登记簿要向公众公开。任何利害关系人如果有理由认为该组织不是一个慈善组织，可以向慈善委员会提出异议，或者申请慈善委员会注销该组织的登记。异议程序既维护了慈善委员会登记簿的公信力，又有效地保障了利害关系人的权利，表明英美法系国家重视通过程序对权利加以保障的特点。英国还设有专门的慈善法庭，被拒绝登记的组织可以向其提出申请或者申诉。

（四）由综合性行政管理机关委托第三方咨询机构认定

日本是采取此种认定主体的代表。日本公益法人的认定机关为内阁总理大臣和都道府县知事。内阁府设公益认定委员会、都道府县设合议制机关（公益认定审议会）从事事实上的认定工作。公益认定委员会（地方为公益认定审议会）是第三方咨询机构，行政机关在进行公益法人认定或取消、制定或废除有关政令时，原则上需向公益认定委员会（地方为公益认定审议会）进行咨询。公益认定委员会由来自民间的 7 名法律、会计、公益活动领域的有识之士组成，经国会同意，由内阁总理大臣任命，独立行使职权，地位较各部委审议会高。公益法人申请认定时须向行政厅提交申请书及有关文件；行政厅在进行公益认定时，需根据不同事由，听取相应的行政许可长官、警察厅长官、税务厅长官的意见；内阁总理大臣在进行公益认定或取消公益认定时，须把负责许可等事项的行政机关的意见交付于公益认定委员会并向其咨询，公益认定委员会对于咨询给予答复，并将其内容予以公布。

三、我国慈善组织认定制度

我国《慈善法》采取了慈善组织认定的混合模式，允许"结合式"和"分离式"并存。《慈善法》第 10 条第 1 款规定，"设立慈善组织，应当向县级以上人民政府民政部门申请登记……"第 2 款规定，"已经设立的基金会、社会团体、社会服务机构等非营利性组织，可以向办理其登记的民政部门申请认定为慈善组织……"第 1 款规定的是慈善属性判断与民事主体资格取得相结合的模式，第 2 款规定的是民事主体资格与慈善属性判断相分离的模式。混合模式的慈善组织认定制度为民事主体提供了多种选择，有益于我国慈善事业的发展。遗憾的是，"分离式"的认定方式仅适用于《慈善法》公布之前的非营利组织，不适用于《慈善法》公布后的新设组织。好在《慈善组织认定办法》并没有设定存量组织申请认定的期限，这对于"分离式"认定模式的长久存在和观念普及具有积极意义。

我国应该对慈善组织的认定机关作何选择？日本在 2006 年新公益法人制度改革之前，对这一问题也有激烈的争论，讨论的结果是放弃成立一个强大的类似于英国慈善委员会那样的机构，理由是英国慈善委员会这样一个独立于内阁、直接向议会负责的机构无法在现有的行政架构之下搭建。在我国，设立类似于英国慈善委员会的机构也面临着同样的困难。将慈善组织认定事由完全交由公证机构或第三方机构行使也并不适合我国的国情，一方面，我国的公证机关或第三方机构本身的权威性和公正性就值得怀疑，由其进行的慈善认定并不能获得应有的权威性；另一方面，一直以来，我国对非营利组织的管理都以行政力量为主导，行政机关对公证机关和第三方机构也持怀疑态度。

所以，在我国，较为可行的做法是采取类似日本公益认定制度的做法，慈善组织的认定主体由民政部门的慈善事业促进司担任，但认定的具体工作（慈善性质的事实判断）交由民政部门设立的慈善认定委员会执行，慈善认定委员会的性质为咨询机关，对民政部门负责。慈善认定委员会的委员可以从民间有威望的专业人士中选出，部分为专职人员，部分为兼职人员。在此基础上建立慈善认定委员会应有其可行性。我国建立慈善组织认定制度的主要目标之一为开通慈善组织获得免税资格的通道，替代目前已经存在的"公益捐赠税前扣除资格初审程序"。民政部门多年来在这一初审程序中已积累了相当多的经验，为其担当慈善组织的认定主体奠定了基础。民政部印发的《全国性社会团体公益性捐赠税前扣除资格初审暂行办法》（已失效）还规定，"在必要时可以通过评估专家委员会进行事前审议"，初审阶段由评估专家委员会进行事前审议的做法，与"慈善组织认定前由公益认定委员会进行事实认定"有异曲同工之处。这些都为我国建立慈善组织认定制度提供了可行性基础。

第三章

慈善组织的党建引领

　　我国慈善事业发展速度快，但在发展中存在公信力下降、法律体系不健全、监管不到位等问题。中国共产党作为中国特色社会主义事业的坚强领导核心，在慈善组织的发展过程中发挥了不可或缺的领导和监管等作用。通过把握慈善组织发展的政治方向、健全慈善法律法规体系、建设慈善学科体系培养专业人才来促进慈善组织的发展，加强公信力建设，推动慈善文化传播，在全社会培养形成"人人向善"的慈善文化，为慈善组织发展和慈善活动开展营造良好的社会氛围。同时，通过加强慈善组织内部的党建工作使党的领导和监督作用更好地渗透到慈善组织的治理和活动过程中，使党的作用发挥得更加便捷和有效。我国慈善事业起步较晚但是发展势头迅猛，近年来慈善组织如雨后春笋般建立起来，随着 2016 年《慈善法》的施行，慈善事业的发展有了明确的法治规范，我国慈善事业的发展正式进入了法治轨道，2023 年又对《慈善法》进行了修正，针对实践中出现的问题进行了配套修改和完善。慈善事业的发展有利于调节社会矛盾、缩小贫富差距、通过社会的第三次分配来实现促进社会稳定发展的目的。但是慈善组织的建立只是开始，如何对慈善组织进行领导、管理和监督是慈善事业发展的重要一环。现实中对慈善组织的监管仍然是一个值得关注的问题，其中中国共产党更是慈善组织监管的重要主体。通过党对慈善组织的监管和领导，来解决当前监管过程中存在的问题，进而可以达到提升慈善组织公信力、保障捐赠资金安全、促进慈善事业健康发展的目的。当前我国学界对中国共产党对慈善组织的领导和监管的专门研究的文章较少，更多的是党建对慈善募捐、慈善公信力等的综合影响和政府对慈善组织的监督作用。比如龚迎春、廖劲、刘少华在文章《党建引领 法治保障 加强监管 不断提升慈善组织公信力》中提到要发挥党建引领作用确保慈善组织正确发展方向、加强慈善法治建设提升慈善组织法治化水平、发挥政府主导作用增强慈善组织监管效能。[1]

第一节 慈善组织党建引领的必要性

当前针对慈善组织的监管主要采取行政监督、社会监督和行业自律三大监督方式。但是实践中对慈善组织的监管效果却不甚理想，仍不乏儿慈会9958 儿童大病紧急救助项目被卷走千万善款等事件，以及近年来频频出现的"诈募"事件和以违法手段争取善款现象（比如给回扣和提成等），也暴露了政府对慈善行为监管不力问题。据报道，广西王某借慈善之名创办"百色助学网"，性侵数十名女生长达 9 年，说明有关部门"没有尽到监管责任"。[2]这些都暴露了慈善组织在监管过程中的不足。

一、政策法规滞后

（一）政策法规不健全

我国慈善领域的现行法律主要是 1999 年制定的《公益事业捐赠法》和2016 年制定、2023 年修正的《慈善法》，以及与之相关的《中华人民共和国红十字会法》《中华人民共和国企业所得税法》《中华人民共和国个人所得税法》《社会团体登记管理条例》《基金会管理条例》等。虽然有相应的法律法规，但是并不完善，尚未建立起一个完整的法律体系。在 2023 年新修正的《慈善法》公布之前，一些相关的重要领域比如社区慈善、网络慈善等没有自己独立的法律规范，虽然新《慈善法》已经有了相关的规定，填补了法律的空白，但是仍然是在其单独一章中的规定，若能制定完善相关领域的具体规定，形成彼此联系、相互支撑的法律体系，必能使慈善组织的发展更上一层楼，对于慈善组织的监管相关的法律法规的完善也是如此。例如，在慈善组织的自律层面，慈善行业组织自律亟待加强，行业组织自律措施有限，行业标准制定工作落后于实践需要，存在调整范围窄、内容规定粗、制约机制少

---

〔1〕 参见龚迎春、廖劲、刘少华：《党建引领 法治保障 加强监管 不断提升慈善组织公信力》，载《中国民政》2023 年第 21 期。

〔2〕 参见秦宁：《慈善监管不容"不作为"》，载《人民日报》2015 年 9 月 15 日。

等问题。

(二) 法律条文的操作性不强

缺乏具体的法律法规政策规制而使法律条文无法落实同样是《慈善法》实施的一个问题。有了完备的法律条文只是前提，更重要的是法律法规的落实。新《慈善法》仍然存在法条规定原则性强的问题，如果没有相应配套的落实法律法规的实施细则，法条的可操作性就会变弱，然而现实就是现有规定缺乏落实的实施细则，如果通过立法监管、社会监管等提升慈善机构的诚信度和公信力的规定不够具体，就会很难操作。[1]《慈善法》的首条原则虽确立了保护慈善组织及其活动参与者合法权益的基石，但在实践层面，关于如何实现这一保护的具体政策措施尚显不足。慈善组织在面临来自监管机构、同行组织或网络舆论等的不当侵害时，缺乏有效的维权路径与指导；关于税收优惠，尽管《慈善法》确认了慈善事业的税收优待原则，但税务部门在执行层面尚未将这一原则细化，比如个人捐赠的税收抵扣机制、受益人接受捐赠的税收减免政策，以及针对扶贫济困等特殊慈善活动的额外税收优惠等，都亟待具体政策出台和操作流程的明确，以便税务部门能提供更加清晰、高效的税收优惠服务；在组织形态上，《慈善法》赋予了慈善组织多样化的组织形式选择，如基金会、社会团体、社会服务机构等，然而，民政部门在促进现有组织向慈善组织转化或新增慈善组织的具体政策与指导上还存在空白，需要进一步细化和明确；同时，将慈善文化融入学校教育的倡议，目前尚未见相关部门采取实质性的推进措施，这在一定程度上限制了慈善精神的普及与传承。综上所述，虽然《慈善法》为慈善事业提供了法律框架，但在实际操作层面，仍需各部门共同努力，出台更加具体、可操作的配套政策与措施。[2]此外，有关慈善组织监管方面的法律法规同样存在不完善且操作性不强的问题，《慈善法》虽单设一章"监督管理"，但只有6条且规定较为笼统，没有具体的实施细则，在操作层面尚未形成统一的规范做法，这难免导致监管不力或是监管过严等不当监管的情形出现。

---

〔1〕 参见余少祥：《我国慈善立法的实践检视与完善路径》，载《法学杂志》2020年第10期。

〔2〕 参见郑功成：《中国慈善事业发展：成效、问题与制度完善》，载《中共中央党校 (国家行政学院) 学报》2020年第6期。

二、组织建设不完善

（一）缺少专业人才

慈善公益组织，作为一种基于志愿精神的非正式组织，致力于社会公益事业的推进。它们以人类后天培养形成的责任心、深刻的道德观念以及广泛的怜悯之心等内在道德力量为驱动力，来实现其崇高的价值目标。这一过程强调了组织成员对于道德使命的深刻认识与高度责任感，以及对组织目标和理念的深切认同与归属感。[1]简而言之，要把慈善工作做好，需要慈善组织拥有充分的专业人才。这里的专业人才不仅仅要有道德感、责任心，还需要具备各种专业的知识。在深受传统观念束缚的情境下，我国慈善组织面临着资源筹集困难和社会认可度有限的双重挑战，这直接影响了其吸引行业顶尖人才的能力。即便部分慈善组织成功招募了专业人才，由于其提供的薪酬待遇不高且缺乏明确的职业发展规划蓝图，往往导致这些宝贵的人才难以长期留任，造成了人才队伍的持续流失。

专业人才的匮乏，如同一股隐形的力量，悄然影响着慈善组织的内部运作，可能导致"志愿失灵"现象的出现，即志愿服务的效率和质量下降，进而阻碍了组织的健康建设和长远发展。在外部层面，这种人才短缺也直接限制了慈善组织在社会救助领域中的专业化程度，使得其服务显得业余化，难以充分发挥其应有的社会救助职能。更为严峻的是，这种内外部的双重困境相互交织，形成了一个难以打破的恶性循环：专业人才的不足制约了慈善组织的专业性和社会影响力，进而影响了其吸引新的人才的能力；而持续的人才流失则进一步加剧了其专业能力的缺失，使得慈善组织在参与社会救助时显得力不从心。如此往复，不仅削弱了慈善组织的整体效能，也对其在社会中的声誉和地位构成了挑战。[2]目前慈善组织存在内部专业人员短缺问题，尤其是在抗击疫情中凸显。新冠疫情暴发初期，党正视疫情，迅速作出反应，带领全国人民开启了疫情防控阻击战。可是，就在这举全

---

〔1〕　参见周秋光、彭顺勇：《慈善公益组织治理能力现代化的思考：公信力建设的视角》，载《湖南大学学报（社会科学版）》2014年第6期。

〔2〕　参见郑晓齐、宋忠伟：《我国慈善组织参与社会救助论析》，载《吉林大学社会科学学报》2019年第4期。

国之力的疫情防控阻击战中，仍然暴露了慈善组织运作中的短板和漏洞。[1]例如，一部分慈善组织通过网络了解到抗疫前线急需医疗物资时，能以最快速度开展筹集善款的活动，可是，在善款筹集完毕后才发现并没有充足的医疗物资，甚至有些慈善组织会出现不得不将善款退回的情况；再如，慈善组织筹集到的部分医疗防护用品需送到指定医院或社区，然而，在物品发放时出现的情况却是缺少专业人员对物资进行调配，不能与医院或社区及时完成有效的物资对接，产生了物资发放不及时、物资调配不合理等问题。[2]

对此慈善组织的监管同样需要专业的人才，监管需要制定详细的监管策略和实施细则，慈善组织作为社会公益事业的重要组成部分，其运营和管理涉及法律、财务、项目管理、公共关系等多个领域，因此，对慈善组织的监管需要具备相应知识和技能的专业人才来执行。例如，财务专业人才也是慈善组织监管中不可或缺的一部分，他们需要具备扎实的财务知识和技能，能够审查慈善组织的财务报表，评估其财务状况和运营效率。通过专业的财务分析，他们可以发现潜在的问题和风险，对慈善组织的财务状况进行专业评估，为慈善组织提供改进建议，对慈善组织进行财务监管。此外，项目管理专业人才在慈善组织监管中也发挥着重要作用，他们需要了解慈善项目的策划、执行、监测和评估等各个环节，以确保项目能够按照既定目标和计划顺利推进。同时，他们还能对慈善组织在运行过程中决策、执行等具体过程出现的不合理不合法现象进行监管纠正。

（二）地域分布不均

第十四届全国政协委员、中华慈善总会党委书记孙达在接受《慈善公益报》的专访中提道："全国慈善组织也存在着地域分布不均、专业化程度不高等问题。主要表现在东中西部地区之间、重大国家战略发展区域之间、重大国家战略发展区域内部各省份之间慈善组织数量上的不均衡。东部多西部少，沿海多内陆少，这种不平衡现象使得各地区慈善组织之间无法形成有效合力，

---

〔1〕 参见郑子青：《从新冠肺炎疫情应对看慈善参与短板和未来发展》，载《社会保障评论》2020年第2期。

〔2〕 参见杨冠雄：《完善慈善组织监管路径研究》，哈尔滨理工大学2022年硕士学位论文。

进而覆盖到每一处应该覆盖的地方。"[1]

这种不均衡现象不仅加大了监管的难度，还可能导致监督资源的分配不合理，进而影响慈善事业的健康发展。地域分布不均加剧了慈善资源分配的不均衡。一些经济发达地区由于慈善组织数量多、活动频繁，可能更容易获得社会资源和公众的关注与支持；而经济欠发达地区则可能因慈善组织数量少、活动匮乏而难以获得足够的资源支持。这种资源分配的不均衡不仅影响了慈善事业的整体发展水平，还可能加剧社会的不公平现象。此外，地域分布不均还可能导致监督标准的执行存在差异。不同地区的经济发展水平、社会文化环境等因素可能导致对慈善组织监管的理解和执行存在差异。一些地区可能更注重形式上的合规性审查，而忽视了实质上的监督效果；而另一些地区则可能因缺乏足够的监管资源而难以达到理想的监督效果。这种差异不仅影响了慈善组织的公信力和社会形象，还可能滋生腐败和不公。慈善组织建立自律机制的一个重要的方式便是形成行业间的自律组织，制定行业自律规范，形成各个慈善组织行业间的行为规范和准则。而地域分布不均使得在建立跨地域的行业自律组织时，需要面对不同区域的文化、政策、法律环境差异。这种差异可能导致在制定行业自律规范、标准时难以达成共识，增加了行业自律组织建设的难度。同时，行业自律组织制定的规范和标准，需要各慈善组织共同遵守和执行。然而，由于地域分布不均，一些偏远或经济欠发达地区的慈善组织可能因条件限制而难以完全达到行业自律的要求，从而影响了行业自律标准的整体执行效果。

三、慈善意识薄弱

慈善事业是我国社会主义核心价值观的重要体现。推广慈善精神，促进慈善事业的发展，对于塑造社会整体的向善风气与深厚德行观念至关重要，它能够凝聚广泛的社会共识，促使人们在道德实践中产生共鸣，进而在引导公众向善行为的过程中，有效提升全社会的精神风貌与文明程度。然而，在我国，虽然公众对慈善活动的参与度较高，但是还未形成全社会广泛的慈善

---

[1] 参见《顺大势所趋　应时代所需　遂民生所愿——专访第十四届全国政协委员、中华慈善总会党委书记孙达》，载 https://baijiahao.baidu.com/s? id = 1792923141963306179&wfr = spider&for = pc，最后访问日期：2024 年 9 月 20 日。

意识氛围。原因包含社会文化、慈善事业发展、政策和制度以及媒体和舆论引导等多个方面。我国传统思想大多将慈善与赈灾、安民联系起来,认为其是政府的责任,且如今我国慈善事业的行政化强度较高,政府对慈善组织的影响较大,在全社会形成慈善事业是政府责任的认识,公民参与的慈善事业往往是在学校、单位或社区共同参加的捐款捐物活动,而这些都是可能打击公民参与慈善的积极性的行为。虽然随着互联网平台的发展,公民参与慈善活动的方式和途径变得更加容易和趣味,比如通过支付宝蚂蚁森林、捐步数、公益宝贝等方式便捷献爱心;但是整体个人捐赠数额占比极低的局面并未改变,从最终效果来看,网络慈善捐赠更多是改变了捐赠渠道,并没有带来明显的资源动员能力的实质提升,这反映了公众参与慈善捐赠的深度仍然有限。不仅如此,慈善制度对慈善事业融入大众生活的引导作用有限,公众慈善捐赠亦未形成长久机制。[1]

除此之外,慈善组织的公信力也是影响公众提升慈善意识参与慈善活动的要素之一,近年来慈善组织由于监管不到位、制度建设不完善、自律程度不高等原因频繁出现丑闻,慈善组织的公信力下降,公众对慈善组织的信任度降低,慈善事业在社会中的影响力和认知度有限,难以形成广泛的慈善思想氛围。

第二节　中国共产党对慈善组织的监管和领导作用

一、党的领导与慈善组织监管

中国共产党是中国特色社会主义事业的领导核心,是我国的执政党,代表最广大人民的根本利益,始终坚持全心全意为人民服务的宗旨。东西南北中,党政军民学,党是领导一切的。中国共产党始终保持着先进性和科学性,发挥着总揽全局、协调各方的作用,在慈善领域更是发挥着重要的作用。慈善组织的建立和发展也离不开党的领导和监督。党对慈善组织的领导监督作用的强化也体现在新修正的《慈善法》中,2024 年 9 月 5 日起施行的新《慈

---

〔1〕　参见郑功成、王海漪:《扎实推动共同富裕与慈善事业高质量发展》,载《学术研究》2022年第 9 期。

善法》进一步明确了慈善工作要坚持中国共产党的领导,提升慈善治理现代化水平。"慈善事业是中国特色社会主义事业的重要组成部分,在促进社会正义、补充社会保障、协同社会治理、培育核心价值、助推社会创新、发展民间外交、提升家庭文明、实现自我价值等方面有着重要作用。"傅昌波表示,慈善事业关乎社会保障、财富分配、社会建设、家风家教等多方面的工作,必须旗帜鲜明地坚持党的集中统一领导,充分发挥党总揽全局、协调各方的领导核心作用。但同时,也需要进一步改进党对慈善工作的领导,保证党对慈善组织的领导是在大的政治方向上的领导,而不是对每件具体事件的事无巨细的领导和指挥,要保障慈善组织自身的独立性,充分尊重捐赠人、慈善组织的意愿,提升慈善组织的自治能力,落实党的十八届三中全会提出的"推进社会组织明确责权、依法自治、发挥作用",保障各类慈善组织当好党的助手,更好服务党和国家事业发展全局。[1]

习近平总书记关于慈善事业发展的一系列重要论述,是党的创新理论在慈善领域的具体体现,为推进慈善事业高质量发展提供了科学指南和根本遵循,也为所有关心慈善、热爱慈善、投身慈善的社会各界人士和慈善行业从业人员提供了思想指引、注入了动力源泉。习近平总书记在第二十三届圣彼得堡国际经济论坛全会上致辞:"支持志愿服务、慈善事业健康发展。"党的十九大提出:"完善社会救助、社会福利、慈善事业、优抚安置等制度。"党的十九届四中全会提出:"重视发挥第三次分配作用,发展慈善等社会公益事业""统筹完善社会救助、社会福利、慈善事业、优抚安置等制度"。党的十九届五中全会提出:"发挥第三次分配作用,发展慈善事业,改善收入和财富分配格局。"党的二十大提出:"构建初次分配、再分配、第三次分配协调配套的制度体系""引导、支持有意愿有能力的企业、社会组织和个人积极参与公益慈善事业"。在以习近平同志为核心的党中央的坚强领导下,我国慈善事业取得重要成就,已经涵盖扶弱、济困、扶老、救孤、恤病、助残、优抚等诸多领域。[2]这些都体现了以习近平同志为核心的党中央对发展慈善事业的重视。全国人民代表大会宪法和法律委员会《关于〈中华人民共和国慈善法

---

〔1〕 参见刘瑜:《慈善法修改,助推慈善组织公信力提升》,载 https://www.thepaper.cn/news Detail_ forward_26649741,最后访问日期:2024 年 9 月 20 日。

〔2〕 参见宫蒲光:《推进新时代慈善事业高质量发展》,载 http://paper. people. com. cn/rmrbwap/html/2023-09/27/nw. D110000renmrb_ 20230927_ 2-13. htm,最后访问日期:2024 年 9 月 20 日。

（修订草案）〉修改情况的汇报》也专门提到新《慈善法》中修正的主要问题就包括要加强领导和监督管理：一是明确慈善工作坚持中国共产党的领导；二是要求有关部门加强慈善活动监管。这就明确了中国共产党对慈善组织的领导和监管是新的立法方向。

二、中国共产党在慈善组织监管和领导中的作用

中国共产党对慈善组织的领导的一个方面便是对慈善组织的监督和管理。党作为慈善事业的监督者和领导者，通过制定和完善相关法律法规及政策文件，为慈善组织的发展提供明确的指导和规范。这些政策不仅明确了慈善组织的性质、宗旨、业务范围等，还规定了其运作的基本原则、监督机制和法律责任，为慈善组织的健康发展提供了制度保障。除此之外，中国共产党还为慈善组织提供了坚定的政治方向指引，确保其在社会公益事业中发挥积极作用，与中国特色社会主义事业同频共振。

（一）党的政策对慈善事业的作用

2024 年 7 月 18 日党的二十届三中全会通过的中共中央《关于进一步全面深化改革、推进中国式现代化的决定》在第十一部分"健全保障和改善民生制度体系"的第（42）点完善收入分配制度中明确提出：支持发展公益慈善事业。这不仅为慈善领域注入了强大的政策动力和发展信心，也意味着政府将采取更加积极的措施来推动公益慈善事业的发展，为公益慈善组织提供更多的资源和支持，促进其健康、有序、可持续发展。

税收政策体现了政策对慈善事业的重大促进作用。企业是我国慈善事业的主力军，而税收优惠又是企业所关心的问题，因此，大力推行税收政策等优惠对慈善事业的发展至关重要，有利于提高企业参与慈善活动的积极性，通过税收减免的激励，企业更愿意将资金投入到慈善事业中，这不仅有助于提升企业的社会形象，还能增强企业的社会责任感。不光是企业，个人参与慈善活动同样可以享受个人所得税的优惠。2014 年，国务院出台《关于促进慈善事业健康发展的指导意见》，这是国家层面第一个鼓励慈善事业发展的综合性政策文件。2016 年，《慈善法》颁布施行，这是我国慈善事业第一部基础性、综合性法律，是全面依法治国在慈善领域的直接体现，是我国慈善制度建设的重要里程碑。随着《慈善法》的颁布，我国的税收优惠体系逐渐建立完善，2016 年，财政部、国家税务总局发布《关于公益股权捐赠企业所得

税政策问题的通知》，完善了公益慈善捐赠中股权定价的相关规定，允许以股权历史成本为依据确定捐赠额，从而实现了慈善捐赠中股权捐赠方在捐赠环节的"零税负"。[1]2016年《慈善法》第79条至第81条规定了慈善组织、自然人、法人和其他组织等捐赠人以及受益人都依法享受税收优惠。2023年修正通过的《慈善法》同样规定了相关的税收优惠政策，在2016年《慈善法》的基础上又新增两条：第85条规定"国家鼓励、引导、支持有意愿有能力的自然人、法人和非法人组织积极参与慈善事业。国家对慈善事业实施税收优惠政策，具体办法由国务院财政、税务部门会同民政部门依照税收法律、行政法规的规定制定"；第88条规定"自然人、法人和非法人组织设立慈善信托开展慈善活动的，依法享受税收优惠"。同时面对突发事件，我国及时出台了多项税收优惠政策。2020年，面对突发的新冠疫情，这些优惠政策帮助企业和个人渡过了难关，其中包括鼓励公益捐赠的多个税收优惠政策，大大突破了正常时期的相关规定。[2]由此可见，党和国家对于慈善组织的促进措施——税收优惠政策十分重视。这是因为税收政策对慈善事业的发展具有重要的意义。

（二）提供方向指引

党的领导是确保慈善工作正确方向的关键。党的十八大以来，党和国家从顶层设计、法律法规、实践指引等方面对慈善事业的发展作出多项决策部署，明确慈善事业是我国基本经济制度、民生保障制度、社会治理制度的有机组成部分，是我国社会主义核心价值观的重要体现，是参与第三次分配、助力共同富裕的重要力量。坚持慈善事业发展的正确方向，坚持和加强党的全面领导，坚持以人民为中心，引导公益慈善力量响应党的号召，发挥积极作用，确保正确方向。党的领导不仅体现在对慈善组织的政策制定、监督管理、资金运作、人才培养等具体层面的指导上，更在于为慈善组织明确了服务人民、奉献社会的根本宗旨和价值取向。通过强化政治引领，慈善组织能够更加紧密地围绕党和国家工作大局，聚焦人民群众最关心、最直接、最现实的利益问题，开展形式多样的慈善活动，传递党的温暖和社会的关爱。政治引领为慈善组织提供了坚实的思想基础和价值导向，在复杂多变的社会环

---

〔1〕　参见梁季、胥玲：《我国慈善捐赠相关税收优惠政策探析》，载《财政科学》2023年第9期。

〔2〕　参见梁季、胥玲：《我国慈善捐赠相关税收优惠政策探析》，载《财政科学》2023年第9期。

境中，慈善组织面临着各种挑战和诱惑，如何坚守初心、牢记使命，是慈善组织发展的永恒课题，尤其是慈善组织的天生公益性对其提出了更高的要求，党通过政治引领，对各慈善组织加强思想政治教育，引导慈善组织深刻领会党的路线方针政策和国家法律法规，树立正确的慈善理念和价值观，确保慈善活动始终沿着社会主义方向前进。

党的十八大以来，习近平总书记对发展慈善事业作出一系列重要指示批示，为加强和改进慈善工作、发展慈善事业指明了前进方向、提供了根本遵循。党的二十大对推进中国式现代化、扎实推进共同富裕作出重要部署，强调要"构建初次分配、再分配、第三次分配协调配套的制度体系""引导、支持有意愿有能力的企业、社会组织和个人积极参与公益慈善事业"。[1]新时代，习近平总书记鼓励社会力量参与慈善事业，在诸多讲话以及文件中鼓舞企业家、慈善家们积极行善。他多次在国际访问以及接见外宾时引导慈善事业在国际领域的交流与合作，对慈善予以肯定态度、支持慈善事业的交流合作、强调国际友人的慈善行为具有重大意义。[2]要推动公益慈善事业迈向现代化新篇章，必须坚定不移地以习近平新时代中国特色社会主义思想为指引，强化并深化党对中国特色公益慈善事业全方位、深层次的领导。在此过程中，需深刻认识并坚守公益慈善事业的三大核心属性：政治引领性、人民至上性以及纯粹公益性。同时，需加大对慈善组织的党建工作力度，确保其发展方向与党的意志同频共振。引导公益慈善界以国家大局为重，积极践行党的初心和使命，紧紧跟随党的步伐，成为党密切联系群众、服务国家发展战略的得力助手，进而更有效地融入并服务于党和国家的中心工作大局。

（三）加强慈善法治建设

慈善服务之所以能够实现从自发零散到组织化、从混乱无序到井然有序、从缺乏规范到严格遵守规范、从效率低下到高效运作的转变，最为直接且核心的原因在于制度体系的建立与完善。这种制度保障为慈善事业提供了清晰的指引和坚实的支撑，确保了慈善服务在各个方面都能够朝着更加专业化、规范化和高效化的方向发展。它不仅规范了慈善行为，提升了服务质量，还

---

〔1〕　参见《深入学习贯彻全国两会精神　引导支持慈善事业健康发展》，载 https://www.mca.gov.cn/n152/n166/c1662004999979999222/content.html，最后访问日期：2024 年 9 月 20 日。

〔2〕　参见闫亚欣：《中国共产党慈善观研究》，山西大学 2021 年硕士学位论文。

增强了慈善组织的公信力和社会影响力，为慈善事业的可持续发展奠定了坚实的基础。

慈善事业作为建立在社会捐献基础之上，饱含自愿共享、志愿公益精神的社会事业，应当追求高质量发展，而高质量发展又需要以健全的法制为条件。[1]中国慈善事业必然要走中国特色之路。加强制度建设同样是中国共产党对慈善事业引领的重要方式。党不断完善慈善事业相关法律法规和制度体系，为慈善组织提供法律保障和制度支持。其中最重要的就是《慈善法》的制定、颁布和施行。2016 年 3 月 16 日，第二十届全国人民代表大会第四次会议以 2636 票赞成、131 票反对、83 票弃权的表决结果，通过了《慈善法》，该法于 2016 年 9 月 1 日正式实施。《慈善法》的颁布，标志着我国慈善事业迈入了一个崭新的发展阶段，其作为慈善领域的里程碑式综合立法，不仅牢固奠定了慈善活动健康发展的法律基石，还极大地推动了多层次社会保障体系的构建与完善，预示着中国即将步入一个更加繁荣与向善的新纪元。此法不仅为慈善事业的规范化、法治化保驾护航，更激发了社会各界参与慈善、奉献爱心的热情，共同绘制出一幅和谐社会的温暖图景。[2]在《慈善法》问世之前，我国的慈善事业没有统一的法律规范，不少慈善组织的管理和运作模式不规范，缺乏监管和评估机制，导致慈善资金的流向不透明，以及慈善行业人才匮乏。《慈善法》对于慈善组织的登记、捐赠的管理与使用、慈善信托和财产的管理等方面都作了明确规定，以保证慈善行为的规范化和法治化；强调了慈善组织要保障捐赠人的财产权益，保证慈善资金的合理使用，同时要保护受助人的人格尊严、物质利益和受教育、受医疗等基本权益；也鼓励所有人共同参与和支持慈善事业，从而提高社会的慈善意识和公益观念，为慈善事业的发展打下坚实的基础。《慈善法》实施后，慈善组织认定登记与慈善组织募捐资格审批在全国范围内全面启动，作为《慈善法》重大制度创新的慈善信托在多地开始运行，慈善捐赠总额增长较快，慈善服务的核心内容志愿服务发展迅速，慈善行政执法力度显著增强。[3]

2023 年 12 月 29 日，第十四届全国人民代表大会常务委员会第七次会议

---

〔1〕　参见郑功成：《让慈善事业在法治轨道上实现高质量发展》，载《中国民政》2024 年第 1 期。

〔2〕　参见郑功成：《〈慈善法〉开启中国的善时代》，载《社会治理》2016 年第 5 期。

〔3〕　参见杨思斌：《慈善法治建设：基础、成效与完善建议》，载《社会科学战线》2019 年第 10 期。

通过的《慈善法》对现行法的部分内容进行了修改完善，在保持现行法基本制度总体稳定的前提下，总结实践经验，对较为成熟或者有基本共识的内容作出了必要修改。其中包括规范慈善组织和慈善信托运行、完善公开募捐制度、增设应急慈善相关制度、强化慈善促进措施、加强领导和监督管理、规范个人求助行为等条款，针对2016年《慈善法》实施过程中出现的问题进行了补充完善，使其更加适应时代的发展。这标志着我国慈善事业的法治化进程迎来了一个重大飞跃，这一里程碑式的成就不仅彰显了国家对于慈善事业的高度重视与坚定支持，更是对新时代背景下慈善事业蓬勃发展需求的积极回应。这一立法成果，不仅是对过往慈善实践经验的总结与升华，更是对未来慈善事业发展方向的规划与引领。它敏锐地捕捉到了新时代慈善领域涌现出的新情况、新挑战与新问题。同时，这一立法进程也体现了我国法治建设的不断进步与完善。它彰显了国家对于公民社会、社会组织发展的重视与支持，为慈善事业等社会公益事业提供了更加广阔的发展空间与舞台。在未来，随着法治化进程的持续推进和慈善事业的不断发展壮大，我们有理由相信，我国慈善事业将在法治的轨道上走得更远、更稳、更好。

（四）推动建立健全管理体系

慈善组织内部管理体系的建立在慈善组织的发展过程中也发挥着重要的作用。慈善组织的自律即自我监管是三大监管方式之一，而内部管理体系的建设对慈善组织自律的影响是至关重要的。我们党提倡慈善组织建立健全内部管理体系，这是一个全面而深入的过程，旨在促进慈善事业的健康发展，提升慈善组织的公信力和服务能力。通过建立健全慈善组织内部治理结构，如完善会员（代表）大会、理事会、监事会制度和民主选举、民主决策、民主管理、民主监督的自治机制，确保慈善组织决策的科学性和民主性。同时，推动慈善组织执行国家统一的会计制度，依法进行会计核算，建立健全会计监督制度，加强内部控制和内部审计，提高慈善资源的开发、社会动员、组织协调和高效救助能力。此外，党还积极推动慈善组织信息公开和透明化建设。要求慈善组织及时、准确、完整地公开慈善项目、捐赠款物使用等信息，接受社会公众和捐赠人的监督。通过建立捐赠款物使用查询机制，及时主动地向捐赠人反馈捐赠款物管理使用的有关资料，增强慈善组织的公信力和透明度。

慈善组织内部治理的规范化水平可从三个方面评价：一是内部管理的规章制度是否完善、健全；二是与之相对应的监督管理力量是否健全，特别是围绕透明化运行这个目标，慈善组织相应的管理和措施是否细化；三是专业人才队伍的建设是否得到持续改善。[1]治理结构是慈善组织实现功能的重要基础，体现在组织内部要素的作用及联系的构成，尤其是组织层次之间的权限配置、管理幅度、信息沟通等方面。会员大会制就是我国慈善法人组织治理结构的一种传统的典型形式，以中华慈善总会、中国红十字会和中国残疾人联合会为典型代表。[2]

　　第一，内部管理规章制度的设立。首先要遵守的基本原则就是明确其人道主义的价值取向，体现对社会公正和人类福祉的深切关怀，通过实际行动改善社会状况，促进社会的和谐与进步，激发社会的正能量，推动社会向更加公正、和谐的方向发展的宗旨、使命和核心价值观，这些将作为规章制度制定的基础，确保所有规章制度都与之保持一致。其次，在制定前组织内部应设立专门小组或指派专人负责学习与研究国家关于慈善组织的法律法规，如《慈善法》《慈善组织公开募捐管理办法》等，确保规章制度的合法性。再次，在制定的过程中要注重内部治理结构的优化，建立健全内部治理结构，明确决策、执行、监督等方面的职责权限，确保各部门、各岗位权责清晰，避免职能交叉和推诿扯皮。在这个方面可以将党组织建设设置在慈善组织机构内部，如此能够保证党的思想和宗旨渗透在各个重大决策中，确保重大事项的政治方向，但是需要注意的是不能过度干涉慈善组织的活动，党的领导和监督是大方向的领导，并不是事无巨细的干涉，要确保慈善组织在党的大框架领导下保持独立性，避免过度干涉的同时监管到位。除此之外，章程的制定还需要尽量全面，包括但不限于确保会员管理的规范和有序的会员资格条件、入会程序、权利义务、退会机制等的会员管理制度；确保财务信息的真实性和完整性的包括资金筹集与使用、预算编制与执行、财务报告与审计等方面的财务管理制度；确保慈善活动的规范和有效的明确慈善活动的范围、方式、流程、监督与评估等要求的慈善活动管理制度；确保项目顺利实施和目标达成对慈善项目的立项、实施、监督、评估等全过程进行规范和管理的项目管理制度。最后是信息公开与透明度提升，明确信息公开的范围、方式

---

〔1〕　参见郑善文、高祖林：《我国慈善组织内部治理能力建设研究》，载《学海》2020年第6期。

〔2〕　参见李慧敏：《我国慈善法人治理结构科层化的新制度主义分析》，载《中国行政管理》2018年第7期。

和责任，通过官方网站、社交媒体等渠道定期公布慈善组织的财务状况、活动情况等信息，接受社会监督。

第二，监督制度的设定和实施。法律的生命在于实施，规章同理，若是制定出来不被遵守也是毫无意义的。除了对组织内部人员进行规章制度培训，确保每位员工都能了解并遵守相关规定，提高组织整体的管理水平和服务质量，对实施情况的监督也是促进实施的重要方式。首先，慈善组织应设立监事会或独立的监督部门，负责监督组织的日常运营和慈善项目等的实施情况。监督机构应具有足够的独立性和权威性，能够不受干扰地履行职责。其次，要明确监督职责。监督机构应明确其职责范围，包括对组织财务状况的审计、对慈善项目执行情况的检查、对组织内部规章制度的执行情况的监督等。同时，监督机构还应负责处理投诉和举报，确保问题得到及时解决。最后，要建立监督流程。慈善组织应制定详细的监督流程，明确监督工作的具体步骤、时间节点和责任人。通过流程化管理，可以确保监督工作的高效、有序进行。慈善组织应主动公开相关信息，包括财务报表、资金流向、项目计划和实施情况等。通过信息公开，可以增加组织的透明度，便于社会监督的开展。慈善组织还应当建立完善的责任追究机制，对违反内部监督制度的行为进行严肃处理；对于发现的问题，应及时进行调查核实，并根据情节轻重给予相应的处罚。同时，还应将处理结果及时向社会公布，以儆效尤。

第三，专业人才队伍的建设。专业人才缺乏是目前慈善服务的短板，服务技能较低亦严重影响了慈善服务的质量。社会工作者在承担大量慈善服务工作的同时，存在培育、职业发展、管理的问题。对此需要对慈善服务专业人才进行充分赋能，在完善收入保障的同时，链接资源对其进行培训，提升其专业技能，完善服务的激励奖励和宣传。[1]党高度重视慈善专业人才队伍的教育培养。通过鼓励和支持高等院校、职业院校开设慈善管理专业或相关特色项目，加快培养慈善事业发展急需的、掌握扎实学科知识和实践技能的综合型人才。这不仅包括传统的本科、硕士、博士等学历教育，还涵盖了职业继续教育，以满足不同层次的慈善人才需求。同时，推动建立科学的慈善人才培养体系，如成立公益慈善学院和研究所，为慈善人才提供系统、专业

---

〔1〕 参见周缘园：《中国慈善服务的理论释义、实践探索与未来路径》，载《社会保障评论》2024年第3期。

的教育资源。为了增强慈善人才的实践能力，党鼓励和支持慈善组织、企业等建立实践平台，为慈善人才提供实习、实训和志愿服务等机会。这些平台不仅有助于慈善人才将所学知识应用于实际工作中，还促进了他们的职业成长和发展。

第三节　中国共产党解决慈善组织监管问题的应对建议

一、完善慈善法律规范体系

如前文所述，我国关于慈善的法律法规虽然数量不少，但是并不完善且不成体系，我们需要做的是在党的带领下建立健全完善的慈善法律规范体系，包括关于慈善的基本法和贯彻实施的法律法规。完善慈善执法程序，制定慈善执法规则，改革慈善执法机制，创新慈善执法形式，明确慈善执法对象，重点规范许可、处罚、强制等执法活动，推进综合执法创新和执法技术创新，不断提高慈善行政执法效率。[1]在完善《慈善法》及其配套政策体系的过程中，我们应致力于将促进慈善事业发展的各项措施细化并明确化，使之成为可操作、可执行的法律条文。对于那些需要制定具体配套法规或规章的方面，应当清晰界定责任主体及完成时限，确保政策落地的时效性和有效性。尤其针对那些跨越多个国务院部门职责范围的促进措施配套制度，建议由国务院统筹协调，制定统一的行政法规，以消除部门间的壁垒，促进政策协同，确保制度落地生根。此外，我们还应建立定期评估与清理机制，对现有的配套制度和文件进行审视，确保其与时俱进，符合《慈善法》的精神和原则。在此过程中，可以借鉴优化营商环境时清理规范性文件的成功经验，对任何与《慈善法》宗旨相悖，或是以备案、登记等名义变相增设审批环节的制度进行彻底清理，为慈善事业的健康发展营造更加清朗的法律环境，确保慈善法律制度得到全面、准确的贯彻与执行。[2]总结而言，从总体上看慈善法律制度体系建立首先需要慈善法相关制度法律规定细化，其次需要制定慈善法律实

---

〔1〕　参见龚迎春、廖劲、刘少华：《党建引领　法治保障　加强监管　不断提升慈善组织公信力》，载《中国民政》2023 年第 21 期。

〔2〕　参见栗燕杰：《优化完善中国特色慈善法律制度体系》，载《中国党政干部论坛》2023 年第 12 期。

施的配套法律法规，确保法律制度的可操作性。

（一）完善法律规定

在慈善法相关制度的法律细则规定方面，现行《慈善法》主要规定了慈善组织的设立规则；慈善募捐、捐赠、信托、财产、服务等具体规则；信息公开等监督管理措施；税收优惠政策等激励措施。2023年新修正的《慈善法》还增加了应急慈善的专章规定，这是党中央关于慈善事业发展的决策部署，坚持问题导向，积极回应社会关切，为慈善事业健康有序发展提供了更加有力的法治保障。它能够细化慈善项目的申请、审批、执行、监督及评估等各个环节的具体要求，确保慈善活动有法可依、有章可循，有效避免操作上的随意性和不确定性，从而提高慈善资源的使用效率和项目执行的质量。例如，慈善组织属于一种社会组织，但我国目前还未出台《社会组织法》。当前关于社会组织的规定主要在《民法典》中，《民法典》作出了关于社会组织作为非营利法人的地位、特点和法人代表等方面的明确规定。除此之外，还有一些地方也制定了自己的社会组织管理条例。比如，辽宁省人民代表大会常务委员会制定了《辽宁省社会组织管理条例》，其中详细规定了社会组织的设立、变更、注销；内部治理；监督管理以及法律责任等法规。《社会组织法》若能出台将为慈善组织提供坚实的法律保障，明确慈善组织的法律地位。这意味着慈善组织在参与社会公益事业时，将有更加明确的法律依据和保障，将能更好地发挥其在社会治理和公共服务中的作用。同时也表明慈善组织将被赋予更多法律意义上的权利和义务，从而提高其在社会中的认可度和公信力。

在配套细则方面，一个重要的内容是税收优惠等物质性激励优惠政策措施的详细规定。首先，税收优惠政策可以显著降低慈善组织的运营成本，提高其资金使用效率。根据《中华人民共和国企业所得税法》和《中华人民共和国个人所得税法》的相关规定，企业和个人通过慈善组织进行的公益捐赠，可以在计算应纳税所得额时享受税前扣除的优惠。这一政策不仅减轻了捐赠者的税收负担，还激励了更多的企业和个人参与到慈善事业中来，从而增加了慈善组织的资金来源。这些资金能够更直接、更有效地用于慈善项目，帮助更多需要帮助的人群。其次，税收优惠政策有助于提升慈善组织的公信力和社会影响力。通过享受税收优惠，慈善组织能够展示其合法合规的运营状态，增强公众对其的信任和支持。同时，税收优惠政策的宣传和实施，也能够提高社会对慈善事业的关注度和认知度，进一步推动慈善文化的普及和发展。这种正向的循环效应，有助于形成全社会共同参与慈善事业的良好氛围。此外，税收优惠政策还起到了引导资金流向的作用。政府通过制定特定的税收优惠政策，可以引导企业和个人将资金投向特定的慈善领域或项目，从而推动这些领域或项目的发展。这种政策导向有助于优化社会资源配置，实现经济效益与社会效益的双赢。例如，对于教育、扶贫、环保等社会关注度高的领域，政府可以通过税收优惠政策鼓励更多的慈善资金投入其中，促进这些领域的可持续发展。最后，税收优惠政策还有助于推动慈善组织的规范化、专业化发展。为了享受税收优惠政策，慈善组织需要符合一定的条件和标准，如依法成立、不以营利为目的、有完善的内部治理结构和财务管理制度等。这些要求促使慈善组织不断加强自身建设和提高管理水平，提升慈善活动的透明度和公信力。同时，税收优惠政策也鼓励慈善组织积极创新慈善模式和服务方式，以满足社会多样化的公益需求。税收优惠是政府支持慈善事业发展的重要政策，我国出台了一些优惠政策但还不够完善，特别是对个人捐赠、慈善信托及不动产捐献、服务国家重大战略的捐赠等的税收优惠政策力度不够或者尚未出台专门政策，2023 年修正的《慈善法》明确要求税收优惠政策"具体办法由国务院财政、税务部门会同民政部门依照税收法律、行政法规的规定制定"。[1]关于税收优惠的专门政策应当详细且规定门槛尽量低，保证一些微小的正在成长过程中的慈善组织同样拥有享受税收优惠的机会。关于税收优惠的享受门槛、优惠方式、优惠力度、优惠标准等规定应准确细致，做到标准清晰、程序明确、操作简单，同时要加强税务监管机制建设，确保税收优惠不被滥用。完善税收优惠的方向，增强慈善捐赠的税收激励，为鼓励长期支持慈善事业的组织和个人，可提高他们的税前扣除额度或比例，特别是对于那些积极响应国家重大战略及在公共危机中慷慨解囊的捐赠，将允许其捐赠额全额从税前收入中扣除；拓宽税收优惠税种范围，除了常见的税种，应探索在关税、房地产税、不动产税、机动车税以及投资收益税等领域实施与慈善捐赠相关的税收优惠措施，进一步激发社会各界参与慈善事业的热情与活力。[2]

---

〔1〕　参见郑功成：《让慈善事业在法治轨道上实现高质量发展》，载《中国民政》2024 年第 1 期。

〔2〕　参见李健：《第三次分配视域下的中国慈善法制建设——兼论〈中华人民共和国慈善法〉修改建议》，载《社会科学战线》2022 年第 9 期。

除了税收优惠这样的物质性激励政策，精神上的激励政策同样能够发挥不可替代的作用。慈善活动的主体是富有爱心的"先富"群体，核心是奉献、互助，靠的是道德的力量，体现的是自觉自愿。因此，有效的办法是正面引导鼓励，促进公益捐赠。比如，在"爱心厦门"建设过程中，福建省厦门市专门出台了《爱心厦门建设先进典型褒扬办法》，对向厦门市红十字会或慈善机构捐赠并达到一定金额的爱心人士，专设"慈善爱心大使""慈善爱心家""慈善爱心世家"等奖项，起到了积极的激励作用。[1]这些都是对于慈善活动的捐赠者进行的正面的荣誉性的激励。通过差异表彰来充分发挥激励作用。[2]慈善活动是自愿行为，每个人作为一个个体所做的任何行为都有自己的目的，我们不能规定参与慈善的动机，因为人们参与慈善活动的动机，往往源自内心深处对社会的温情关怀、个人价值观的体现以及对更美好世界的向往，是来自自己内心的道德感。但是我们不能否认的是，慈善活动能够给捐赠者带来不同的效益，包括一些明显的物质性的优惠，如直接或间接地带来经济收益，也包括一些荣誉等带来的名誉性利益，从而提高捐赠者的社会地位。这说明物质性的激励措施固然重要，精神性的奖励同样应予重视。

（二）分类规范治理

《慈善法》是由全国人民代表大会通过的慈善领域的基本法和综合性法律，其虽然对所有的慈善组织抽象出一些共同的标准，但对慈善组织的分类仍不够规范，如根据非营利性、公益性等特点，把慈善组织分为基金会、社会服务机构、社会团体等。[3]立法若能对慈善组织的不同类型根据其不同的特点和性质进行具体的规范，对不同法律地位的慈善组织以及不同规模的慈善组织进行分类规制，无疑将为慈善事业的蓬勃发展注入强劲动力，开启一个更加高效、透明且可持续的新篇章。首先，针对不同法律地位的慈善组织进行分类规制，能够确保每一类组织都在其法定框架内有序运行。对于具有法人资格的慈善组织，应着重加强其内部治理结构的完善，明确决策、执行、监督的权力分立与制衡机制，确保捐赠人权益与慈善资金的安全。同时，优化信息披露制度，提高透明度，让公众能够清晰了解组织的运营状况与项目

---

〔1〕 参见陈秋雄：《发挥第三次分配作用　促进慈善事业发展》，载《中国民政》2022年第5期。

〔2〕 参见冯彦君、顾男飞：《第三次分配视角下慈善法的模式转型与立法因应》，载《云南师范大学学报（哲学社会科学版）》2023年第5期。

〔3〕 参见杨思斌：《慈善法治建设：基础、成效与完善建议》，载《社会科学战线》2019年第10期。

成效。而对于尚未取得法人资格的小型或草根慈善组织，则应简化注册流程，提供必要的政策扶持与指导，鼓励其合法合规开展活动，同时加强监管，防止其因管理不善而损害慈善事业的公信力。其次，针对慈善组织规模的不同进行分类规制，有助于实现资源的优化配置与精准投放。对于大型慈善组织，应强调其社会责任与引领作用，鼓励其参与跨界合作，创新慈善模式，解决社会重大问题。同时，建立健全的评估与激励机制，促进其不断提升服务效率与质量。而对于中小型慈善组织，则应注重培养其专业能力与特色优势，鼓励其在特定领域或地域内深耕细作，形成差异化发展。通过政策倾斜与技术支持，帮助它们克服资金、人才等方面的困难，实现健康可持续发展。此外，分类规制还应关注慈善组织的服务领域与受益对象。对于专注于教育、医疗、扶贫等关键领域的慈善组织，应制定更具针对性的支持政策，确保其能够精准对接社会需求，有效缓解社会痛点。同时，加强对特殊群体（如儿童、老人、残疾人等）服务的慈善组织的监管与引导，确保其服务内容的合规性与有效性，真正实现慈善资源的精准配置与高效利用。

　　对慈善组织进行分类时可以根据以下原则：一是权责一致原则。接受慈善主管部门较多的监管，也必然应当能够享受较多的法定权利，即接受监管越多，享受的权利就越多，组织活动的权利能力就越大。二是抓大放小原则。这是从监管的角度讲的。立法时要把监管的重点放在规模较大、社会影响面广的慈善组织上[1]，这类组织，凭借其雄厚的资金实力、广泛的覆盖范围和深远的社会影响力，能够成为慈善领域的领头羊和风向标。因此，立法者必须审慎考虑，如何构建一套既能够有效监管又不过度干预的监管体系，以维护这些组织的公信力，促进慈善事业的持续发展。具体而言，立法应当明确，对于规模较大、社会影响面广的慈善组织，必须实施更为严格和全面的监管措施。这包括但不限于对其资金来源的严格审查，确保其合法合规；对其项目执行的全程监督，确保资金使用的透明高效；对其财务报告的定期审计，防范财务风险和腐败行为对其社会影响的深入评估，确保其活动符合社会公益原则。三是高效便捷原则。分类管理的核心目标在于促进管理的深入细致化，旨在消除"一刀切"的弊端，即避免因个别问题而全面干预所有相关方

---

〔1〕　参见朱恒顺：《慈善组织分类规制的基本思路——兼论慈善法相关配套法规的修改完善》，载《中国行政管理》2016 年第 10 期。

的做法。然而，这一过程需谨慎平衡，以防引入不必要的复杂性。因此，分类设计的原则应是简明扼要，确保无论是管理部门、慈善组织还是广大公众，都能轻松理解、辨识不同类别的组织及其对应的权益与责任。这样的设计不仅能够促使慈善活动的参与者自发地遵循法规，同时也能减轻执法机构的负担，可以有效降低监管成本。简而言之，分类管理旨在通过精准而非繁琐的方式，提升管理效率与透明度。

（三）配套实施细则

习近平总书记在中共中央政治局第四次集体学习中提出："法律的生命力在于实施。如果有了法律而不实施，或者实施不力，搞得有法不依、执法不严、违法不究，那制定再多法律也无济于事。"在举措上，要突出简化与可操作性原则。在配套的实施法律制定过程中，尽可能将条文规范表述得可操作，实在难以做到的，应当明确配套规则、制度的出台主体、出台时间表。[1]新修正的《慈善法》明确已经设立的非营利性组织都有权申请认定为慈善组织，明确登记满 1 年的慈善组织可以向办理其登记的民政部门申请公开募捐资格，且要求民政部门均须在受理申请之日起 20 日内作出决定。这都是对原先规定中语焉不详或者容易发生歧义的条款的修正，以增强法律规范的可操作性。[2]由此可见党对慈善组织实施方面制定配套规定的重视。制定配套措施的关键在于平衡法律的全面性与实际操作的便捷性。首先，应当精简法律条文，去除冗余和重复的内容，确保每一个条款都精准、直接地指向慈善事业中的核心问题和关键环节。这要求立法者在制定法律时，充分调研慈善事业的实际情况，把握行业特点和需求，避免过度理论化或理想化的法律设计。同时，为了提高法律的可操作性，必须注重法律条文的明确性和具体性。慈善法律应当详细规定慈善活动的各个环节，包括慈善组织的设立、运营、监管，慈善捐赠的接收、使用、监督，以及慈善活动的审批、备案等程序。这些规定应当尽可能明确、具体，减少模糊性和歧义性，为慈善组织、捐赠人、受益人等各方主体提供清晰的法律指引。

配套措施可以是对于现有规定的法律条文中较为抽象或复杂的条款进行

---

〔1〕 参见栗燕杰：《优化完善中国特色慈善法律制度体系》，载《中国党政干部论坛》2023 年第 12 期。

〔2〕 参见金锦萍：《慈善法修改和实施的着眼点在于推动善治》，载《中国民政》2024 年第 1 期。

解释和说明，为法律实施提供具体的操作指南。同时，也可以针对慈善事业中出现的新情况、新问题，及时制定相应的法律解释或实施细则，确保法律能够适应时代发展的需要。例如，第三方评估体系作为慈善组织管理的智慧杠杆，其核心在于通过全面审视慈善机构的能力与运营效能，精准识别并揭露那些行为失范、效率低下或懈怠不作为的组织，从而确保慈善资源的流向更加高效与合理。这一机制不仅极大地促进了慈善资源的优化配置，还深刻提升了慈善组织的公众信任度，为慈善事业的规范化、持续化及蓬勃发展铺设了坚实的基石。简而言之，它既是慈善组织自我提升的明镜，也是推动整个慈善生态健康成长的强大动力。《慈善法》对此的规定是较为笼统的，2016年通过的《慈善法》第95条第2款规定"……鼓励和支持第三方机构对慈善组织进行评估……"2023年通过的新《慈善法》第106条规定"县级以上人民政府民政部门应当建立慈善组织及其负责人、慈善信托的受托人信用记录制度，并向社会公布。县级以上人民政府民政部门应当建立慈善组织评估制度，鼓励和支持第三方机构对慈善组织的内部治理、财务状况、项目开展情况以及信息公开等进行评估，并向社会公布评估结果"。然而其在实体和程序上都没有具体规定，对此应通过修法予以补充和完善。此外，有关第三方评估的理论、方法、资格认证以及相关指标体系等，也有待进一步探讨和研究。[1]

任何制度的演进与精进均非一蹴而就的短期工程，会随着时间的推移而不断深化。《慈善法》的最新修正是其在立法历程中的一个重要里程碑，但对于相关法律精神的诠释与其在实际操作中的贯彻落实，仍需我们持之以恒地努力与探索。慈善法律体系的完善及其执行，其核心目标在于发掘并确立优良的法治基石，进而驱动社会治理向更加和谐、公正的方向迈进，最终携手构建一个充满善意与正义的美好社会。简而言之，我们致力于通过慈善立法与实践，共同追寻并实现法治与善治的完美结合，为社会的全面进步贡献力量。

二、加强慈善组织内部党的领导和建设

党的十九届四中全会突出强调："中国共产党领导是中国特色社会主义最

---

〔1〕　参见余少祥：《我国慈善立法的实践检视与完善路径》，载《法学杂志》2020年第10期。

本质的特征，是中国特色社会主义制度的最大优势，党是最高政治领导力量。必须坚持党政军民学、东西南北中，党是领导一切的，坚决维护党中央权威，健全总揽全局、协调各方的党的领导制度体系，把党的领导落实到国家治理各领域各方面各环节。"[1]同时，修正后的《慈善法》明确规定："慈善工作坚持中国共产党的领导。"这一规定体现了我国慈善法律制度最鲜明的中国特色，也是做好我国慈善工作的根本保证和要求。加强慈善组织内部党的领导和党的建设。规范慈善组织内部治理、行业自律，建立健全现代慈善组织体系。对各慈善组织的具体工作，采取既参与又不干预的方法，重点放在把握方向和帮助解决遇到的实际问题上，同时抓好自身建设，使慈善工作高效开展。1994年召开的党的十四届四中全会拉开了新时期慈善领域党建工作的序幕，强调要在包括慈善组织在内的社会组织中建立党的组织、开展党的活动。1998年中共中央组织部、民政部颁布的《关于在社会团体中建立党组织有关问题的通知》明确提出要在社会团体中建立党组织。[2]

（一）完善决策程序，将党的领导写入章程

健全党的全面领导制度。完善党领导人大、政府、政协、监察机关、审判机关、检察机关、武装力量、人民团体、企事业单位、基层群众自治组织、社会组织等制度，健全各级党委（党组）工作制度，确保党在各种组织中发挥领导作用。[3]要推进党的领导落成于法律法规的文本之中，将坚持党的领导融入立法、执法、司法、尊法和守法的全部活动中，从"文本"和"活动"的角度有力铲除部分党员"不按照制度行事""随意更改制度""钻制度空子""打擦边球""极力逃避制度的监管"等行为。党的领导作用的重要性已经显而易见，重点是党对慈善组织的领导也应当得到保障，将党的领导写入慈善组织的章程，表明慈善组织坚决拥护党的领导，在党的领导下实现为人民服务的宗旨的立场。这一举措不仅彰显了慈善组织对党的政治领导地位的认同与遵循，更在实践中为慈善事业提供了坚实的政治保障和强大的发展

---

〔1〕 参见《中共中央关于坚持和完善中国特色社会主义制度 推进国家治理体系和治理能力现代化若干重大问题的决定》，载《人民日报》2019年11月6日。

〔2〕 参见彭柏林、陈东利：《中国特色社会主义慈善治理的经验与展望》，载《伦理学研究》2021年第2期。

〔3〕 参见《中共中央关于党的百年奋斗重大成就和历史经验的决议》，载《人民日报》2021年11月17日。

动力。它意味着慈善组织将自觉地在党的方针政策指引下开展工作，确保慈善活动的方向正确、目标清晰。同时，党的领导也为慈善组织注入了更强的组织力和凝聚力，促使组织内部成员团结一心，共同为慈善事业的发展贡献力量。党在国家治理体系中发挥着构建中轴与领导核心的关键作用，是贯穿国家治理体系的总骨架，党中央是领导国家治理体系的总核心。[1]将党的领导写入慈善组织的章程同样是希望党的领导作用不只是空谈，而是在慈善组织内部真正发挥中心骨架的作用，从内部对慈善组织提供支撑作用。

中国慈善组织内部治理一般来说是通过决策层、执行层和监督层三个层面的机构分工合作来进行的，可以将之称为"三位一体"的内部治理模式。[2]就决策层而言，理事会作为慈善组织的核心决策机构与责任担当者，其角色至关重要。它不仅是组织法人财产权的代表，还肩负着治理与资源调配的重任。在决策层面，理事会的主要职责广泛而深远，具体表现为以下几个方面：首先，理事会负责为慈善组织确立明确的宗旨与使命，这是组织存在与发展的基石，指引着组织前行的方向。其次，理事会承担着规划组织项目的重任，通过深思熟虑与科学论证，为组织设计出一系列符合宗旨、富有成效的公益项目。再次，理事会还负责制定组织的发展计划与战略，确保组织在复杂多变的环境中保持稳健的发展态势。在人事管理方面，理事会拥有招聘或解聘高级经理人（如执行长）的权力，以确保组织的管理层具备足够的领导力和专业能力来推动组织目标的实现。同时，理事会还定期对经理人的工作绩效进行评估，以激励优秀、鞭策后进，促进组织内部管理的持续优化。在财务管理方面，理事会负责审核和批准组织的预算，确保资金使用的合理性与高效性。此外，它还监督财务制度的执行与评估，维护组织的财务健康与透明。最后，理事会还负责决定并组织实施各项方案，确保组织的公益项目能够顺利落地、取得实效。同时，它还对方案的执行过程进行持续监督与评估，以确保项目目标的顺利实现。由此可见决策机构的重要地位，加强党的领导有利于党在决策机构中发挥领导全局、明确方向的作用，以保障慈善组织所做的重大决策都在正确的方向。党参与慈善组织的重大决策的意义深远且重大，

---

〔1〕　参见蔡礼强、张晓彤：《党的领导与国家治理现代化：功能定位与实现方式》，载《中国行政管理》2023 年第 10 期。

〔2〕　参见彭柏林、陈东利：《中国特色社会主义慈善治理的经验与展望》，载《伦理学研究》2021 年第 2 期。

这不仅是党对慈善事业高度重视的体现，也是推动慈善事业高质量发展的重要保障。首先，党参与慈善组织的重大决策有助于确保慈善事业发展的正确方向。作为中国特色社会主义事业的重要组成部分，慈善事业在推进中国式现代化的伟大进程中扮演着不可替代的角色。党的全面领导是中国特色社会主义最本质的特征，也是慈善事业健康发展的根本保证。党通过参与慈善组织的重大决策，可以确保慈善事业始终沿着中国特色社会主义道路前进，服务于国家发展大局和人民群众的根本利益。其次，党参与慈善组织的重大决策有助于提升慈善组织的公信力和影响力。党的参与不仅可为慈善组织提供坚实的政治保障，还能增强社会各界对慈善事业的信任和支持。在党的领导下，慈善组织可以更加规范、透明地运作，提高资金使用效率和项目执行效果，从而赢得更多人的认可和尊重。这种公信力和影响力的提升，将进一步推动慈善事业的蓬勃发展。再次，党参与慈善组织的重大决策有助于促进慈善事业与社会治理的深度融合。慈善事业是社会治理体系的重要组成部分，对于促进社会和谐稳定、增进人民福祉具有重要意义。党通过参与慈善组织的重大决策，可以引导慈善组织更加积极地参与社会治理，发挥其在扶贫济困、灾害救援、教育支持、环境保护等方面的独特作用。这种深度融合将有助于形成共建共治共享的社会治理格局，推动社会全面进步和发展。最后，党参与慈善组织的重大决策还有助于推动慈善事业的创新发展。在党的领导下，慈善组织可以更加灵活地运用市场机制和社会力量，探索新的慈善模式和项目。同时，党还可以为慈善组织提供政策支持和资源保障，鼓励其开展跨界合作和协同创新。这种创新发展的态势将有助于慈善事业更好地适应时代发展的需要，为全面建设社会主义现代化国家作出更大贡献。

但是值得注意的是，将坚持党的领导写入慈善组织章程，健全慈善组织内部决策机制，是要党组织把关重要事项而非决定所有事项。在实践中，社会组织中的党组织不宜包揽单位大小事务及具体业务，但一定要抓住大事、要事、关键事。也就是说，在社会组织中，党组织应当扮演的是引领者和监督者的角色，而非直接介入并包揽所有事务的执行者。其核心职责在于把握方向、聚焦重点，确保社会组织在关键事务和重大决策上能够遵循党的路线方针政策，同时又不干涉具体的业务操作和管理细节。换言之，党组织应当"抓大放小"，即专注于大事、要事和关键事，如制定社会组织的发展战略、监督其依法依规运行、确保慈善公益活动的政治方向和价值取向正确等。通过这些核心职能的履行，党组织能够为社会组织提供坚实的政治保障和正确的方向指引，同时给予社会组织足够的自主权和灵活性，以使其高效、专业地处理日常业务和具体事务。因此，可以说社会组织中的党组织应当是一个"舵手"而非"船员"，它负责掌舵引航，确保社会组织在波涛汹涌的社会环境中稳健前行，而不必也不应亲自操桨划水，去处理每一个细节问题。党组织在慈善组织内部发挥的是领导核心的作用，可以提供政策咨询、项目建议、技术支持等方面的服务，帮助慈善组织更好地履行社会责任和使命。保证慈善组织的独立性是慈善组织发展的一个重要因素，这就要求党和政府在保障慈善组织发展方向、提供政策支持的同时也要注意"度"的把握，既要支持到位也不能过度干预，要保障其独立的发展地位和发展空间，促进其自律机制的建设。

（二）将党的监督贯穿活动全程

习近平总书记主持中央政治局常委会讨论通过，并于 2016 年出台的中共中央办公厅、国务院办公厅《关于改革社会组织管理制度促进社会组织健康有序发展的意见》明确指出："各级党委和政府要把加强和改进社会组织管理工作列入重要议事日程，列入地方党委和政府绩效考核内容和社会治安综合治理考评体系。地方党委和政府要建立完善研究决定社会组织工作重大事项制度；党委常委会应该定期听取社会组织工作汇报。各部门党组（党委）要加强对社会组织管理工作的组织领导，落实党建工作责任制，制定本部门管理规定，配齐配强相关管理力量，抓好督促落实。"[1]

依法执政是党的基本领导方式，要求党领导立法、带头守法、保证执法。保证执法是党领导的重要方面，而政府是慈善组织重要的监督主体，新《慈善法》在修正的过程中也充分考虑到并完善了这一点，强调：要加强领导和监督管理。明确慈善工作坚持中国共产党的领导，要求有关部门加强慈善活动监管。政府监管的主体包括中央和地方各级政府的民政、审计、财政、税务部门及中国人民银行等部门，其中民政部门是主要监管主体。政府监管的内容主要包括日常事务运行监管、财务监管和公益慈善活动与捐赠过程监管。政府监管的制度主要包括重大活动报告制度、年检制度、评估制度、信息公

---

〔1〕　参见詹成付：《把修改后的慈善法贯彻实施好》，载《中国民政》2024 年第 8 期。

开制度、法律责任制度等。[1]关于政府对慈善组织的监管，可以从不同的方面进行促进：一是要构建慈善活动立体式监管格局，有计划、有组织地推进实施"阳光慈善"工程，构建民政部门主导、慈善组织自律、各类主体共同参与的监管格局，实现对慈善组织全过程、全方位的监管。[2]慈善监管的架构是一个多维度且错综复杂的任务，它要求我们从多个角度出发，构建一个涵盖监管主体多元化、监管手段多样化以及监督内容全面化的综合性监管网络。这一体系不仅涉及直接负责监管的各方主体，还涵盖了采用何种高效、透明的方法来执行监管，以及确保所有慈善活动、资金流向、项目执行等关键环节的全面监督。简而言之，它是一个立体的、全方位的监管框架，旨在促进慈善事业的健康发展与公众信任的提升。二是建立慈善组织负面惩罚机制。前文提到要对慈善组织进行正面的激励政策，保障它们的发展，在正面激励政策到位的同时，负面的惩罚机制同样重要，尤其是在监管过程中，在构建社会信用体系的框架下，民政部门应主动担当起监管职责，深入贯彻"倡导诚信光荣、严惩失信行为"的原则。也就是要对展现出高度诚信品质的慈善组织及其工作人员给予正面的表彰与奖励，以此树立典范，激励社会各界崇尚诚信。同时，对于存在失信行为的慈善组织或个人，民政部门将采取严厉的惩戒措施，确保社会公益事业的纯洁性与公信力，维护良好的慈善生态环境。三是建立健全政府慈善信息公开平台，完善慈善信息公开标准。[3]信息公开是慈善组织接受监督的重要方面，通过政府的信息公开平台的建设和运行能够提高慈善组织信息公开的积极性或者是给慈善组织信息公开的压力的同时提供更加便利权威的平台和明确的方式和规格。四是要促进慈善组织的自律机制的建设。近期慈善组织频繁出现各种丑闻，导致慈善组织公信力下降，人们对于慈善事业产生不信任感，慈善组织的自律机制亟须建设。而自律机制的建设离不开政府等外部监管的配合，因此政府对慈善组织的自律机制的促进措施是必不可少的。

---

〔1〕 参见彭柏林、陈东利：《中国特色社会主义慈善治理的经验与展望》，载《伦理学研究》2021年第 2 期。

〔2〕 参见龚迎春、廖劲、刘少华：《党建引领 法治保障 加强监管 不断提升慈善组织公信力》，载《中国民政》2023 年第 21 期。

〔3〕 参见龚迎春、廖劲、刘少华：《党建引领 法治保障 加强监管 不断提升慈善组织公信力》，载《中国民政》2023 年第 21 期。

（三）加强慈善组织内部思想建设

党的十八大以来，我们党高度重视思想政治工作，"思想政治工作有效发挥了统一思想、凝聚共识、鼓舞斗志、团结奋斗的重要作用"。[1]思想建设是党的建设的重要部分，因此，在慈善组织内部进行党的建设的一个重要方面就是要加强组织内部的思想建设。慈善组织的党组织是组织内部的政治核心，要在谋划思想政治工作中发挥主导作用。思想政治工作是坚持党的领导的重要体现。加强慈善组织内部思想建设，是一项深远且至关重要的举措，它不仅关乎慈善事业的健康发展，更是促进社会和谐、提升公民道德水平、增强社会凝聚力的重要途径。首先，最重要的是，加强慈善组织内部思想建设，是确保慈善事业正确发展方向的根本保证。通过深入的政治思想建设，慈善组织能够始终坚守公益初心，确保各项慈善活动遵循国家法律法规，符合社会主义核心价值观，有效防止慈善资源被滥用或误导，保障慈善事业沿着正确的轨道前行。其次，加强慈善组织内部思想建设，也是推动慈善事业创新发展的内在动力。在快速变化的社会环境中，慈善事业需要不断创新以适应新的需求和挑战。通过思想建设，慈善组织能够培养一支具有创新思维和实践能力的人才队伍，为慈善事业的持续发展注入新的活力和动力。同时，思想建设还能够促进慈善组织与其他社会组织的交流合作，共同探索慈善事业发展的新路径和新模式。中国共产党的深厚历史经验鲜明地表明，党的坚强领导是思想政治工作取得积极成果不可或缺的条件；反之，在缺乏党的领导的环境里，思想政治工作的效能会大打折扣甚至难以显现。因此，在策划与推动慈善组织的思想政治工作时，我们应当高度重视并有效发挥慈善组织内部基层党组织的核心引领作用，确保党的指导思想和方针政策能够深入慈善组织思想政治工作的每一个环节，从而保证慈善组织的思想政治工作始终在党的坚强领导下有序开展，取得实质性的成效。

慈善组织内部党组织的建设，在一定程度上可以参照企业内部党组织的建设经验，尽管两者在性质、目标及运营环境上存在差异，但党组织在推动组织发展、凝聚力量、引领方向等方面的核心作用是一致的。党组织可以以其卓越的凝聚力和驱动力，成为凝聚全体员工力量的核心，引领大家齐心协力，共同致力于慈善组织的长远发展与繁荣。此外，党组织还擅长深度剖析

---

〔1〕 参见中共中央、国务院印发的《关于新时代加强和改进思想政治工作的意见》。

慈善组织的思想动态，精心策划工作蓝图，明确发展方向，将复杂问题简化为可操作的步骤，推动工作高效执行。这一系列努力不仅可以显著提升慈善组织的管理水平，也可以为慈善组织的可持续发展贡献不可磨灭的力量。党领导思想政治工作决定了思想政治工作的效果，具体包括对慈善组织内部成员进行党的主题教育等，党组织可以针对企业内部不同岗位与部门的具体需求，定制化地实施教育与培训项目，旨在不仅提升员工的专业技能水平，更确保每位员工都能深刻领悟并有效执行企业的战略愿景、发展理念及具体方针政策，从而在企业发展中发挥更大的作用。党组织应将思想政治工作视为慈善组织运营过程中不可或缺的核心议题之一，置于重要议事日程的显著位置，通过深入细致的探讨与反复斟酌，加强监督与检查力度，力求将思想政治工作的精髓深入员工内心，真正触及他们的思想深处。此外，党组织必须坚决抵制任何忽视或轻视思想政治工作的倾向，积极纠正此类问题，以确保员工对思想政治工作形成全面、正确的认识，从而在慈善组织内部营造出积极向上的精神风貌和思想氛围。[1]

三、加强慈善观念培养

培育公益文化，增强慈善意识。慈善事业既需要物质基础的支持，还要有精神层面的推动，慈善文化对慈善事业的发展起到了不可忽视的促进作用。第三次分配依靠的是社会成员的自发自愿行为，这就需要慈善文化奠定前提基础。新时期推动第三次分配常态化，形成全社会共济互助的慈善文化，让公益慈善蔚然成风，推动更多社会成员参与到第三次分配当中，为慈善事业创造全民参与的环境氛围。政府要充分利用道德的力量，发挥政策的驱动作用，通过税收优惠、奖励政策以及文化塑造等诸多方面措施，将国家治理与向善的价值观相结合；加强社会主义核心价值观建设，大力培育热心公益、互相帮扶的良好慈善氛围；培养民众的安全防范意识，警惕不法分子利用网络形式进行诈捐，促进社会慈善事业的健康发展。[2]

---

〔1〕 参见谭松涛：《当前国有企业思想政治工作问题、原因及对策研究》，华中师范大学 2023 年硕士学位论文。

〔2〕 祝奉明：《完善公益慈善体系 扎实推动共同富裕》，载 http://theory.gmw.cn/2023-03/10/Content_ 36421099htm，最后访问日期：2024 年 9 月 26 日。

（一）我国慈善思想渊源

培养慈善文化，在当今社会显得尤为重要，它不仅是社会文明进步的标志，更是构建和谐社会、促进共同富裕不可或缺的精神力量。这一文化形态的深植与发展，如同涓涓细流汇成江海，影响着每一个个体的行为选择，进而在更广阔的层面上塑造社会的道德风貌与价值追求。同时，培养慈善文化也是一项长期而艰巨的任务，需要政府、社会组织、媒体以及每一个个体的共同努力。只有当我们每个人都将慈善视为一种生活方式、一种价值追求时，我们的社会才能变得更加温暖、更加和谐、更加美好。中国是一个有着悠久慈善传统的国家，慈善思想与慈善活动源远流长。先秦时期，儒家的"仁爱""大同"思想构成了中华慈善事业最初的文化源泉和价值基石；汉唐之间又融入佛、道两教中的劝善思想，推助了中国社会民间慈善事业的蓬勃兴起。[1]慈善文化是慈善事业持续运行、长期积淀的产物，是围绕慈善的主体内容所形成的一种文化，是中华文化中社会文化的重要组成部分，其核心价值观是利他主义，其理念是平等互助、善与人同、志愿服务、友好关爱。[2]

进入近代，中西慈善文化的深度融合与激烈碰撞，特别是红十字国际委员会人道主义光芒的照耀，以及西方前沿社会福利与公益理念的渗透，促使中国先进知识分子开始深刻反思并对比中华传统慈善文化的精髓与局限。他们敏锐地察觉到，根植于农业社会的传统慈善体系，尽管蕴含着深厚的文化底蕴，却也在新的时代背景下显现出了某些与时代精神不相契合的局限性。具体而言，儒家慈善思想，作为中华传统慈善的重要组成部分，其根基深深扎根于宗法血缘制度之中，倡导"爱有差等"的伦理观念，即爱从亲近之人始，逐渐扩展至更广泛的社会群体。这种由近及远的慈善观，固然体现了深厚的家庭伦理价值，但在现代社会的多元化与普遍性需求面前，略显狭隘。相比之下，墨家的慈善理念则显得更为宏大与包容，主张"兼爱非攻"，即不分亲疏贵贱，一律平等地施以爱心，这种"博爱"精神无疑是对儒家"爱有差等"观念的一种超越，更加贴近现代社会对于普遍人权与平等的追求。而道家与佛家的慈善观，尽管同样强调慈悲为怀、救苦救难，但在具体操作层

---

〔1〕　参见周秋光、曾桂林：《中国慈善通史研究：价值、现状与路径》，载《湖南师范大学社会科学学报》2017 年第 4 期。

〔2〕　参见周秋光：《中华慈善文化及其传承与创新》，载《史学月刊》2020 年第 8 期。

面却设置了较为严苛的道德门槛。道家倡导"赏善罚恶",强调救助行为应基于被救助者的德行表现;佛家则深信"因果报应",认为一切苦难皆因前世业障所致,救助亦需遵循因果法则。这种带有浓厚道德评判色彩的慈善观,在一定程度上限制了慈善行为的广泛性与普遍性,未能充分体现出对所有生命的平等尊重与关怀。[1]

(二) 加强慈善思想主题教育

我国自古流传下来的优秀慈善思想在全国范围内进行传播的过程中起着举足轻重的作用。促进我国慈善事业在全国范围内的发展,主要可以通过在学校课程中加入专门的慈善教育相关课程、举办慈善宣讲活动以及专业人才培训教育等方式来增进社会公众对慈善活动的了解,同时还可以为慈善组织的发展提供更多指导。与此同时,我们还需要注重慈善事业发展方面的人才培养,其重要性和必要性在前文已有相关论述,这就不得不强调慈善在教育中的地位,如能将公益慈善作为一门课程列入大学必修课程或是高中教育甚至是我国的义务教育体系中,会大大促进人才建设计划的实施。

由此可见,这里的慈善思想教育既包括针对慈善行业专业人才培养的系统的公益慈善专门教育,也包括面对社会公众的慈善知识普及教育,以此来提高全社会的慈善水平,在全社会形成一种人人向善的良好慈善氛围,为慈善组织的发展以及慈善活动的顺利开展提供有益的社会环境,并在此基础上实现社会的第三次分配进而达到共同富裕的发展目标。

2014 年出台的国务院《关于促进慈善事业健康发展的指导意见》明确提出:"要充分利用报刊、广播、电视等媒体和互联网,以群众喜闻乐见的方式,大力宣传各类慈行善举和正面典型,以及慈善事业在服务困难群众、促进社会文明进步等方面的积极贡献,引导社会公众关心慈善、支持慈善、参与慈善。要着力推动慈善文化进机关、进企业、进学校、进社区、进乡村,弘扬中华民族团结友爱、互助共济的传统美德,为慈善事业发展营造良好社会氛围。"《中国慈善事业发展指导纲要(2011—2015 年)》(已失效)规定,加快发展慈善事业的主要目标之一为:以社会主义核心价值体系为指引,慈善文化全面普及,慈善理念广泛传播,公民、企业和社会组织的社会责任意识逐步增强,越来越多的公众、企业和社会组织参与慈善活动,慈善逐步

---

[1] 参见周秋光:《中华慈善文化及其传承与创新》,载《史学月刊》2020 年第 8 期。

成为社会风尚和人们的生活方式。[1]后来随着《慈善法》的颁布，支持慈善文化的教育更是被纳入了法治轨道，这体现了国家对于慈善文化教育的迫切需要和鼓励引导。在对社会普罗大众的教育方面，可以充分利用人民群众对历史及传统文化的尊重和推崇。在当今社会，我们可以充分利用报纸杂志的深度解析、广播的广泛覆盖、电视媒体的直观展现以及互联网平台的即时互动与海量传播能力，多维度、全方位地弘扬中国古代璀璨的慈善文化精髓。这不仅是对中华优秀传统美德的继承与发展，更是通过创新传播手段，将慈善理念深深植根于社会大众的心中，使之成为指导日常行为的价值导向。同时，新闻媒体也有职责采取一系列思想积极向上、形式灵活多变、内容生动有趣的方式，如撰写深刻且具有感染力的新闻报道，创作贴近民生、寓教于乐的文化艺术作品，以及运用社交媒体、短视频等新媒体手段，对传统的慈善文化进行创造性转化，实现创新性发展，生动展现中国特色社会主义慈善文化的独特魅力与深远影响。[2]激发中华儿女心中的民族认同感和责任感，当慈善的核心理念深入民心，内化为个人的道德品质与坚定的信仰追求时，将引发个体从内在精神世界向外在物质世界的积极变革。无论是历史上流传下来的救灾济困的善行，还是当代多元化的慈善活动，它们所蕴含的文化精髓均植根于个体自我意识的觉醒以及社会对人性光辉的精心培育之中。这一过程的推进，离不开慈善教育的熏陶与引导，它如同细雨润物，悄无声息地滋养着人心。因此，要想让慈善文化得以传承并发扬光大，首要任务是确保社会各阶层成员都能以理性的态度去认识和理解慈善——这意味着他们需要掌握并领悟传统慈善文化的精髓、价值观以及背后的哲学思想。这种对慈善文化的深刻认知与理解，不仅是开展慈善教育不可或缺的认识论基石，也是推动慈善教育实践迈向新阶段的起点。简言之，培养全社会对慈善文化的正确认识与深刻感悟，是慈善教育得以有效实施并促进慈善事业持续发展的先决条件。[3]同时要坚持慈善文化的与时俱进，结合中国特色社会主义核心价值观，同时大力宣传正面的慈善活动案例，增强社会公众对慈善活动、慈善

---

〔1〕 参见《中国慈善事业发展指导纲要（2011—2015年）》（已失效）。

〔2〕 参见李朝阳：《繁荣社会主义文化中的慈善文化问题研究》，载《河北师范大学学报（哲学社会科学版）》2012年第3期。

〔3〕 参见潘乾：《传统慈善文化的教育实践逻辑》，载《东北师大学报（哲学社会科学版）》2018年第3期。

组织以及慈善行业的信心。

关于慈善专业在教育体系中的建设，我国当前教育体系对慈善专业知识的设置程度是不够的，高校本应是开展慈善教育与研究，为慈善事业发展提供指导、培养专业人才的重要主体，然而其目前对慈善行业发展需求的回应仍然滞后。[1]因为慈善学目前还不是一项专门的学科，因此围绕它本身的学科课程设置是不完善的，难以形成一个体系，这对于慈善方面专业人才的培养是不利的。为此，对于慈善专业教育应当从高校课程设置方面下功夫，尽早针对慈善设置一套切实可行的课程体系，使专业人才能够得到系统性的培养。同时也要注重专业人才的实践培养，学校要和校外慈善组织或机构建立链接，在提升专业人才理论知识的同时也注重对其实践能力的培养，使理论与实践能够有效衔接。其中不可忽视的是师资队伍是学科发展的主要推动力量，如果要开展真正意义上的慈善教育，那么有必要配置多元化的专职教员。[2]总结而言，在开展慈善专业教育的过程中要注重慈善在高校课程体系中的设置，同时聘用专业师资队伍，建立与慈善实务部门的联系，打造理论和实践能力协同发展的专业人才。

四、以党建引领慈善组织公信力建设

强化社会组织中的党的建设，是确保其稳健前行的基石。在改革开放浪潮的持续推进下，社会组织如雨后春笋般涌现，不仅数量激增，规模逐渐扩大，而且成熟度也日益提升，成为推动我国社会主义现代化建设不可或缺的生力军。作为党与群众紧密相连的前沿阵地，社会组织在助力"四个全面"战略布局实施中扮演着举足轻重的角色。因此，加强社会组织内部的党建，具有深远的意义。它不仅是指引社会组织沿着正确道路前行的灯塔，确保党的指导思想、政策方针深入贯彻到每一个社会组织之中，更是凝聚共识、激发活力、促进发展的强大动力。通过加强党建，可以引导社会组织更好地服务于国家大局，积极参与社会治理，为构建和谐社会贡献力量。同时，这也是党在新时代背景下，巩固群众基础、扩大影响力、提升领导力的必然要求。

---

〔1〕 参见赵挺、胡玉婷、徐东升：《构建中国慈善教育学科体系》，载《华东师范大学学报（教育科学版）》2024 年第 7 期。

〔2〕 参见赵挺、胡玉婷、徐东升：《构建中国慈善教育学科体系》，载《华东师范大学学报（教育科学版）》2024 年第 7 期。

党建引领机制可以遏制各慈善参与方利己主义的慈善动机，引导各慈善参与方向国家重点关注的领域捐赠资源。在慈善组织中建立党组织能够使执政党对社会组织的领导力凸显，有效地促进政党权力影响力的提升；通过执政党的政策导向、激励和约束作用促进社会服务型治理；促进社会组织参与社会治理。[1]强化慈善组织内部党组织的建设一方面能够使党组织参与对慈善组织内部重大事项的领导以及为慈善组织的内部结构优化治理提供支持帮助，同时对慈善组织的活动和政治方向进行监督，以促进慈善组织的发展；另一方面还可以通过党组织的力量和影响力提升社会公众对慈善组织的信心，提升其社会公信力和社会地位。

公信力的高低是决定慈善事业可持续健康发展的关键因素，提升慈善组织的公信力是国家治理能力建设的应然要求。[2]而信息公开又是公信力提升的重要环节。2024年1月8日，由《中国慈善家》和微博联合主办的"恒心至善"2023年度慈善盛典中，《中国慈善家》影响力慈善研究院承办的影响力慈善论坛是当天的一大亮点。中国慈善联合会传播委员会主任委员章新新在影响力慈善论坛上发表了演讲，其中讲道："理解慈善，我们需要'公开透明'。甘肃积石山发生地震之后，有的基金会在非常短的时间内就筹集到九千万元的善款。这是非常值得观察的社会慈善现象。在地震之初，就有人热衷于第一时间号召捐物捐款，却不是到灾区救人，公众难免会有担忧，这些善款能否送到受灾人群的手中？这就需要慈善组织及时地通过官方渠道、短视频等公布捐款明细，披露后续的救助方案等。只有公开和透明，才能够为慈善赢得公信力。尽管仍然会有人质疑，有时候我们也会感叹做好人太难了，但我们必须看到，只有公开透明才能重建公信力。公开透明是慈善事业、慈善传播的一块基石。只要公开了，透明了，有了公信力，好事才可能传颂千里。"[3]慈善组织公信力的基石在于信息的全面公开。一方面，通过公开其章程、运营规则以及决策、执行、监督等关键环节的成员信息，慈善组织不仅能向社会公众展示其透明运作的态度，更能主动引来政府监管与公众监督的

---

〔1〕 参见韦克难、陈晶环：《新时代社会组织党的建设：时代议题与现实景观——基于四川省176个样本的调查研究》，载《南京社会科学》2019年第7期。

〔2〕 参见高志宏：《再论我国慈善组织公信力的法律重塑》，载《政法论丛》2020年第2期。

〔3〕 参见章新新：《理解慈善，以传播增进公众认知》，载https://www.zgcsj.com/yxlcs/2024-01-18/19.shtml，最后访问日期：2024年9月26日。

目光。这种开放的态度促使组织本身严格遵循既定规范，不断优化慈善行为的效果与质量，从而逐步累积起公众的信赖与支持。另一方面，信息公开机制是强化捐助者信任感、消除外界疑虑的关键路径。当捐助者能够便捷地获取慈善组织的财务收支明细、项目执行报告等关键信息，亲眼见证每一笔捐赠的去向清晰、用途正当，未被任何环节的不当行为所侵蚀，他们的信任感会油然而生。这种基于事实基础的信任，正是慈善组织公信力得以牢固建立的核心所在。因此，可以说，信息的全面、及时、准确公开，是慈善组织提升公信力、赢得社会各界广泛认可的最直接且有效的策略。[1]由此可见，公开透明是慈善组织公信力建设过程中重要的一环。而慈善组织中的党组织就有责任和义务通过引导或监督等手段来推动慈善组织信息公开的进程。

通过强化慈善组织内部的党建能提升慈善组织的公信力，首先且最重要的原因是党建为慈善组织提供了明确的价值导向和行动指南。党组织作为慈善组织内部的政治核心，能够确保慈善活动始终沿着正确的方向前进，坚持公益性质，服务社会大众。通过深入学习贯彻党的路线方针政策，慈善组织能够明确自身的使命和责任，将党的宗旨和理念融入慈善事业中，从而树立起崇高的社会形象和公信力。其次，党建在慈善组织内部扮演着强化管理与监督的基石角色，它通过构建和完善内部管理制度与监督机制，为慈善组织的稳健运行奠定了坚实基础。这一过程不仅可以确保慈善资金、物资及项目的使用符合法律法规要求，实现合法、合规与合理的运作，还能显著提升组织内部的治理效能。党组织通过一系列举措，深化对慈善组织成员的教育与培训工作，旨在提升他们的专业素养与道德水准。这些努力不仅能够促进成员个人能力的全面发展，还可以营造一种廉洁自律、勤勉尽责的工作氛围，有效防范腐败与违法行为的滋生。通过优化慈善组织的内部治理结构和人员能力建设能保障组织业务活动的专业有效，从而提升慈善组织的自身整体形象。最后，党建的引领作用体现在提升慈善组织的透明度与公信力方面。具体而言，通过构建完善的信息披露体系，慈善组织在党组织的引领下，积极采取主动、开放的态度，将自身的运营状况、资金流向及项目成果全面、及时地向社会公众展示。这种高度的透明度不仅是对社会监督的积极回应，更

---

〔1〕 参见王林：《论中国近代慈善组织公信力的评价标准》，载《中国高校社会科学》2021 年第 5 期。

是对公众信任基础的坚实构筑。在党建的引领下，慈善组织实现了从"内部运作"到"阳光操作"的转变，可以确保每一笔善款、每一个项目都能经得起公众的审视与检验。这种转变不仅有利于增强慈善组织的公信力，还可以使其在社会中树立良好的形象，激发更多公众的参与热情，为慈善事业汇聚更广泛的力量。同时，党建的引领作用还促使慈善组织更加注重与社会各界的沟通与合作，慈善组织通过举办慈善活动、发布年度报告、开展公益讲座等多种形式，增进公众对慈善事业的了解和认同。这种积极的互动不仅可以加强公众对慈善组织的信任和支持，也可以为慈善组织赢得更加广泛的社会基础和影响力。因此，可以说，党建的引领是慈善组织提升透明度与公信力的关键所在，它不仅为慈善组织的发展提供了坚实的政治保障，更为慈善事业的可持续发展注入了强劲的动力。

中国共产党在慈善组织中发挥的领导与监管作用，是确保慈善事业健康、有序、可持续发展的核心力量。党的领导不仅为慈善组织指明了前进的方向，更通过一系列制度建设和政策措施，为慈善事业的规范运作提供了有力保障。在慈善组织的发展过程中，中国共产党始终坚持以人民为中心的发展思想，将慈善事业作为社会保障体系的重要组成部分，积极推动其与社会治理、民生改善等领域深度融合。党通过构建完善的慈善组织监管体系，加强对慈善组织的日常监管和专项检查，确保慈善资金的安全使用和慈善项目的有效实施。同时，党还注重引导慈善组织加强自身建设，提高管理水平和运作效率，推动慈善事业向专业化、规范化、透明化方向发展。在党的领导下，慈善组织不仅在扶贫济困、救灾赈灾等方面发挥重要作用，还积极参与社会公益事业，为构建和谐社会作出积极贡献，更为我国实现共同富裕起到重要作用。

第四章

慈善组织的内部治理

第一节　慈善组织内部治理概述

内部治理通常是指法人的内部治理，本节主要探讨慈善法人的内部治理问题。慈善法人独立人格的维持必须以其有效的内部治理结构为条件。当慈善法人的内部治理不能有效进行时，慈善法人的生存必然受到影响，国家对慈善法人的干预乃至取代也就成为可能。因此，完善的内部治理对慈善法人乃至整个公益事业的发展都有非常重要的意义。

"治理"（governance）一词的本义是控制、引导和操纵。治理与统治不同，治理是一种由共同的目标支持的活动，这些活动的主体未必是政府，也未必依靠国家强制力量实现。治理所要创造的结构或秩序不能由外部强加，它之所以发挥作用是依靠互相发生影响的行为者的互动。治理与管理也不同，管理指一定组织中的管理者通过实施计划、人员配备、指导与领导、控制等职能协调他人活动，使别人同自己一起实现既定目标的活动；治理偏重的则是细节的控制与施行，或将重要方针具体化为施行计划与方法等，属于微观和具体操作的层面。[1]治理的核心问题在于如何有效且适当地分配权力以及承担责任，属于宏观和制度的层面，如组织使命、章程、内部治理结构、管理制度及重要事项的决策等。慈善法人的治理指法人以章程为核心，通过权力分配、权力行使与权力制约实现法人活动的指挥与控制。

慈善法人治理与公司治理不同。公司治理依靠物质利益驱动，而慈善法

---

〔1〕　陈林：《非营利组织法人治理研究》，中国科学技术大学 2002 年博士学位论文。

人治理依靠精神利益（情感利益）驱动。公司的财产最终归属于股东，经济利益的追求激励股东、董事和经理关注公司的发展并通过各种机制相互约束。而慈善法人财产的最终归属是不特定的公众，不进行盈余（分红）和剩余利润的分配，缺乏类似于股东的受经济利益驱动的监督群体。慈善法人依赖情感需求运作。社团式慈善法人的成员和利益相关者（捐助者、志愿者、受益者）出于情感需求支持并关注法人的运作；慈善法人管理人员和其他职员的薪酬受"合理"标准的限制，不存在经济利益的驱动。由于慈善法人的目的是公共利益而非特定人的利益，为了保证其独立性和公益性，法律不允许捐助者和受益者直接干预法人的运营和管理，慈善法人的利益相关者必须通过其他的监督机制发挥自己的作用。这些都对慈善法人的内部治理提出了挑战。

一、慈善法人内部治理的基本依据——章程

章程是"在法律规定范围内对其成员有约束力的内部规范。除确定的社团宗旨和名称外，章程尤其要规定社团内部形成决议和对外以社团名义进行活动的规范"。[1]内部治理问题是章程必须规定的内容，章程构成慈善法人内部治理的基本依据。

章程是财团法人独立意志的体现，其内容来源于法律意志、设立人意志和社员的共同意志。其中，设立人或捐助人的意志构成章程内容的主导方面，团体人格的相异性和团体权利能力范围的不同主要源于设立人或捐助人意志的不同，慈善法人章程是连接外部治理（此处指法律的强制性规范）与内部治理的桥梁。章程规定的治理结构必须符合法律的强制要求。各国通常都有慈善法人章程的示范文本，采纳示范文本的设立许可申请或登记申请更容易通过。章程示范文本通常就是法律设定的框架和最低限度内容，各慈善法人只需在此框架下填写相关内容即可。当然，设立人也可以在章程中增加法律允许的补偿条款。

章程生效后就成为法人的"法律"，未经法律和章程所规定的修改程序，任何人不得修改。社团法人的社员大会有权变更章程，但在程序上有严格要求。章程一般事项的变更须经半数以上会员的同意，情势重大的事项通常须

---

〔1〕〔德〕卡尔·拉伦茨：《德国民法通论》（上册），王晓晔等译，法律出版社 2003 年版，第 16~17 页。

经 3/4 以上会员通过。财团法人的理事会不能直接修改章程，只能通过外部机关（法院或行政主管机关）来进行。法院在修改章程或变更法人内部治理机关时须斟酌捐助人的意思。法律对慈善法人的内部治理提出最低要求，主管机关或法院修改法人章程时，应当持有克制态度，避免干预太多影响法人的自治能力。法律对章程干预的基本原则是干预限于目的和治理结构两个方面，较少涉及法人的具体管理活动。

《民法典》第 93 条设置了章程在慈善组织内部治理结构架构来源中的中心地位，其影子可以追溯到我国最早于 1988 年制定的《基金会管理办法》（已失效）第 3 条的规定："建立基金会，必须具备下列条件：（一）性质、宗旨和基金来源符合本办法第二条的规定；（二）有人民币十万元（或者有与十万元人民币等值的外汇）以上的注册基金；（三）有基金会章程、管理机构和必要的财务人员；（四）有固定的工作场所。"这一规定原则性要求基金会须有章程、组织机构及财力与人员。

《基金会管理办法》（已失效）第 5 条规定："基金会的领导成员，不得由现职的政府工作人员兼任。基金会应当实行民主管理，建立严格的资金筹集、管理、使用制度，定期公布收支帐目。"该条规定对基金会的领导层进行了限制，且明确基金会实行民主管理。

《民办非企业单位登记管理暂行条例》也原则性地要求民办非企业单位须有章程和相应的组织机构。

《基金会管理条例》第 10 条第 1 款规定："基金会章程必须明确基金会的公益性质，不得规定使特定自然人、法人或者其他组织受益的内容。"

《基金会管理条例》第 20 条规定："基金会设理事会，理事为 5 人至 25 人，理事任期由章程规定，但每届任期不得超过 5 年。理事任期届满，连选可以连任。用私人财产设立的非公募基金会，相互间有近亲属关系的基金会理事，总数不得超过理事总人数的 1/3；其他基金会，具有近亲属关系的不得同时在理事会任职。在基金会领取报酬的理事不得超过理事总人数的 1/3。理事会设理事长、副理事长和秘书长，从理事中选举产生，理事长是基金会的法定代表人。"

《慈善法》第 11 条规定："慈善组织的章程，应当符合法律法规的规定，并载明下列事项……"第 12 条规定："慈善组织应当根据法律法规以及章程的规定，建立健全内部治理结构，明确决策、执行、监督等方面的职责权限，开展慈善活动。慈善组织应当执行国家统一的会计制度，依法进行会计核算，建立健全会计监督制度，并接受政府有关部门的监督管理。"

《民法典》第 93 条使得以捐助财产为基础的捐助法人的内部机构得以统一，不论是基金会，还是社会服务机构，均应制定章程，建立理事会和监事会等机构。

慈善组织的内部治理应以章程为核心，章程不仅是慈善组织制定各种制度的基本依据，也是慈善组织开展各项业务的行为准则，在慈善组织治理中具有基础性地位。中共中央办公厅、国务院办公厅《关于改革社会组织管理制度促进社会组织健康有序发展的意见》规定应针对不同类型的社会组织的特点制定章程示范文本。社会组织要依照法规政策和章程建立健全法人治理结构和运行机制以及党组织参与社会组织重大问题决策等制度安排，完善会员大会（会员代表大会）、理事会、监事会制度，落实民主选举、民主决策和民主管理，健全内部监督机制，成为权责明确、运转协调、制衡有效的法人主体，并独立承担法律责任。

通常，慈善法人的章程应包含以下必要内容：①法人设立的慈善宗旨（目的），慈善活动的主要业务范围及主要活动地域；②法人的注册资金（如果是财团法人，其基金数额）；③法人的名称及住所；④组织机构的组成、职责、任期、产生及罢免程序，法定代表人及负责人的职责、任职条件、任期及其产生、罢免的程序；⑤对于社团法人来说，社员大会的召集条件、程序及决议证明的方法及社员的出资、社员资格的取得和丧失；⑥章程的修改程序；⑦财务会计报告的编制、审定制度；⑧财产的管理及使用制度；⑨法人的利润及剩余财产不得分配；⑩法人的终止条件及程序，以及法人清算后的剩余财产应当转给宗旨相同或相似的慈善组织；⑪章程订定的日期。[1] 民政部《关于慈善组织登记等有关问题的通知》规定，章程中有关财产管理使用的一章中要增加项目管理制度的规定，终止和剩余财产处理一章中要增加"清算后的剩余财产，应当按照章程的规定转给宗旨相同或者相似的慈善组织，章程未规定的，由民政部门转给相同或者相近的慈善组织，并向社会公告"的规定。根据 2024 年 9 月 5 日施行的《慈善法》的第 11 条，慈善组织

---

〔1〕　章程的有关内容可以参见我国《社会组织登记管理条例（草案征求意见稿）》《德国民法典》《日本民法典》和《意大利民法典》的规定。

的章程，应当符合法律法规的规定，并载明下列事项：①名称和住所；②组织形式；③宗旨和活动范围；④财产来源及构成；⑤决策、执行机构的组成及职责；⑥内部监督机制；⑦财产管理使用制度；⑧项目管理制度；⑨终止情形及终止后的清算办法；⑩其他重要事项。

慈善法人章程中存在不符合法律规定的必要内容时不予登记。例如，《芬兰财团法》第 5 条第 3 项规定，根据章程，财团的目的是从事商业活动，或者主要目的显然是给捐助人或某个财团负责人带来直接经济收入的，不得批准其申请。

二、慈善法人内部治理的原则

管理学者普遍认为，非营利法人领域应由董事会（或理事会）和执行官担负起治理的责任，建立一个强有力且积极进取的董事会及与首席执行官之间的互动关系是非营利法人治理的焦点。但是，以董事会为中心的治理并不能解决非营利法人的权力制约，也不能保证慈善法人为慈善目的而运行。为了有效约束慈善法人的管理者，除了加强外部监管，慈善法人还应完善其内部治理制度，为此，可以借鉴各国（地区）较为成熟的内部治理制度。

（一）慈善法人的分类治理

各国法律针对慈善法人的不同类型提出了不同的内部治理要求。社团法人具有社员大会这一意思机关，法律应给予其较大的自治空间；而财团法人缺乏社员大会这样的意思机关，权力主要集中于董事会，法律对其治理应提出更高的要求。例如，2006 年《日本公益法人认定法》规定公益财团法人必须设置 3 名以上人员组成的评议员会和 1 人以上的监事。小型慈善法人和大型慈善法人的治理要求也不相同。小型慈善法人需要更为灵活的治理，法律应对其治理结构作低限度要求。例如，2006 年《日本公益法人关联三法》规定，小型慈善法人只要有理事和监事即可，可以不设理事会和监事会。达到法律要求的大型慈善法人具有很强的公共性，应当设立理事会和监事会。

（二）权力制约原则

无论是社团法人还是财团法人，都应当坚持权力制约的机制（小型慈善法人除外）。法人的组织机构一般应由权力机关、执行管理机关、监督机关三部分构成。过去，许多国家并不强制要求设置内部监督机构——监事（会），但是近年来的发展趋势是凡大型慈善法人都应当设立监督机构。《日本特定非营利活动促进法》第 5 条规定，特定非营利活动法人应当设置理事 3 人以上，监事 1 人以上；《日本公益法人认定法》规定，公益财团法人和公益社团法人必须设立 1 名以上的监事。此外，财团法人没有会员大会这样的意思机关，但是可以设置其他机关来决定慈善法人的重要事项，如评议员会。评议员会是日本公益法人的特有制度，第二次世界大战以前评议员会是公益法人的任意机关，第二次世界大战后公益法人的特别法逐渐将其规定为公益法人的常设机关，2006 年《日本公益法人认定法》将其确定为公益法人的必设机关。评议员会作为咨询机关（社团法人）、决议机关或理事监事的选任机关（财团法人），对日本公益法人内部治理结构的完善以及权力制约有着重要意义。

（三）利益相关者参与原则

"利益相关者"这一概念出现于 20 世纪 60 年代，最初应用于公司领域。公司的利益相关者指所有受公司经营活动影响或影响公司经营活动的人，包括公司的股东、债权人、员工、供货商、顾客、政府部门、相关的社会组织和社会团体、周边的社会成员等，这些人或组织的利益因公司活动受益或受损。慈善法人的利益相关者是指能够影响一个慈善法人目的实现或能够被慈善法人实现目的的过程影响的人（自然人或组织），包括慈善法人的捐助人、服务对象或受益人、志愿者等。

慈善法人利益相关者的外部监督存在一定的局限。利益相关者的外部监督是一种权利而不是法定义务，是否关注某个慈善法人取决于利益相关者情感上的需要。当众多利益相关者因个人业务繁忙而无暇关注慈善法人或其情感需要较低时，利益相关者的外部监督就不能发生作用。即使利益相关者关注慈善法人并发现了问题，行使监督权也要花费较高的成本。许多国家并没有赋予利益相关者直接起诉的权利，利益相关者只能向代表公益的行政机关投诉，再由行政机关处理或起诉。如果行政机关对利益相关者的投诉不能及时、恰当处理，利益相关者将失去继续监督的激励。鉴于利益相关者外部监督的有限性，有必要将利益相关者引入慈善法人的内部治理中，除了作为设立人的捐助人外，允许慈善法人设立后的捐助人、志愿者、受益人参与法人的内部治理。

（四）社会其他人士对内部治理的参与

与其他非营利法人相比，慈善法人具有更强的公共性。[1]慈善法人的公共性要求其广泛吸收除利益相关者以外的社会人士参与法人治理。其他人士参与法人治理的方式之一是加入法人传统的组织机构（会员大会、理事会、监事会），如美国社区基金会的理事会由该基金会所在社区民主选出；方式之二是增加新的组织机构，该机构主要由社会各界人士和利益相关者组成，行使决策、监督或其他咨询职能。日本的评议员会就是除原有会员大会、理事会、监事（会）之外的组织机构。英美法系国家的独立董事（外部董事）制度和独立会计师制度也是社会其他人士参与法人内部治理的成功实践。独立董事不仅独立于内部管理层，也有必要独立于初始捐助人，以克服慈善法人同样可能存在的"内部人控制"问题。独立董事的构成，可以考虑有关的社会知名人士、咨询公司、律师事务所、会计师事务所等。美国慈善法人内部并不存在监事（会），但是有关制定法规定其必须向政府有关部门提交财务报告（尤其在享受税收优惠和与政府签有合约时），且这些财务报告都需要经过独立会计师的审查。此外，董事会的成员也越来越意识到，组织越早雇用独立会计师代替董事会进行账务审查工作越好，因为大多数董事会成员既无时间也无能力分析提交给政府和公众的财务报告。

（五）利益回避原则

慈善法人在治理过程中的利益回避表现在以下四个方面：①禁止分配利润。慈善法人从事收益事业所得利润必须用于慈善目的而不能分配给任何人。②禁止图利自身。组织的内部规范应规定支付员工合理的薪资报酬，但是董事除专职外通常不支付薪酬。同时，慈善法人也应当规范法人的资产、收入与利润，不可直接或间接提供特别利益给相关人士。③非常规关联交易的禁止。法人与其利益相关者之间的交易，应依常规及合理市价进行，禁止任何可能产生滥用的交易。"非常规性交易"（self-dealing）指的是利用职位影响或控制组织使其进行交易，该交易带来不合理的利益且危害组织。当慈善法人有可能涉入"非常规性交易"时，应提交董事会决策，同时避免相关人士介入而影响到决策。法律也应当保障慈善法人在遭受"非常规性交易"

---

〔1〕 慈善法人的目的是救助弱者和参与公益事业，具有公共性；慈善法人的收入来自公众捐款或政府支持，具有公共性；慈善法人享受免税优惠，具有公共性。

带来的伤害与损失时，可以提出诉讼请求赔偿。④禁止资产的复归。在慈善法人终止运作时，不得将组织的任何资产分配给组织相关人士（如员工、董事、会员等）。

第二节　慈善法人的内部治理结构

慈善法人的内部治理结构是慈善法人内部权力的分配结构，具体表现为法人的组织机构之间相互联系形成的整体。[1]法人的组织机构分为单一机构和多数机构。单一机构指集法人的决策、指挥职能为一体，全权负责法人事务的权力机构。单一机构可以是一个组织，也可以是个人。单一机构一般适用于财产关系比较简单的慈善法人。多数机构指法人分别由决策、执行和监督机构行使相应的权力，各司其职，相互制约。多数机构一般适用于财产关系比较复杂、规模较大的慈善法人。《德国民法典》要求社团法人必须具备两个机构：会员大会和董事会，会员大会是最高权力机构，选举产生理事会，理事会是对外代表法人的机构。而对财团法人只要求有一个必设机关——董事会，作为公司必设机关的监事会并非慈善法人的必设机关。日本近年来的发展是在慈善法人内部设立社员总会（对社团法人来说）、理事（会）、监事（会）和评议员会。美国慈善法人的治理借鉴了公司治理模式，其组织机构由社员大会、董事会及高层管理人员（首席执行官）组成的执行机构、独立会计师三部分组成。在英美法系国家，对管理层的约束主要借助严格的会计准则、全面的强制披露制度、禁止内幕人交易制度、独立董事制度等。以下笔者着重探讨大陆法系国家慈善法人的内部治理结构。

一、会员大会

会员大会是社团式慈善法人的最高权力机关，财团式慈善法人没有会员，不存在会员大会或会员代表大会这样的机关。慈善法人具有独立人格的重要标志是其具有独立的意志。章程是法人设立时的独立意志。对社团法人来说，当章程体现的法人意志不适应社会的变化时，还须由会员大会进行修改以使

---

〔1〕　组织机构和管理机构的概念不同，组织机构通常包括最高权力机构、执行机构和监督机构，管理机构仅是执行机构的组成部分，是法人的宏观规划和政策得以实施的微观治理机构。

法人适应社会发展，从而维持法人的永续性。章程是静止的、抽象的法人意志，而会员大会的意志是运动的、具体的法人意志。

社团式慈善法人的意思机关是会员大会或会员代表大会，会员较多的组织往往由会员代表机构行使会员大会的权力。会员大会行使重要事项的决策权，享有决定慈善法人的发展方向、发展战略（规划、计划、重要项目的确定）的权利。会员大会的权利根据团体规模的不同而不同。在社员人数众多的法人中，给予会员大会过多的权利会使法人无法有效运营。在社员人数较少的法人中，社员集中起来决定事情就容易做到。会员最重要的权利是表决权。会员表决权实行一人一票制，不同于公司实行的一股一票制。会员的出资并不影响会员的表决权，为了保证表决权的平等性，有的国家在法律中明确规定不因会员的额外捐助赋予其特别的权利。慈善法人的会员权也不能转让和继承。会员必须参加社团的事务、遵守社团秩序，如果会员违反了章程规定的义务，社团可以对其进行处罚，甚至剥夺其资格。最重要的是，会员不能因加入慈善法人享有经济利益，应受到利益回避原则的限制。

为实现对慈善法人更有效的约束，除表决权外应赋予会员更多的权利，例如，①账簿查阅请求权。会员可以请求查阅涉及慈善法人执行业务的各种账簿。赋予会员此种权利是为了约束承担业务执行的理事适当地履行其义务，其重要意义在于预防和"威慑"。②代表诉讼权。股份公司中的代表诉讼权制度已经得到认可。在慈善法人的运作中，给予理事更多的权限使法人有效运行是有必要的，但是在理事的不适当行为给法人造成损失的场合，会员也应该有权对理事提起损害赔偿的诉讼。

二、理事会（董事会）

理事会是社团式慈善法人的执行机关，行使章程规定的职权，对会员大会或者会员代表大会负责。对于财团式慈善法人来说，理事会是其决策机构，依法行使章程规定的职权。理事任期由章程规定，任期届满可以连选连任。我国《社会组织登记管理条例（草案征求意见稿）》第45条规定理事的每届任期不得超过5年。

1. 理事会（理事）的对外代表权

无论大陆法系国家还是英美法系国家，理事会都是其慈善法人的必设机关。理事会（理事）还是法人的对外代表机关，[1]具体的代表方式可分为共同代表和单一代表。前者指理事会整体有代表权，后者则承认每个理事的对外代表权。而我国采用的是独立职权制，只有法定代表人有对外代表权。这一强制性规定排除了法人根据自身客观情况对代表权作出安排的可能，有背离私法自治原则之嫌，也可能导致其他董事形同虚设。有的学者建议放弃法定代表人的制度，改采单一代表制。[2]但是在法人内部治理整体制度不完善的情况下，单一代表可能带来"多头负责，权力内耗"的混乱局面。对此可借鉴德国的做法，对于那些最重要的事务，必须由全体董事决议并对外签章（我国唐代民间组织"社邑"即实行此种方式，重要事务由社司三官或四官共同签字）；而对于其他事务，则交由慈善法人自己决定，或者由理事长一人代表，或者是每个理事都有代表权，总的原则是不能一刀切，应当根据执行事务的性质、重要程度决定对外代表权。

2. 理事会的产生及理事任职限制

社团式慈善法人的理事会由会员大会决议产生，紧急情况下也可由主管机关指定。例如，《德国民法典》第29条规定，以董事会的必要成员有缺额为限，社团住所地负责社团登记的初级法院在缺额未消除期间，如遇紧急情形，[3]应根据当事人的申请指定缺额的成员。这种由初级法院指定的董事会成员被称为"紧急代理人"。日本法上也规定有"临时理事"和"特别代理人"，在法定情形发生时，法院可以因利害关系人或检察官的请求进行选任。

财团式慈善法人的理事任免按照法律和捐助章程的规定进行。通常情况下，第一届理事会成员由捐助人选任，捐助人自己或家族成员可以担任理事，以后的理事会由上一届理事会选任。在日本，评议员会可以选任理事。财团

---

[1]　法人的执行机关与法人的关系，因对法人本质的理解不同而有差别。关于这一内容有两种对立的观点：一是代表说。该说认为，依照法人实在说，法人具有团体意思或组织上的意思，并具备为体现这一意思而行动的机构。相关学者以此为理由，肯定法人具有行为能力，进而肯定法人有不法行为的能力。他们认为法人的董事是法人的机关（手足），董事即代表法人。而重视拟制说的学者认为，法人不过是由代理人获取行为能力，因工作人员的不法行为引起法人之侵权行为责任，也只是因他人行为所致的责任的一种。本书采法人实在说以及相应的代表说。

[2]　金锦萍：《非营利法人治理结构研究》，北京大学出版社2005年版，第125页。

[3]　紧急情形指社团因董事会所有成员被解任或死亡从而一时无董事会，或者董事会成员不足必要的数目，缺乏一个有行为能力的董事会，而社团又须接受一个意思表示时，因为没有代理人不能接受该表示，或者为执行社员大会的决议，须进行某种不可拖延的行为。

法人理事的免职一般也根据章程决定，特殊情况下由有关国家机关决定。我国相关法律规定基金会的第一届理事会由主要捐助人、业务主管单位和发起人分别提名并协商确定。由法律规定业务主管机关参与理事的选任与我国的"双重许可"体制相适应，但是却为行政干预提供了渠道。合理的做法是，对于政府捐助的财团法人，有关政府机关可以以捐助人的身份选任理事。对于民间捐助的财团法人，是否允许主管机关参与应交由章程决定。《社会组织登记管理条例（草案征求意见稿）》将基金会和社会服务机构首届理事会的产生程序修改为"第一届理事由发起人、捐赠人共同提名、协商确定"，不再由行政部门参与选任首届理事会。

慈善法人理事的任职资格应有一定限制，限制的原则是能够维持法人的慈善目的和实现权力制约。理事任职的具体要求有：①为了避免慈善法人被某个家族把持，理事、监事中有近亲属关系者不能超过一定比例。我国《社会组织登记管理条例（草案征求意见稿）》规定"基金会、社会服务机构相互间有近亲属关系的理事，总数不得超过理事总人数的1/3"。〔1〕②为了防止行政干预，应禁止现职国家机关工作人员兼任理事。《社会组织登记管理条例（草案征求意见稿）》规定在职公务员不得兼任基金会和社会服务机构的负责人。③为了维持内部治理的权力制约关系，理事不得兼任监事。根据《社会组织登记管理条例（草案征求意见稿）》第47条第1款的规定，基金会和社会服务机构的理事、理事的近亲属和基金会、社会服务机构的财会人员不得兼任监事。④为了保证董事履行其忠实义务，不为自己谋利，《慈善法》第55条第1款规定慈善组织的负责人和工作人员不得在慈善组织投资的企业兼职或者领取报酬。《社会组织登记管理条例（草案征求意见稿）》第48条第2款还规定，基金会的法定代表人不得同时担任其他社会组织的法定代表人。⑤为了维持利益回避原则，领取报酬的理事应有限制，报酬数额也有一定的限制。《日本特定非营利活动促进法》第2条第2款规定，领取报酬的负责人员不超过总负责人员的1/3。我国《社会组织登记管理条例（草案征求意见稿）》规定在基金会领取报酬的理事不得超过理事总人数的1/5，〔2〕基金会和社会服

---

〔1〕 参见《社会组织登记管理条例（草案征求意见稿）》第45条第2款。

〔2〕 而《日本公益法人设立许可及指导监督基准》规定，同一业界的关系者不得占现有理事人数的1/2。

务机构中不从事专职工作的理事不得领取报酬。[1]⑥作为负责人的理事不能存在法律规定的欠格事由。《慈善法》第 16 条规定，有下列情形之一的，不得担任慈善组织的负责人：无民事行为能力或者限制民事行为能力的；因故意犯罪被判处刑罚，自刑罚执行完毕之日起未逾 5 年的；在被吊销登记证书或者被取缔的组织担任负责人，自该组织被吊销登记证书或者被取缔之日起未逾 5 年的；法律、行政法规规定的其他情形。

3. 理事的法定义务

（1）忠实义务。

所谓忠实义务，是指受到本人的信赖为本人进行工作的人，负有为本人的利益实施行动，而不得牺牲本人利益去谋求自己或第三人利益的义务。忠实义务不同于善管注意义务。善管注意义务是在一定状况之下，注意不给本人造成损害的义务，而忠实义务指为本人履行事务者不得谋求自己和第三人利益的义务，是不得实施利益相反行为的义务。理事实施了违反忠实义务行为给慈善法人造成损害的，应负赔偿损害责任。即使在慈善法人没有受到损害，而理事通过利益相反行为得到利益的场合，理事也应根据忠实义务"吐出该利益"。

忠实义务最重要的表现就是禁止自我交易。在美国，自我交易是私人基金会或其控制的组织与无资格人（Disqualified Person）之间的为法律所禁止的行为。对于自我交易行为的判断，可以参考《美国国内税法》关于无资格人交易的规定。[2]"无资格人"是没有资格与慈善机构发生特定交易的人，类似于我国的关联方。机构的巨额捐赠者就是最为典型的无资格人。《美国国内税法》禁止以下无资格人与私人基金会之间的假公济私的行为：①私人基金会和无资格人之间的财产销售、交换或租借。当然，无资格人可免费让私人基金会使用其财产。例如，公司基金会常在该公司的场所办公，家族基金会则常以该家族的住所或家族的商业场所为办公场所。②私人基金会与无资格人之间的借款。例外情况是无资格人给私人基金会提供无息或无其他手续

---

〔1〕　参见《社会组织登记管理条例（草案征求意见稿）》第 47 条第 4 款。

〔2〕　"无资格人"包括：①基金会的大额捐款人；②基金会的管理人；③拥有向基金会捐款的公司 20%以上的投票权，合伙 20%以上的收益分配权或非公司社团、信托基金 20%以上受益权的人；④符合上述 3 项规定的人的其他家庭成员；⑤符合上述 4 项规定的人拥有 35%以上投票权的公司。参见褚蓥：《美国私有慈善基金会法律制度》，知识产权出版社 2012 年版，第 189 页。

费的贷款。③私人基金会与无资格人之间的物品、服务或设备交易。无资格人向私人基金会无偿提供物品、服务或设备的不在此列。④私人基金会向无资格人支付不合理的薪酬或报销不合理的费用。⑤私人基金会将收入或财产以各种方式转移给无资格人，或者给无资格人使用，或者为无资格人谋取利益。⑥与政府官员的交易。

在美国，慈善法人的理事也经常被称为受托人。理事与慈善法人的信任关系与慈善信托中的信任关系性质相似，但并不完全相同。例如，慈善法人的理事背负应该由其本人亲自执行职务的义务，但此项义务并非绝对，法律也允许理事将法人资金委托给特别委员会管理和运营。但这种做法在慈善信托中是不允许的（专业性和技术性很强的事务性工作除外）。另外，慈善信托的受托人必须忠实地、像经营自己的财产一样经营信托财产，禁止受托人自我交易。而慈善法人放宽了法人理事与法人本身进行交易的界限，一般情况下，只要得到理事会过半数成员的同意就没有问题了。例如，《纽约州非营利法人法》规定，理事个人与法人之间的交易经理事会 2/3 以上的成员同意才能进行。

我国与限制自我交易相类似的概念是关联交易。《慈善法》第 14 条对关联交易进行了限制："慈善组织的发起人、主要捐赠人以及管理人员，不得利用其关联关系损害慈善组织、受益人的利益和社会公共利益。慈善组织的发起人、主要捐赠人以及管理人员与慈善组织发生交易行为的，不得参与慈善组织有关该交易行为的决策，有关交易情况应当向社会公开。"

（2）注意义务（谨慎义务）。

慈善法人的理事应当善意地尽普通（同行）谨慎人在类似情况下的注意义务，以符合法人最佳利益的方式履行职务。在履行职务时，理事可以依靠下列人员提供的信息作出决策：慈善法人的执行官、雇员、法律顾问、独立会计师以及理事不在其中任职的委员会，但是必须满足两个条件：一是，理事有理由相信信息或建议是有资格的人提供的，是可靠的；二是，理事应该履行合理的调查研究义务。理事只要满足上述条件，就被认为已经尽到了义务，即使不能完全履行职责，也不必承担责任。例如，美国首席检察官享有责令理事补偿慈善机构损失的权力。首席检察官发现理事没有履行其职责使机构蒙受损失时，可以迫使理事从他们的私人财产中划拨出足够的资金给慈善机构，以弥补其工作失误给慈善机构造成的损失。但如果该理事听取了有资格的投资顾问的合理建议并进行了适当的研究，大多数州不会对其科以经济处罚。[1]

慈善法人的理事执行职务时的善意注意义务和慈善信托受托人依据的基准基本相同，理事运用慈善法人的资产进行投资时，原则上也应遵从谨慎人的标准。但从实际情况来看，理事应该注意的程度比慈善信托受托人稍微轻一点。受托人的投资受到更多限制，而理事为了慈善目的以谨慎人的标准进行投资是被允许的。美国有的州对法人资金的投资设立了专门规定，如《纽约州非营利法人法》规定，只要捐赠章程没有特别的限制，就可以适当承认理事能对抵押权转让证书、有担保债券、无担保债券、优先股、普通股以及其他股票进行投资。

三、监事会（监事）

监事会（监事）是根据法律和章程设立的、以监督执行机关的事务执行为职权范围的机构。传统理论认为，法人的内部治理应以理事会及执行长为核心。但笔者认为，内部监督机关在慈善法人领域比营利法人领域实际上更为重要。尤其是财团法人，由于没有社员大会这样的意思机关，其理事会"一权独大"，设立监督机关显得尤为必要。[2]

慈善法人的监督机关可以只设一名监事，[3]也可以是数名监事组成的监事会。监督权是监督机关享有的为了维护法人权益、保证决策的正确性和执行的准确性，对法人组织的决策者和执行者进行全面监督的权力。赋予监督权应遵循的原则是：①监督权是一种独立权，其既不能依附于决策权，也不

---

〔1〕　[美] 贝奇·布查特·阿德勒：《美国慈善法指南》，NPO 信息咨询中心主译，中国社会科学出版社 2002 年版，第 89~90 页。

〔2〕　慈善法人的外部监督具有一定的局限性，表现在：①外部监督相对而言是一种事后监督，是在问题出现后的一种监督。虽然信息公开制度具有一定的"威慑作用"，但是公众的监督总是一种远距离的、随意性较大的监督，难免会使理事存有外部人或外行不会关注自己、不会发现问题所在的侥幸心理。②外部监督并不一定是日常监督，不属于主动公开的那一部分信息很难被外界所了解，外部监督的效力难免受到影响。③外部监督主体享有有限的监督权。例如，在信息公开制度中，出于对隐私权的保护，捐赠者的名单未必会被公布（在美国，私人基金会必须公开捐赠人名单，当其归属于慈善机构时不必这样做）。利益相关者的监督权也受到法律和合约的一定限制。慈善法人内部监督机构则是一种常设的监督机构，具有全面的、近距离的、具体且明确的监督权力，可以起到防微杜渐、防患于未然的作用。

〔3〕　2006 年《日本公益法人认定法》规定，公益社团、财团法人必须设置 1 名以上监事，一般社团法人不作要求，一般财团法人必须设置 1 名以上监事。

能依附于执行权。为了保证监督权的独立性，各国法律通常要求理事不能兼任监事，我国《基金会管理条例》也有类似的规定。②监督权不是一种决定权，而是一种督察、质询的权力。因此，这种权力只起保证、监督的作用。监督机关不能超越其权力范围决定决策机构或执行机构权力范围的事项。③监督权是为了保证决策的正确性和执行的准确性而设立的，这种权力不可由决策机构或执行机构来行使。

在社团式慈善法人中，监事会（监事）由社员大会决议产生；对于财团式慈善法人，监事会（监事）的产生由法律和捐助章程决定。法律或章程规定的监事不存在或有其他理由时（例如，监事严重不履行职责、无能力参加监事会工作或以其他方式严重损害财团法人的利益，或该监事进入破产程序），法院应根据利害关系人的请求或者依职权选任监事。对于监事资格的限制，与理事基本相同，不再赘述。监事会中监事的人数，各国规定不尽相同，如《捷克公益法人法》规定监事不得少于3人，多于7人。

监督机关行使的监督权包括：[1]①对慈善法人的决策机构进行监督。监督法人是否违反法律和政策，是否违反法人的慈善目的和权利能力范围，是否遵循了决策的原则和程序等。监督机关可以直接对决策机构提出异议和建议，也可以向社员大会和政府主管机关报告，如《日本特定非营利活动促进法》还赋予监事会召集社员大会的权利。②监督慈善法人执行机构按照已形成的决策开展的活动。监事发现执行人员违反法律、章程或决策时，可以直接对其提出建议，也可以向决策机构反映。执行人员的行为造成损失时，监督机关有权代表法人对其提起诉讼，行使法人对过错责任人的求偿权。③对法人的财务状况进行监督。监督机关有权监督法人财产的占有、使用、收益和处分状况，行使财务状况的调查权，查核账簿和其他文件，请求决策机构或执行机构提出报告，并可设立审计机构作为自己的职能机构，对法人的财务状况进行全面审计监督。

我国《社会团体登记管理条例》和《民办非企业单位登记管理暂行条

---

[1]《日本特定非营利活动促进法》第18条对监事的职责规定如下：①对理事决定开展的经营活动进行检查；②监督特定非营利法人的财产状况；③进行以上两项活动时，发现存在不当行为或违反法律、法令、章程的重要情况的，向社员大会或者政府主管机关报告；④如果为了提交前项规定的报告有必要，可召集社员大会；⑤就理事的业务执行状况以及特定非营利法人的财产状况向理事提出建议。

例》没有对监督机关的设置及其职权作出规定。《基金会管理条例》第 22 条规定："基金会设监事。……监事依照章程规定的程序检查基金会财务和会计资料，监督理事会遵守法律和章程的情况。监事列席理事会会议，有权向理事会提出质询和建议，并应当向登记管理机关、业务主管单位以及税务、会计主管部门反映情况。"从以上规定来看，《基金会管理条例》赋予监事（会）的建议权、质询权、反映权等都是软权利。为有效监督理事会或理事，应赋予监事（会）发现决策人员、执行人员违反法律、章程、慈善目的给法人造成损害时代表法人的起诉权，以及必要时召集社员大会的权利（对社团法人来说）。《社会组织登记管理条例（草案征求意见稿）》第 40 条规定社会团体可以根据需要设立监事或者监事会，第 47 条要求基金会和社会服务机构必须设监事，监事有 3 名以上的，应当设监事会。监事不得从基金会、社会服务机构获取报酬。这一征求意见稿规定的监事（会）的权利完全复制了《基金会管理条例》的规定，没有增加其他实质性的权利。

第五章

慈善组织的行业自律

我国《慈善法》罕见地两次提到慈善组织的行业自律，分别是《慈善法》第 19 条规定，"慈善组织依法成立行业组织。慈善行业组织应当反映行业诉求，推动行业交流，提高慈善行业公信力，促进慈善事业发展"。该条提到的慈善行业组织，是指由面向社会开展慈善活动的慈善组织、个人或者非法人组织组成的，推动慈善组织、慈善从业人员与政府交流，协调慈善行业利益，规范慈善行为，制定行业标准，提供慈善行业服务，反映慈善行业诉求，保护和增进全体成员合法权益的非营利性社会组织。《慈善法》第 103 条规定，"县级以上人民政府民政部门应当依法履行职责，对慈善活动进行监督检查，对慈善行业组织进行指导"。《慈善法》第 107 条规定，"慈善行业组织应当建立健全行业规范，加强行业自律"。行业自律在有些国家已经确立很多年，如英国对慈善组织的募捐行为的监管采取的是一种行业自我监管的制度。该制度是由 2006 年《英国慈善法》确立的，具体的落实则通过三家行业自律组织来进行。它们分别是募捐标准委员会（Fundraising Standards Board，FRSB）、募捐协会（Institute of Fundraising，IOF）和公开募捐监管协会（Public Fundraising Regulatory Association，PFRA）。其中 FRSB 是主要的行业自律组织，其职能是接受公众对慈善组织不当募捐行为的投诉，并有权在适当情况下对公众的投诉进行调查和裁断；而 IOF 是职业募捐人的协会，该组织对 FRSB 作出的裁断进行编纂并出版募捐行为准则；PFRA 则对以街头和逐户的方式进行公开募捐的行为制定自律性规范，职能包括对街头募捐的公共区域进行分配等。

第一节　行业自律概述

一、行业自律的定义

纵观国内外，对"自律"的理解都是行为主体自觉遵守某种规范的一种约束，如"自律"最早由德国著名哲学家康德（Kant）提出，他认为"自律"是一种理性自觉，是对个人自由的一种约束。借助企业行业自律的定义，鲁汉娜卡（Ruhnka）和博尔斯特勒（Boerstler）认为，行业自律是一种正式的、以行为规章为内容的结构体系及相关的执行机制，由最高水平的行业管理机构发起和批准，目的是实现行业运营、管理者和雇员对具有法律适用性的、监督企业行为的管制标准的遵守。所以，慈善组织的行业自律，顾名思义是一个从事慈善行为的群体，自发联合起来，制定自我遵守的规则，形成自我管理的机制，对自我行为进行监督与约束。虽然这种行业自律是一种自发机制，没有法律的强制力，但是在慈善行业里面，相关法律明确规定了行业自律的义务，如我国《慈善法》第 107 条规定，慈善行业组织应当建立健全行业规范，加强行业自律。

二、慈善组织行业自律的特点

1. 合法性

合法性是慈善行业稳定发展的重要基石。慈善行业组织制定的行业自律规则，虽然名称各异，有的叫作自律规则、自律公约、自律宣言、自律准则、行为准则等，如《中国公益性非营利组织自律准则》《九江市慈善总会行业自律宣言》等，但都必须符合国家相关的法律、法规，不能与之相抵触。

2. 民间性

金（King）和雷诺克斯（Lenox）指出，行业自律"是企业的志愿协会对企业集体行为的控制"。所以，慈善行业自律的主体是慈善组织自愿参与的组织，既不是政府，也不是企业单个个体，而是民间组织。

3. 自愿性

行业自律是慈善组织自愿进行的行为，不需要强制。行业自律的行规和行约，不像法律和法令，也不具有法律和法令那样的强制力，不需要通过政府权力来推行。在自愿的基础上，在遵守行业道德和职业道德的前提下，慈善组织自觉地对自己进行要求。

4. 广泛性

与法律法规相比，慈善行业自律规范的范围更加广泛。一些国家法律、法规没有顾及的经济活动内容，行规和行约可以进行约束。

5. 灵活性

法律的制定由立法机构（在我国，指最高国家权力机构全国人民代表大会及其常务委员会）进行，法令政策的制定由政府部门进行，而慈善行业自律的规则则由自由参加的慈善行业组织来制定。随着形势的变化，慈善行业自律的规则还可以不断地进行修改。与相对较慢和较冗长的立法程序相比，慈善行业自律的规则可以更迅速、更容易作做出调整以适应不断变化的环境。

三、慈善组织行业自律的主体

《慈善法》第 19 条规定，慈善组织依法成立行业组织。慈善行业组织应当反映行业诉求，推动行业交流，提高慈善行业公信力，促进慈善事业发展。第 107 条规定，慈善行业组织应当建立健全行业规范，加强行业自律。所以，慈善行业自律的主体为慈善行业组织。行业组织指由作为行政相对人的公民、法人或其他组织在自愿基础上，基于共同的利益要求所组成的一种民间性、非营利性的社会团体，依照各自的章程开展活动。行业组织是行业成员利益的代言人和维护者，同时，亦是行业成员与政府之间的沟通者和协调者，行业成员通过行业组织，实现其与政府之间沟通的组织化和理性化。可以说，行业组织系以代言维权为职责，以沟通协调为手段，来实现社会稳定。慈善行业组织是指由慈善领域的组织或个人组成，通过推动慈善组织、慈善从业者与政府的交流，协调慈善行业的利益，规范慈善行为，提供慈善行业服务，反映慈善行业诉求，保护和增进全体成员合法权益的非营利性社会组织。如成立于 2013 年的中国慈善联合会，由国务院批准、民政部登记注册，是由致力于中国慈善事业的社会组织、企事业单位等有关机构和个人自愿结成的联合性、枢纽型、全国性社会组织，具有社会团体法人资格。

慈善行业组织的主要特征有：（1）公共性。与其他行业协会一样，慈善行业组织成立的宗旨是为从事慈善事业的会员提供服务，以维护会员的利益为基本出发点，但是由于慈善行业组织的会员一般是慈善组织和其他慈善活动的参与主体，因此，慈善行业组织维护会员利益带有较强的非营利性和公共性。（2）自治性。即慈善行业组织应当是经过正式登记注册的社会团体，是由会员组成的独立的法人主体，不从属或隶属于任何组织和个人。（3）中介性。慈善行业组织可以作为政府与慈善组织、慈善事业参与者之间的重要桥梁和纽带，在促进慈善事业发展中发挥"传送带"和"上挂下联"的重要作用。（4）民间性。慈善行业组织由慈善领域的组织或个人自发、自愿组成，是在慈善事业一定范围内的自律性组织，除非经过法律或政府授权、委托，否则不具有公共权力。[1]

根据《慈善法》，慈善行业组织发挥的作用主要有四个：

第一，反映行业诉求。慈善行业组织应当代表组织和会员，代表慈善事业发展力量，向政府和社会表达会员和慈善行业的诉求，维护慈善组织和其他慈善活动参与主体的合法权益，对公共政策产生影响。慈善组织虽然数量庞大，但是存在内部治理不完善、规章制度不健全、财务透明度不够、信息公开不充分、知名度低、影响力有限等问题。只有倾听行业从业人员以及慈善组织心声，针对性地采取有效措施，才能改变现状。慈善行业组织工作人员应根据行业现状设计需求调研，真实了解慈善组织的需求，完善行业的沟通平台。

第二，推动行业交流。慈善行业组织应当积极为会员提供信息交流、教育培训、调查统计、政策咨询等服务，促进行业交流和健康发展。同时，也可以接受委托或者购买服务，向政府和社会提供相应的服务。在了解行业诉求的基础上，量身定制行业培训及交流。针对同类型的机构进行交互参访，或安排出外交流培训，扩展行业从业人员视野，提高行业从业人员专业能力。针对行业共性的问题举行研讨会或沙龙，就公开募捐、内部治理、财务管理等方面进行讨论及案例研究，从中提炼具有可行性的行业标准体系。

第三，提高慈善行业公信力。根据《慈善法》第107条，"慈善行业组织应当建立健全行业规范，加强行业自律"，因此在行业调研及交流、专家论证的基础上，慈善行业组织应该就行业自律方面制定行业标准，以此促进行业公信力的提高。尤其需要注意的是，公信力不仅是面向慈善组织行业内的事，

---

[1]《关于慈善行业组织的规定》，载 http://www.cadf.org.cn/index.php/post/4100，最后访问日期：2024年8月15日。

也是全社会所共同关注和关心的。在制定过程中，应听取社会各界的意见和建议，了解政府、慈善机构内部、社会公众、媒体等各方对于公信力的理解。慈善行业组织应对其成员进行教育，建立健全行业规范，在会员和行业中开展行风建设和监督，引导会员规范行为，遵纪守法，纠正行业不正之风，不断提高慈善行业的公信力。

第四，促进慈善事业发展。慈善行业组织还应该搭建社会资源有效平台，拓宽信息的公开渠道，促进慈善组织的健康有序发展。只有提升了慈善组织的公信力，社会资源才会流向慈善事业，从而促使公众、企业等实施捐赠、参与慈善服务，促进慈善事业的发展，建设慈善之城。

除了由慈善行业组织担当慈善行业自律的主体，政府也开始对社会组织的行业标准进行制定。如民政部于 2024 年 4 月正式发布《社会组织基础术语》《行业协会商会自身建设指南》《社会服务机构自身建设指南》《学术类社会团体自身建设指南》等 4 项社会组织行业标准。该批标准是我国首批国家层面制定的社会组织服务领域行业标准，于 2024 年 5 月 1 日起施行。这 4 项社会组织行业标准凝练了社会组织管理服务中的有益经验，为社会组织加强内部治理树立了标杆，有助于社会组织不断提升法人治理能力、更好服务高质量发展。《社会组织基础术语》汇集了常用社会组织管理基础术语，能够帮助使用者理解社会组织管理的基础术语，以便规范、有效地实施社会组织管理，实现社会组织管理其他标准的功能与价值，并为社会组织管理的其他标准奠定基础。《行业协会商会自身建设指南》《社会服务机构自身建设指南》《学术类社会团体自身建设指南》旨在帮助行业协会商会、学术类社会团体、社会服务机构等三类社会组织规范内部治理，提高管理服务水平和组织绩效，提升防范化解风险能力。[1]

四、中国慈善行业自律的历史发展

中国公益行业的自律发展是一个动态的过程，实践是认识的起点，在公益行业发展的实践中发现行业自律的重要性，然后用新的认识去指导实践，从慈善行业的政府监管为主，到慈善行业自律出现法律规定，中间经过了 40

---

〔1〕《4 项社会组织服务领域行业标准 5 月 1 日起施行》，载 http://ww. csres. com/info/60811. html，最后访问日期：2024 年 8 月 10 日。

年，截至目前，慈善组织的行业自律仍在努力中。

1. 公益行业的兴起（20 世纪 80 年代）

实行改革开放以来，基金会作为一个新兴事物进入中国，自 1981 年中国儿童少年基金会作为第一家全国性基金会诞生，基金会开始在中国进入"自由生长"阶段。没有规则约束的基金会肯定会出现各种各样的问题，为了控制基金会出现的问题，1988 年，国务院公布《基金会管理办法》（已失效），这是我国第一部专门规范中国民间组织登记管理的行政法规，其主要规定了基金会的定义、设立条件、审批体制、资金筹集规则、资金使用保值规则、资助协议和行政费用的规范以及监管规范等，尽管这个办法内容简单，对基金会的定义也不准确，但这个办法对促进中国基金会的成立、发展，尤其是中国"官办"基金会的发展，发挥了重要作用。1989 年，国务院出台《社会团体登记管理条例》，该条例侧重社会团体的成立、登记、注销，对于社会团体主要实行的是并行管理，即由登记管理机关与业务主管部门共同履行监督职责。上述两部行政法规侧重相关政府部门对公益行业的监管，对于行业自律没有涉及，但是也标志着公益组织类的法律法规初步建立，有了合法的运行框架。

2. 公益行业的松散活动期（1990 年至 1995 年）

这一时期的基金会之间并没有共同的实体性组织所依托，更多呈现出松散的组织间的交流。通过交流活动，基金会行业逐渐形成分享、学习的气氛，"联合"和"自律"的思想得到逐步培育和激发。行业自律必须有共同的平台，各基金会之间的交流也是通过传统形式——会议展开的，所以有了 1990 年第一次中国民间基金会会议与 1993 年第二次中国民间基金会会议，第一次中国民间基金会会议只有 14 家基金会参加，到第二次的时候就有 30 多家基金会和学术机构参加。这两次会议属于中国公益人对行业发展的最初探索，在此期间，1993 年 1 月 8 日，新中国建立后的第一个以"慈善"命名的慈善组织——吉林省慈善会成立，后更名为吉林省慈善总会。1994 年中华基金会联合会筹备委员会成立，由 10 多家全国性基金会联合倡议，旨在开展设立公信力系统、自律和社会监督方面的系列工作，但最终未能正式注册。这一时期，慈善在中国开始有了翻天覆地的变化。1994 年 2 月，《人民日报》发表社论——《为慈善正名》，开始褪去裹挟"慈善"的污名化外衣，让"慈善"公开重返政治舞台和公众视野。1994 年 3 月，中国文化书院绿色文化分院

（即自然之友）成立，这是中国第一家由民间发起的正式登记注册的全国性民间环保组织。1994年4月，全国第一个综合性慈善机构——中华慈善总会成立，它从成立之日起就明确要走出一条慈善组织独立发展的道路。中华慈善总会的成立，标志着现代慈善理念开始在中国树立。1995年4月，中国基金会代表团在团长项南（中国扶贫基金会原会长、福建省原省委书记）的带领下出访美国，考察基金会和非营利机构。这是中国基金会第一次组团出访考察。1995年9月4日至15日，联合国第四次世界妇女大会在北京举行。这次大会后，NGO这一术语进入中国"大众"体系话语。

3. 公益行业的松散联合期（1998年至2004年）

1998年暴发了历史罕见的特大洪水，中央电视台、中国红十字总会、中华慈善总会联合举办大型赈灾义演晚会，向全国及海外直播，募集到海内外各界捐款、捐物总计6亿多元，慈善事业的功能作用得以充分显现，人们对慈善事业的认识有所加强，党和政府也对慈善事业在社会发展中的作用给予了充分肯定。"抗洪救灾"推动慈善捐赠取得历史性突破，推动了政策环境的改善，成为公益慈善事业发展的重要历史契机，一方有难八方支援，全国从上到下对慈善事业的认识有了很大的改观。1998年，新的《社会团体登记管理条例》以及《民办非企业单位登记管理暂行条例》出台，民办非企业单位的登记管理步入法治轨道，在社会福利、教育、卫生、环保等领域的非政府、非营利服务组织可以依据此法登记注册。同年，中国基金会与NPO信息网成立，致力于基金会与非营利组织间的信息交流与行业公信力建设。1999年6月，第九届全国人民代表大会常务委员会第十次会议通过了《公益事业捐赠法》。这是新中国成立后慈善事业方面的第一部法律，也是新中国成立以后通过的第一部捐赠法律。它把中国慈善事业的发展上升到法律的高度，在中国慈善史上具有标志性意义。2001年，中国NGO扶贫国际会议发表《中国NGO反贫困北京宣言》，鲜明提出"不滥用社会信任和志愿，坚持公开化，提高透明度""逐步形成行业文化与行为准则，建立行业自律机制，实施自我治理，维护行业尊严"等诚信行动纲领，开始了中国慈善行业的自律准则探索；同年，首届NPO自律论坛召开，恩玖信息咨询中心提出NPO七条自律准则。中华慈善总会代表团于2000年访美，就非营利组织诚信等话题与美国同行进行深入讨论，商定引进全套NPO诚信系列培训课程，并在回国后推进本土化开发。2003年，恩玖信息咨询中心与美国麦克里兰基金会合作的非营利组织公信力培训落地，意味着我国从对 NPO 诚信的探讨和关注，转向诚信建设的具体实施推动；2003 年，《中国 NPO 诚信发展报告》《中国非营利组织（NPO）公信力标准（讨论稿）》《中国非营利组织（NPO）诚信和行业自律呼吁书》发布。这些标志性事件表明，中国 NPO 行业内部对于自律的认知已经达成"非营利组织必须自律"的共识，并开始酝酿中国 NPO 的自律准则。

4. 公益行业的多元联合期（2005 年至 2015 年）

2005 年，首届中华慈善大会召开，大会商讨开展中国 NPO 自律行动；2006 年，原中国扶贫基金会（现为中国乡村发展基金会）、中国青少年发展基金会、爱德基金会三家机构共同发起"中国公益性非营利组织自律行动"。这一自律行动旨在建立自律准则，加强行业的行为规范，促进行业健康发展。2008 年，《中国公益性非营利组织自律准则》向社会发布。2008 年中国重大自然灾害"汶川大地震"，大大激发了中国社会各界空前的慈善捐助热潮，使得该年被称为"中国民间公益元年"。当年，中国慈善事业捐赠总额为 1070 亿元人民币，个人捐赠首次超过企业捐赠。往后十年，中国民间公益在曲折中走上专业化、组织化、协同化的道路，推动了中国社会治理体系的重构，促使社会力量被逐步纳入政府社会治理改革范畴。2009 年 10 月 30 日，USDO 自律吧成立，其是联合全国 100 多家公益机构共同发起并支持的独立公益网络平台。所有参与的公益机构，通过签署遵守《USDO 自律准则》，共同促进行业自律、提升公信力。USDO 是一套基于普遍接受的原则的价值观，是一项推动社会组织自律和问责的自愿行动，是一个由社会组织和其他利益相关方共同组成的社区。同时它也是一个开放的社区，欢迎全国各地的各类公益组织加入。

2011 年 6 月，郭美美在网上炫耀其奢华生活，并称自己是中国红十字会商业总经理而在网络上引起轩然大波。"郭美美事件"爆发后，社会捐款数以及慈善组织捐赠数额锐减。这显然引爆了民众长久以来的不信任情绪，使得包括基金会在内的各类慈善机构的透明度和公信力问题再次成为公众焦点。很多公益同仁意识到推动整个行业的伦理自律发展和进步才是长远之策。2013 年 4 月，四川芦山发生 7.0 级地震，共有 219 家基金会参与雅安地震紧急救援和灾后重建工作。民间公益慈善组织的此次救灾参与，被认为是中国有序、有效、专业、可持续、平等互助的社会力量参与救灾的应急与联合机制初成形。同年，USDO 自律吧推出"中国民间公益透明指数（GTI）"及相关研究报告，其研究对象主要是民间草根公益组织。该指数得到了深圳壹基金公益基金会、南都公益基金会、北京市企业家环保基金会、北京市西部阳光农村发展基金会、北京恩玖非营利组织发展研究中心等机构的大力支持，由清华大学创新与社会责任研究中心和廉政与治理研究中心开发。

5. 公益行业的精细化演进期（2016年至今）

2014年10月，党的十八届四中全会通过中共中央《关于全面推进依法治国若干重大问题的决定》，明确提出要"加快保障和改善民生、推进社会治理体制创新法律制度建设"，完善"慈善"等方面的法律法规，"加强社会组织立法，规范和引导各类社会组织健康发展"。这使得中国的慈善立法在"长跑"将近十年之后进入"快车道"。2016年颁布的《慈善法》，是中国第一部国家层面的基础性、综合性慈善法律，自此开启了中国民间与政府同为社会筑底的慈善法治时代。它与同年4月通过的《境外非政府组织境内活动管理法》（2017年1月1日起施行），共同搭起中国慈善法治体系的基本框架，是中国慈善立法进程的历史性突破。2016年《慈善法》第19条和第96条共同规定成立行业组织，应当建立健全行业规范，加强行业自律。2023年修正的《慈善法》延续了这一规定。2018年7月下旬起，舆论陆续曝光了多起公益慈善界知名人士涉嫌性骚扰事件，造成了极为负面的行业与社会影响，引起了中国慈善界关于行业伦理建设的大讨论。2019年，《中国公益慈善筹款伦理行为实操指引手册》发布，并于2022年修订。同年，腾讯公益联合上海静安区方德瑞信社会公益创新发展中心与北京七悦社会公益服务中心，推出《99公益日透明守信共建公约》。中国公益行业的自律开始进入蓬勃发展阶段。

第二节　慈善组织行业自律的国际借鉴

内因永远是事物发展的关键。借鉴国际社会的做法，世界各国的非政府组织自20世纪后期开始，通过相互间签署行为准则（code of conduct）的方式来达到自我约束（self-regulation）的目的，行为准则对这类非政府组织的内部治理确实起到了非常重要的作用。本部分试图从这种现象的基本性质出发，洞察其所起到的重要作用，进行进一步的分析。

一、行为准则的定义

行为准则又被称为道德准则（code of ethics）。2008 年的《巴勒斯坦非政府组织行为准则》明确界定了行为准则的定义，即非政府组织在实施职能的框架下遵循的道德和工作行为的标准，它设定了非政府组织的董事会、行政人员及工作人员在实现职能时的标准。《坦桑尼亚非政府组织行为准则》规定行为准则是为了规范非政府组织的行为及活动的一系列原则、准则，并且通过这一准则规定非政府组织必须具备自愿性、非营利性、非自我服务性、非政府性、非党派性和独立性。可以说，每一种行为准则都从自己的角度对行为准则界定了定义，但是囿于每种行为准则所关注的领域不同，每个定义界定得都不是很全面，在整个行为准则中的规定都有不同的缺陷。鉴于其要实现的目的和宗旨，笔者认为国际非政府组织的行为准则是指为了增强其问责性（accountability）、完善其内部治理和提高外部形象，而规范其行为和活动的一系列原则及规则。

二、行为准则的分类

根据行为准则所约束成员的范围及类型，其大致可以分为以下几种类型：一是国内行为准则（national codes），这类行为准则只约束在本国范围内行为的非政府组织，如《埃塞俄比亚非政府组织行为准则》《爱沙尼亚非营利组织道德准则》《澳大利亚国际发展委员会联合应对贫困行为准则》《巴勒斯坦非政府组织行为准则》《博茨瓦纳非政府组织委员会行为准则》《非政府组织参与阿富汗人道主义救助、重建和发展行为准则》《加拿大国际合作委员会道德准则和行为标准》《柬埔寨社会发展非政府组织和人民协会道德准则》《津巴布韦非政府组织道德准则》《孟加拉国非政府组织联盟行为准则》《南非国内非政府组织联盟章程》《尼泊尔非政府组织、非政府组织办公人员、成员、职员和志愿者行为准则》《尼日利亚非政府组织行为准则》《尼日利亚索科托非政府组织行为准则》《日本非政府组织行为准则》《索马里非政府组织网络行为准则》《索马里兰非政府组织联盟行为准则》《坦桑尼亚非政府组织行为准则》《乌干达非政府组织通用行为准则》等；二是区域行为准则（regional codes），其约束一定区域内的非政府组织，如《非洲公民社会组织道德和行为准则》《公民社会参与决策过程良好行为准则》《加勒比海非政府组织道德和行为准则》《加勒比海非政府组织良好行为准则》；三是伞式组织行为准则（umbrella organization codes）；四是内部行为准则（internal codes）和国际性准则（international codes），如《筹款专业委员会道德原则和标准准则》《独立部门善治和道德实践原则》《国际非政府组织问责宪章》《国际红十字会、红新月及其他非政府组织参与灾难救助的行为准则》《国际乐施会慈善会行为准则》《国际信息系统安全认证组织道德准则》《国际非政府组织加强卫生系统行为准则》《互动会私人志愿组织标准》《独立部门非营利和慈善组织道德准则》《人权家庭网络组织行为准则》《世界非政府组织协会非政府组织道德和行为准则》《透明国际秘书处行为准则》《援助组织良好行为准则》等。虽然不同类型的行为准则的侧重点各有不同，但是它们并不是完全不同，相互之间也有一定的重复性，如国内行为准则，也约束在本国范围内行为的国际非政府组织，甚至有的国内行为准则还专门设置了国际非政府组织大会，如《坦桑尼亚非政府组织行为准则》第 15 条。

三、行为准则的基本原则

每个行为体都是在基本原则的基础上进行行为，不管该原则是以明示还是默示的方式进行陈述。并且，在国际层面上对组织进行检验显示出这些原则具有很多的共性。换句话说，全世界好的非政府组织试图在进行成功行为的时候共享共同的基本原则。下文就是对这些共享基本原则的叙述。

（一）以人为本原则

各国非政府组织的行为准则普遍强调以人为本原则：

《博茨瓦纳非政府组织委员会行为准则》指出，非政府组织必须注意及回应其服务的人民的需求和强烈的愿望，并且尊重他们的文化价值和人权。未来的博茨瓦纳将是一个民主社会；博茨瓦纳强调从国家总统到各社区的领导者为其行为和决定对所有的人民负责。

《博茨瓦纳非政府组织委员会行为准则》谈道：行为准则应使非政府组织能应对保持民主化及广泛参与的组织及加强人们可以单独或者集体决定其命运环境的挑战。为了实现此目的，博茨瓦纳非政府组织强调其承诺：保持及遵守民主、社会正义、平等、人权和善治的基本原则；保护他们独立和自治的整体性；保持应对他们所服务人民的需要及美好愿望；在可持续人类发展的环境下促进良好实践的运用；把支持和鼓励人们在发展进程中的参与作为规则或者政策，而不是可以选择或者是特权。

《埃塞俄比亚非政府组织行为准则》要求：我们把我们的努力作为人们和社区通过自己解决他们问题的方式。我们鼓励和促进自我依赖的发展，并促进人们全面参与以影响他们生活决定的权利。我们要尊重我们工作社区的目标和我们社区的合作者为他们自己确定的优先权。我们应最大限度地使我们目标社区所有的男人、女人、年轻人和儿童参与进来，使他们为计划和项目的观念、实施和评估负责。我们应尊重土著知识、个人的尊严和身份以及他们的文化、信仰和价值目标。但是我们不会支持会伤害自然人或社区的传统实践。我们项目的设计会把人们的需要、环境和国家的福利考虑在内，并应该在平等实践和使所有相关的人参与的基础上进行计划、设计、实施、监督和评估。我们应遵守在我们组织和我们目标社区内部有效的分配资源原则。我们应尊重和坚持国际所承认的人权。行为准则应使非政府组织能应对保持民主化及广泛参与的组织及加强人们可以单独或者集体决定其命运环境的挑战。

《非政府组织参与阿富汗人道主义救助、重建和发展行为准则》坚持以人为本原则：我们的组织以人为中心，关注我们服务的人民，我们首要的忠诚、问责和责任指向我们服务的人民。我们的项目为应对人民的需要所涉及和发展。自我依赖和所有权：我们帮助人民和社区解决他们自己的问题。我们鼓励和帮助自我依赖的发展，并促进人民完全参与以影响他们生活决定的权利。人权：我们努力地根据国际法尊重、保护和促进所有阿富汗人民人权和义务的实现。信任：我们努力地创建我们服务社区的信任。参与和非歧视：我们尽最大可能地在我们目标社区涉及男人、女人、青年和儿童，使他们参与项目和计划的形成、实施和评估。我们努力地保证在我们工作社区内所有边缘化群体的参与。尊重当地价值：我们尊重个人的尊严和身份，了解土著知识、文化、宗教信仰和价值。这并不意味着我们支持贬低任何个人或者群体人权的行为。

《澳大利亚国际发展委员会联合应对贫困行为准则》作出以下规定：（1）援助及发展中的人权：签署组织的援助和发展活动将在理解活动中人权范围的基础上被制定和实施。义务：签署组织将保证他们在组织内部坚持国际承认人权原则；签署组织将保证他们的援助和发展计划与尊重和保护国际承认的人权保持一致，包括公民权利、政治权利、经济、社会和文化权利。

（2）易受伤害及被边缘化人们的权利：签署组织承诺致力于满足易受伤害和被边缘化人们的需要和权利，并且在他们援助和发展活动的各个方面有他们的代表。这些群体也许包括妇女、儿童、残疾人、土著民族、少数种族、难民、无家可归的人及感染了艾滋病的群体。义务：签署组织必须保证尊重和保护易受伤害及被边缘化群体的人权，在进行援助和发展的活动中要恰当地关注和促进其权利的实现。（3）与残疾人共同工作：签署组织必须承诺致力于保障残疾人的权利并且注意在援助和发展活动中有这些人的代表。义务：签署组织必须保证对理解残疾人的权利给予恰当的关注，并且在援助和发展活动中致力于实现这些权利。（4）保护儿童：签署组织必须承诺在评估他们的服务、计划、活动、志愿提供、募捐、工作经验、雇佣中充分考虑到儿童的安全和最大利益，承诺减小被滥用的风险。义务：鉴于他们与儿童进行接触的情形和范围，签署组织将有成文的儿童保护政策和处理儿童问题的程序，并且将会被有规律地审查。政策将建立在对风险恰当评估的基础上，致力于：①发展项目规划和实施；②使用个人肖像和信息进行募捐和促进目的的实现；③从澳大利亚和海外进行包括职员、志愿者、咨询者和供应商的人员招聘；④所有使用中的包括强制政策在内的法律义务适用于所有与儿童有规律接触的职员；⑤行为议定书或准则；⑥对职员进行教育和培训，并且对所有的利益相关者进行政策的交流。

《加拿大国际合作委员会道德准则和行为标准》将人权作为一般原则，在所有的活动中，加拿大国际合作委员会和它的成员组织应该尊重和促进人权和所有人类的尊严。并在发展原则中指出发展应该促进人权和基本自由的全面实现。为了达到此目的，发展满足基本人类需要；在它分配利益的时候以人为中心；通过平等分配权力、财富和获取资源促进社会公正；使穷人、被压迫之人和被边缘化人能够组织起来提高他们的境遇；反映妇女的关切、愿望和经验，使妇女能够全面实现她们的权利；尊重土著居民自决的权利及统治自己领土的权利；反映所有人民的文化和精神整体性；保证被边缘化个人和群体的全面参与。

《尼泊尔非政府组织、非政府组织办公人员、成员、职员和志愿者行为准则》指出尊重人权和自由：非政府组织不能从事任何会侵犯任何个人人权的行为；非政府组织有义务遵守尼泊尔作为缔约国的国际人道主义法、条约、公约和宣言；非政府组织不能从事任何贬低民主基本原则以及社会正义规则和价值的活动；非政府组织应该对他们目标社区的道德规则、价值、宗教、语言、文化和传统保持敏感；非政府组织的活动应该保持社会包容性，遵守性别平等和不使用童工原则。且要实施合作和人道的行为，如应该向组织工作区域内的儿童、妇女、残疾人、高级国民、团体、社区和宗教表现出合作意愿和慈爱；在自然灾害和其他紧急状况下，应该在可获得资源允许的范围内进行最好的努力，在最方便的时候到达受影响的区域，为救助行为作出贡献并且为救助创设能动环境；在每个工作区域的服务导向的人和组织应该使他们的行为在可获得的资源允许的范围内提供帮助；成员应该总是保持对人道主义服务、救助和这类活动的促进和发展的努力。

《尼日利亚索科托非政府组织行为准则》指出，正如《世界人权宣言》中所陈述的那样，"人人生而自由，在尊严和权利上一律平等。他们赋有理性和良心，并应以兄弟关系的精神相对待"。（《世界人权宣言》第 1 条）非政府组织应该避免侵犯每个人被赋予的基本人权；非政府组织应该承认所有的人生来自由和具备平等的尊严；非政府组织应该对他们服务社区的道德价值、宗教、习惯、传统和文化保持敏感。

（二）可持续发展原则

《澳大利亚国际发展委员会联合应对贫困行为准则》在序言中指出，可持续发展即在满足当代的需要的同时，不能对后代满足其需要的能力造成危害的发展，使人们能够充分享有人权、脱离于贫困实现各自所需及有尊严地生存。

澳大利亚国际发展委员会在环境的可持续发展方面要求签署组织所有援助和发展活动将旨在对环境影响理解的基础上被制定和实施。并规定其义务：签署组织必须承诺在坚持环境可持续发展的基础上实施他们的援助和发展活动。

《加拿大国际合作委员会道德准则和行为标准》认为发展应该促进人权和基本自由的全面实现。为了达到此目的，发展应保证在环境、社会和经济领域中的可持续，必须保护下一代的福祉。

《非政府组织参与阿富汗人道主义救助、重建和发展行为准则》规定，我们的组织承诺实现可持续的积极影响：（1）效率：我们承诺致力于效率和扩大我们项目的积极影响。我们应该避免服务的重复。（2）可持续性：在任何可能的时候，我们的项目应该寻求有效的可持续的解决方法，建设阿富汗的所有权和能力，并且受到社区长期发展目标的指引。（3）环境影响：我们应该在我们所有的行为中使用负责的方法关注我们的物理和自然环境并对阿富汗的生态环境实施正确的管理。（4）监督和评估：我们监督和评估我们项目的影响并且向相关利益关系人分享我们的发现，包括我们服务的社区、捐赠者、政府和大众。

《埃塞俄比亚非政府组织行为准则》规定：我们所有的项目应该在与我们社区和其他利益群体全面协商的基础上作出。被目标群体和政府机构进行的活动计划应该在促进可持续发展的基础上被设计和促进。我们应该在对我们社区和我们社区伙伴自我依赖的基础上进行行为。

《博茨瓦纳非政府组织委员会行为准则》要求建立能动环境，非政府组织承诺其：促进能够激励对结社、言论和良心自由的尊重、保护和维持的能动环境；促进和维持使社区能够有效地参与影响他们生活的发展问题的能动环境；建立能够使职员在共同信任、诚实和个人承诺的基础上，为了组织、受益人和他们自己成长和发展的利益保持创造力和有策略性的能动环境。

（三）透明和问责原则

透明和问责原则应该适用于组织和政府、目标人口、捐赠者或者其他利益相关者之间的所有事项和活动。组织的活动，按照要求，除了私人事项、法律事项和法律所提供的专有信息，应该保持公开和被各自的捐赠者监督。

《世界非政府组织协会非政府组织道德和行为准则》规定：非政府组织应该致力于公开和诚实地对待捐赠者和公众成员。非政府组织应该制作周期会计信息；非政府组织应该在与政府、公众、捐赠者、合作者、受益人和其他利益群体的所有交易中保持透明，但是个人事项和专有信息除外；非政府组织基本的财务信息、治理框架、活动和工作人员及合作伙伴的名单应该保持公开并且使公众易于监督，并且应该努力地向公众通知其工作、资源的来源及使用；非政府组织就其行为和决定不但要向投资机构和政府负责，而且要向其服务的人民、职员、成员、合作组织和广大民众负责。

《埃塞俄比亚非政府组织行为准则》要求：我们应该保持我们与政府、社区合作者、公众、捐赠者和其他利益相关者的所有交易报酬透明和问责。我们应利用所有可得的机会向公众通知我们的工作、我们资源的来源和使用；我们应向所有的相关机构制作和提交周期性审计、财务和活动报告；我们应该与埃塞俄比亚宪法、法律、政府的原则和规章制度保持一致，并且在需要的时候，对上述法律规章制度作出改变；为了管理我们的账户，我们应该制定和执行可行的财务政策和体系；我们应该对所有的有关集资、使用和管理资金的事项保持信任和诚实；我们应该保持由独立审计公司所进行和维持的年度财务审计，并且向公众通报。所有的财务陈述应该按照相关和利益群体的要求使其知晓；我们应该具有一套可行的财务和会计体系从而能够按照既定的目的使用资源。

《澳大利亚国际发展委员会联合应对贫困行为准则》规定了对首要利益相关者的问责。签署组织将保证按照利益相关者的需求来形成他们的工作目的及方法，并且他们的工作要对类似的合作者和参与者开放，允许他们进行检查和评论。在所有的援助和发展的活动中必须把首要利益相关者的观点放在首要考虑的地位。义务：（1）签署组织要对当地居民及那些由援助和发展活动直接影响到的人首要负责，优先考虑他们的权利和需要，特别是要考虑到性别、年龄、残疾及其他特殊易受伤害者的需要及利益。（2）签署组织要寻求当地居民真正的、正式的及全面的参与及在援助和发展活动中他们代表的参与，保证他们在这些活动的设计、实施、监督和评估中作出贡献。（3）签署组织要在援助和发展活动中分析主要利益相关者的需要和期望，寻求对他们各自正式及平衡的问责。

（四）善治原则

《巴勒斯坦非政府组织行为准则》规定非政府组织承诺遵守善治和民主原则，保证各个级别的大会、管理机构和成员有效地实施职能。

为此要求非政府组织在作出提供服务和雇佣决定的时候，彻底独立，不受任何政治派别和宗教派别的影响。当个人或者负有特殊责任的团体在组织内部寻求方式来促进个人、宗派或者党派个人利益的时候，利益冲突就出现了。为了预防这种事情的发生，董事会必须保证具备严格的程序。这些程序应该以完全透明的方式被职员和董事会成员实施。所有的管理成员应该宣布其财务或者个人利益及其性质。在一些情况下，当他或她的利益被涉及的时候，他或她应该在决策过程中回避，除非有例外情况。除了 2000 年慈善组织法一号的规定，还有对董事会的成员因为领取报酬在同一非政府组织工作的限制（第 20 条），同样的原则适用于与董事会成员有一级和二级亲属关系的人员（第 16 条）。所以，我们应承诺遵守以下内容：（1）董事会的成员没有任何的特权，包括研究、培训和付费咨商。（2）禁止将大会的成员地位或者托管董事会的成员与非政府组织的最高长官的地位联系在一起。职员如果在选举董事成员或者对有关问题进行投票时与个人利益，如薪水和其他利益有直接关系的时候，必须回避。（3）禁止董事会的任何成员通过婚姻与非政府组织行政长官产生一级和二级的亲属关系。（4）禁止通过与各拥有职位的人员缔结婚姻建立一级和二级的亲属关系的方式监督或监视他们。这些职位包括行政长官、财务经理和监理。不允许行政长官作为一级或二级亲属的上级或下级，也不允许其通过婚姻的方式建立关系或成为私人企业的合作者。（5）当存在利益冲突时，禁止在不同的非政府组织之间互换监督职位。（6）为了实现上述要求，每一级大会、董事会成员和雇员必须签署表格——"关于利益冲突和信息披露声明"。

《埃塞俄比亚非政府组织行为准则》强调：我们应该有书面章程或者协会的备忘录来明确规定我们的使命、我们的活动目标和组织机构；我们应具有强调下列承诺平等机会的书面政策：我们的雇佣政策、职员的升职和董事会的组成；我们所有的组织交易应该没有个人和职业利益冲突；除了在服务过程中所产生的必要花费之外，管理机构的服务应该被自由和自愿地给予。

《索马里非政府组织网络行为准则》规定在遵守善治的行为中，应在事实和逻辑的基础上作出所有的决定；通过为内部民主创设有利的环境避免统治和官僚作风；形成有效的和相关的组织政策、程序和体系；允许我们的利益相关者获取我们的项目进步报告和财务陈述；形成对所有的索马里人民提供平等机会的雇佣政策；保护环境和野生动物并且为它们的可持续发展开展活动；遵守界定我们使命、目标和组织结构的书面章程和相关法律制度；形成涉及我们活动的重要信念和事项的书面协议文化；为规范我们的财务实践形成财务程序和会计体系；促进内部能力建设和强调道德准则培训；以职业的方式勾画我们的公共影响；形成奖励出色遵守行为准则的非政府组织和网络的标准和机制。

《尼泊尔非政府组织、非政府组织办公人员、成员、职员和志愿者行为准则》坚持内部善治、透明和问责。组织应该在进行它们行为的时候坚持法治的原则。组织与政府、大众、合作组织、合作机构、受益人和其他利益相关者的关系和活动必须保持透明。财务交易、规则和制度、工作程序、执行委员会和与合作组织有关的所有信息应该保持公开并使大众获得。有关活动和使用资源的信息应该通过社会审计和公众审计程序使大众知晓。组织应该对与他们活动和决定有关的支持组织、政府、受益人、普通成员和合作组织保持负责。任何由非政府组织产生和散播的信息必须是真实和可信的。

在认识到有职员、执行机构、志愿者、合作者或者服务提供者进行的错误行为时，应该立即改正，并且从中吸取教训避免以后出现同样的错误。通过内部民主、公开成员资格和善治在所有的组织结构中采纳恰当的原则和有包容性的代表。应该使用积极的反对歧视原则，保证对落后地区、社区和区域的代表一视同仁。

《非洲公民社会组织道德和行为准则》规定：（1）公民社会组织应该在其行为国家合法组成；（2）公民社会组织应该在宪法或者其他类似文件设定的条款下进行行为，并在其他事项中明确地宣称组织的使命、目标和组织结构；（3）最高管理机构的成员应该为他们自己和组织内部的其他成员设置最高个人行为标准；（4）管理机构应该以公平、公正和负责任的方式管理组织；（5）最高管理机构应该为所有政策陈述和组织的每年规划的最终通过机构；（6）最高管理机构应该具备完善的组织成员资格、促进性别和少数种族平等和社会融入的政策。尽管有本部分条款的规定，但是没有可以阻止最高管理机构的成员把其本部分所包含的权力分配给最高管理机构的委员会，如果该委员会是其成员组织并且应向其作周期性的报告。

《国际非政府组织行为准则》指出我们应该为我们的行为和成就负责。我们应该做到：有明晰的使命、组织机构和决策程序、根据所陈述的价值目标和既定的程序负责、保证我们项目实现的结果与我们的使命相符，并且以公开和准确的方式报告这些结果。每个组织的治理结构应与相关法律保持相符并且保持透明。我们寻求遵守善治下的最好善治原则。每个组织应该至少具备：一个管理机构监督和评估主要行政机构、监督项目和预算事项。它应决定全球策略、与组织使命相符、保证资源被有效和恰当地使用、正确评估执行力、保证财务整体性及维持公共信任。具备管理机构成员的指定、责任和条款，并且要预防和处理利益冲突。具备指定和替代管理机构成员权力的规律大会。我们应听取利益相关者对我们怎样提高我们工作的建议、鼓励被直接影响到利益的人们提供建议。我们也应使公众较为容易地为我们的项目和政策提供建议。

（五）独立原则

非政府组织应不受任何政府、政府间机构或者公司利益控制。非政府组织应该负有不依附任何特殊政府或者政治团体，而关注自己原则和政策的责任。

《非政府组织参与阿富汗人道主义救助、重建和发展行为准则》规定我们的组织承诺独立，具体体现在以下两个方面：独立：我们形成我们自己的政策、项目和实施策略。我们不允许我们被利用实施政治团体、军队、具备政府性质或者其他服务目的与我们的人道主义救助和发展使命不相符的机构的项目和进行搜集信息。自治：我们根据阿富汗法律和国际法努力地保持我们的自治，坚决抵制与我们使命和原则相冲突的强加的条件。

《埃塞俄比亚非政府组织行为准则》同样作出规定：我们的活动和实践应该促进我们目标人口和部门的利益；虽然我们应一直尊重社区价值和传统，但是我们也应努力地实现我们的自治和抵制会损害我们使命和原则的条件限制。

《爱沙尼亚非营利组织道德准则》规定独立和避免利益冲突。非政府组织应该独立地设置其目标、决定和活动，禁止导致丧失其独立性、自治和为公共利益而活动的能力且不受政治团体、公共机构或者公司的控制。非政府组织和涉及的个人应禁止避免形成利益冲突。在产生利益冲突的情况下应该采用必要的措施予以减少；非政府组织只能在对实现其目标和与其独立以及自我控制不产生冲突的情况下与政府、政府间机构和营利组织签署合伙协议。

（六）性别平等原则

性别平等指的应该平等地考虑、尊重和帮助男人和女人之间不同的行为、美好愿望、需要和权利。这并不意味着男人和女人变得一样，只是他们的权利、责任和机会不能取决于他们生来是男性还是女性。

《巴勒斯坦非政府组织行为准则》指出非政府组织应承诺在处理职员、志愿者、目标群体和公众的活动、出版和程序中加强性别平等。

《埃塞俄比亚非政府组织行为准则》规定我们应寻求促进性别平衡和平等，努力地保证在我们所有的发展活动中妇女的平等参与；我们应该完全地把性别意识纳入我们人力资源的发展中，并且促进非歧视的工作实践和关系；我们应该努力地促进在总部和其他领域、董事会和建议群体的高级决策过程中妇女参与的数量；我们的政策和程序应该保证和促进在招募、雇佣、培训、职业发展和进步中的性别平等。

《非政府组织参与阿富汗人道主义救助、重建和发展行为准则》指出我们的组织承诺多样化、公正、非歧视边缘化群体和采取坚定的行动，我们平等地考虑和尊重男人和女人不同的行为、美好愿望、需要和权利。这也包括平等对待或者不同对待，但是都是平等地考虑到权利、利益、义务和责任。他们的权利、责任和机会不取决于他们生来为男人或女人。

《澳大利亚国际发展委员会联合应对贫困行为准则》强调尊重、保护及促进国际所承认的人权，包括公民和政治权利、经济、社会和文化权利，特别强调性别平等、保护儿童、残疾人和少数种族、易受伤害及被边缘化群体的权利。签署组织将承诺致力于改善性别不平等及不公正，这已经成为全面实现人权的基础，并能提高他们援助和发展活动的效率。同时也规定了相应义务：签署组织保证在对援助及发展计划进行设计、实施、监督及评估的过程中要充分考虑及努力解决性别问题。签署组织致力于帮助其合作伙伴在其援助和发展活动中对其承诺处理的性别问题保持警觉和支持。签署组织应该有全面的对待性别平等和残疾人的政策和指南，目的是在组织的所有行为中实现男人和女人以及残疾人的平等结果，包括：（1）志愿者和职员；（2）合作机构；（3）高级管理层。

《互动会私人志愿组织标准》对行为和人力资源的管理致力于促进性别平等，规定：性别意识应该完全地融入组织在各个层次职员的人力资源发展项目中，促进组织的效率和非歧视的工作关系并尊重在工作和管理活动中的多样化。机构应该努力地扩大在高级决策制定程序中董事会和在目前代表权低下的咨询群体中的妇女的数量。对雇佣和个人评估政策及实践实行的一个重要标准将是对性别问题和性别平等的承诺的理解。每个机构应该实施有关友好家庭的政策，为妇女和男人平衡工作和家庭生活创造环境。机构应该具备为平等工作提供平等报酬的政策和实践。在项目中促进性别平等：（1）与其使命和服务社区保持一致，成员组织应该创设首席执行官职能促进和监督在项目中性别平等实施的机制。（2）性别意识应该适用于项目进程中的每一个阶段，从项目提议的审查到实施和评估，保证项目促进男人和女人的参与和利益。成员应该在这些努力的领域与当地的非政府合作组织进行协调。

（七）宗教自由原则

"人人有思想、良心和宗教自由的权利；此项权利包括改变他的宗教或信仰的自由，以及单独或集体、公开或秘密地以教义、实践、礼拜和戒律表示他的宗教或信仰的自由。"（《世界人权宣言》第18条），各个非政府组织都应该尊重宗教自由。

四、行为准则的目的

不同的行为准则基本都设置了自身存在的基本目标及宗旨。如《加勒比海非政府组织良好行为准则》在序言中明确规定该行为准则主要关注非政府组织的内部治理、不同层次间非政府组织的关系及其问责性；《乌干达非政府组织通用行为准则》在序言中也规定该行为准则的主要目的是规范非政府组织的内部行为，为其提供自我约束的规则；《国际红十字会、红新月及其他非政府组织参与灾难救助的行为准则》首先限定该行为准则的主要目的是规范自身行为，提高其成员在灾难救助时的独立性、有效性和实践效果；《坦桑尼亚非政府组织行为准则》第三部分也把提高非政府组织的透明度及问责性作为该行为准则的主要目标；《国际非政府组织问责宪章》则主要是关注国际非政府组织的问责性等。由此可以看出，这些行为准则的主要目标就是首先通过对非政府组织的基本特征加以界定，然后对其内部治理，诸如其成员权利和义务的设定及其如何提高问责性的规定来达到对非政府组织自我约束的目的，以期提高其国际影响力，从而更好地在国际法及国际治理领域中发挥作用。

《埃塞俄比亚非政府组织行为准则》明确规定该行为准则会通过自愿自我约束在非政府组织的行为中保证透明和问责；通过帮助非政府组织采用行为的高标准和制定有效的决策程序提高非政府组织提供服务的质量；增强非政府组织社区与各种利益相关者的交流；通过鼓励成员之间经验的交流和学习已被证明的最好实践，提高非政府组织社区的执行力。行为标准应指签署者行为和工作的方式。行为准则应被非政府组织、政府机构、捐赠者、目标社区和广大公众使用并作为参考和指南。

《乌干达非政府组织通用行为准则》规定该行为准则应为在乌干达国家非政府组织论坛注册的所有非政府组织在履行他们职责的时候提供指南，行为准则委员会应公正、诚实和促进公众责任，并且应负责纠正行为准则原则及规定的实施。准则的存在是为了促进非政府组织联盟的价值目标、文化和身份。

《非洲公民社会组织道德和行为准则》明确了行为准则的目的：道德和行为准则应义务性地适用于寻求非盟认证的所有公民社会组织。该准则设定了一系列的这些公民社会组织在非洲必须遵守的标准和核心价值。该准则也被建议作为在非洲的公民社会组织进行自我约束和治理进行适用，并为公民社会组织进行自我评估提供了基准。

《公民社会参与决策过程良好行为准则》规定该公民参与的良好行为准则的主要目标是促使欧洲理事会成员国和白俄罗斯在欧洲层面为公民社会参与决策进程设置一般原则、指南、工具和机制的方法，为创造公民社会参与的环境作出贡献。目的是该行为准则将在地方、区域和国家层面被实施。该行为准则建立在整个欧洲非政府组织分享他们良好实践的经验和参与政府部门的方法的基础上。该行为准则的另外一个目标是作为从地方到国际层面的非政府组织与议会、政府和政府部门对话的相关及有效的工具。它的目的是互动机制和以行为为导向的，能够对整个欧洲的非政府组织和政府部门起到作用。作为支持该行为准则适用的方式，它也可以作为大量的案例研究和额外的实践工具。该行为准则的主要约束对象是国内的非政府组织，包括在欧洲理事会成员国和白俄罗斯区域和地方的组织以及在欧洲和国际层面的组织。它也适用于地方、区域和国家层面的政府部门，包括议会、政府和公共团体。它的目标群体是广大的，但是其目标是具备良好行为准则的部分能适用于所有的公共行政。

《坦桑尼亚非政府组织行为准则》明确行为准则的目的：行为准则应通过自愿自我约束在非政府组织的行为中保证透明和问责；通过帮助非政府组织采纳高标准的行为和改进有效的决策程序，提高由非政府组织提供的服务质量；提高和促进非政府组织社区和各种利益相关者的交流；通过保证实现非政府组织的责任提高非政府组织的名声、公众形象和它们在履行有关透明和问责行为的质量；形成一系列的原则和道德标准并且按照这些标准来管理非政府组织的遵守；增强坦桑尼亚非政府组织的团结；通过鼓励成员之间经验的交流和向已证明良好实践的学习提高非政府组织社区的履行以保证非政府组织实现其为了组织的使命所需的责任。假设该行为准则平等地适用于签署者约束其行为和工作，并且应使所有的非政府组织、政府机构、捐赠者、目标社区和公众获得该行为准则并作为指南使用。

五、治理制度

具备有效的治理机构和有活力、积极和忠诚的管理机构对一个组织的稳固和实现其使命和目的的能力培养是至关重要的。非政府组织的治理计划应该反映组织的核心价值、使命和文化标准。在合适和可适用的时候应该实行民主原则。非政府组织的管理机构（一般为董事会或者信托人）为组织的所有活动和资源负责。这包括设置组织的方向、设置使命陈述并且保证该陈述随着时代变化是合适和相关的。管理机构决定组织的活动并且监督它们对使命的遵守。管理机构应有责任地行使和恰当地实现组织使命、维持组织、监督受托人和法律需求的人力和财务资源的获得。

《澳大利亚国际发展委员会联合应对贫困行为准则》规定了相应的治理章程：签署组织应具备书面性的治理章程，用来设置组织的目的及目标并且定义它们是怎样运行的。并规定其义务：签署组织的治理章程应设置：组织的基本目标和目的；组织的成员构成和成员的权利及义务；组织的治理机构和程序；成员会议的频率和程序（至少每年一次）；治理机构领导者的选任方法、他们的任期、任期终止的条款甚至包括他们薪水的构成；管理机构会议的规则，包括开会的频率（至少每年两次）和法定人数的规模；管理机构的权利和责任，包括全部管理机构责任的叙述；管理机构的策略控制（如通过商业计划、制定首席执行官）；管理机构的财政控制（如通过预算、接受财务账户的审计及制定审计员）；管理机构选派办公室领导、职员及其他人员的权利。治理章程应较容易地被成员及支持者所获取。治理章程应符合相关澳大利亚的法律要求。

设置相应的管理机构，每一个签署组织应有一个管理机构，为组织的所有方面及组织的服务对象负责。规定其义务：签署组织的管理机构应从组织机构内部成员及支持者中选出或者指定，并且对他们负责；管理机构必须有过半的非职员成员；管理机构可以选派职员及其他成员的领导，但是不能指派其所有的责任；当领导被选派出从事管理或其他工作，应较清楚地区分管理机构领导与他们的界限；管理机构、职员和管理层的各自角色和责任应清楚地设置并通知给所有相关方。

开展年度大会：签署组织应该按照其管理章程的设定召开年度大会。规定其义务：签署组织的年度大会，应该处理包括向领导层报告、接受年度审计财务陈述和制定下一年的独立审计员等实体事项；根据其治理文件，给其成员提供尽可能的机会参与到领导层来；应提前告知所有成员召开会议的通知，并且提供获取相关信息的渠道。

设置管理机构政策：签署组织应该有一个书面政策，包括作为管理机构领导者的选派、就任、终止和他们的薪水，还应包括他们对花费和任何贷款的偿还。规定其义务：如果在管理章程中没有规定管理机构成员的选派和终止条件，就应该有一个书面政策设置其选任、指派和就任的程序；签署机构应该有一个书面政策来规定管理机构成员对花费偿还的方法；如果可能，应该有一个书面政策来规定签署组织管理机构成员的薪水，这一政策应该由组织成员的年度大会通过。

《博茨瓦纳非政府组织委员会行为准则》规定非政府组织应该保证民主管理组织的存在，并且保证在其内部工作的人们是通过参与民主进程选举出来的；非政府组织应该保证，一旦人们被选举为行使权力，他们不能永远停留在这个位置，并且必须宣称高度的道德目标和整体性；要给予非政府组织、职员和项目受益人足够的政治和社会空间，使他们决定其在社会和发展中的理想、角色和责任；管理机构应该受到社会正义、政治敏感基本原则及从组织到人民和社区权力平衡变化的接受能力的指引；所有的非政府组织应该发展明确的政策和管理指南作为其最好实践的基本基础；非政府组织的领导者应该避免他们的政治利益和非政府组织利益之间的潜在冲突。

《加拿大国际合作委员会道德准则和行为标准》规定每个组织都应该被一个独立的、积极的和正式的管理机构公平和负责任地进行管理（如董事会）；所有的管理机构的投票成员都没有报酬，除非在实现其组织职责时发生了合理的费用；每个组织都应建立进行周期审查的有利于实现其职能的管理框架。机构应该使组织能够迅速地作出决定和实现其责任。框架应该包括合适的治理结构、高级官员和管理机构的关系及决策制定程序；组织的管理机构应该审查和通过组织的年度预算、重要政策、关键财务交易、补偿行为、计划和项目、职员的担任、委员会和职员负责的行为与选出的人员所实现的成绩；组织应该采取有效的预防和处理利益冲突情形的政策；组织应该具有禁止歧视、促进性别平等和在组织的各个层面的弱势群体参与的政策。这并不剥夺组织在遵守法律情况下自我定义的权利；管理机构应该通过协商和协调计划周期性地对组织的管理文件、目标、使命、目的、优先权、资源的分配和有效性进行重新评估。

《爱沙尼亚非营利组织道德准则》坚持民主治理：非政府组织应该具备明确和易理解的使命。为了实现其使命，非政府组织应该受到其章程、内部文件和运作标准的指引；非政府组织表达和代表人民利益和需求的多样化。非政府组织通过公民教育、参与民主、倡议和其他的形式使人民参与到公民社会的发展中；非政府组织作为社会成员的志愿协会，尊重其成员、保证组织的民主治理、保证组织的管理机构和雇员对他们的错误行为负责并作出回应；非政府组织考虑到人民的参与和志愿工作作为公民社会的基础，尊重国民和他们的志愿工作；非政府组织为了实现其工作的最好结果，应该持续不断地追求有技能的行为、职业化和保护；主要是从支持者和捐赠者手中获得资金，非政府组织应该按照既定目的有效地使用资金。

《津巴布韦非政府组织道德准则》规定为了有效地执行我们的职能，我们须有有效的及健全的治理结构，必须配置有经验的、敢于承诺的及有责任的人员。为了实现这种目的：保证非政府组织具备清楚的及能遵守的愿望、职能、目标和政策；民主的选任办公人员；保证所选的人员具备道德节操和高道德价值目标，并且在任期结束之后让出他们的位置；保证在指派办公室人员时坚持性别平等；确定治理结构、会议的频率、法定人数、薪水及办公室人员在组织中的角色；避免非政府组织领导者和职员在政治和非政府组织中的利益冲突；保证治理机构指引组织的政策和领导者可以理解这些机构并能承担保证执行组织政策的全部责任；治理机构必须指引组织的活动、财务管理和对审计员的制定；在社会和发展中给予非政府组织、职员和计划的受益者充足的空间以决定他们的角色和责任。

《坦桑尼亚非政府组织行为准则》规定一个非营利组织应该具有明晰和易理解的使命。在实现其使命的过程中，非营利组织应该受其章程、内部文件和行为标准的指引；非营利组织应该表达和代表人们的不同利益和需要，并通过公民教育、参与民主、倡议和其他形式使民众参与到公民社会的发展中来；作为社会成员志愿协会的非营利组织应该指引其成员的价值目标，保证组织的民主治理，使治理机构和组织的雇员为其错误行为负责和应对；非营利组织应把人民和志愿工作的卷入作为公民社会的基础，并重视公民和他们的志愿工作；非营利组织为了实现其工作的最好结果，应不断地追求有技能的行为、职业化和完美；主要是从支持者和捐赠者处获得资金，非营利组织应该有效地使用资金并且按照设定的目的使用。

《加勒比海非政府组织道德和行为准则》强调加勒比海非政府组织内部的治理应该在志愿和包容的基础上行使；在该行为准则陈述原则的基础上保持人权，非政府组织应杜绝在多有的计划和职员定位中一切形式的在年龄、级别、性别、性取向、少数群体、区域方位、种族、宗教或者残疾人基础上的歧视。非政府组织应该：保证他们的活动符合他们陈述的目的；保证在设定、涉及和执行政策、项目和计划中有所有利益相关者的参与；在非政府组织部门内实施有益于社会公益的组织行为；保证在他们的行为中他们或者他们的职员保持政治中立，及与区域民主传统保持一致的基础上尊重所有经政府正当程序选举出的政治部门；禁止故意卷入会使组织破坏名声的任何行动；在处理内部及与第三方的冲突时穷尽和解方法；不仅仅针对捐赠者和政府，而且要对针对受益人和职员的行为和决定负责；承诺他们会促进领导者、职员和成员增加参与的能力及为实现组织使命和目标作出贡献；保证董事会成员或者职员在进行组织事务处理的行为中没有利益冲突，并且这些人应该坚持高道德价值标准和整体性；需要董事会成员在为组织利益行为的任何时候给予领导者最好的服务；促进董事会成员、职员、受益者三者之间或两者相互之间的关系；保证董事会成员不在他们任职期间辞职或成为职员；保证董事会成员不因工作或者对组织的咨询领取报酬，除非该工作是因严格的职业能力所作出的，可以提供报酬或薪水；保持对职员、代理人或者其他人个人信息的保密，除非个人放弃此权利或者由于法的需要进行披露。针对捐赠者或者捐赠物的特权或者保密信息不应披露给没有被授权的部门。

《独立部门善治和道德实践原则》提出要有效治理。慈善组织必须具备一个管理机构，负责审查和通过组织的使命、策略指南、年度预算、关键的财务交易、报酬政策和实践、财务与治理政策。董事会应该承担保证慈善组织实现对法律、捐赠者、职员和志愿者、代理人和公众义务的首要责任。董事会必须保护组织的资产和提供监督保证其财务、人力和物质资源为了实现组织的使命而被正确使用。董事会也为组织设置使命和目标，并且设置董事政策和策略指南使组织能够实现其慈善目的。当董事会决定组织准备增加领薪职员的时候，董事会负责挑选、监督，如果需要，可解雇首席参谋。在一些小的和不具备职员的组织中，董事会应在监督中承担更多的指引角色并且有时运行组织的项目和服务。在一些大的组织中，董事会作为职员领导者的策略合作者，应保证组织实现其目标和承诺。

《国际乐施会慈善会行为准则》规定了分支机构的治理和问责。每个分支机构应该遵守：按照其国家管辖权下油管公司法或者社团组织法的要求成立和注册；按照其注册国的法律和相关法规授予董事会权利和责任；董事会成员不应领取薪水或者报酬；董事会成员应该拒绝参与与他们有利益冲突的任何决定；董事会的分支机构中领取报酬的职员的数目不能过半；每年应把其账务提交给注册的和独立的审计员并且允许公众对审计报告进行监督审查；制作容易获得的年度报告，包括向支持规律项目的捐赠者、志愿者成员陈述财务信息，并且向捐赠者和支持者制作容易获得的通信、获得物清单或者其他的出版物；在其职员、个人志愿者成员和项目成员实施无歧视原则时，不论其种族、宗教、性别、性取向和身体能力；把可能会威胁到独立性的正式宗教组织、政治组织或者其他类似的分支机构排除在外；采用有关参与工作关系和职员问责的政策；向秘书处有规律地提存其宪法、法律规章、审计年度账务、年度报告和每次董事会和年度会议的会议记录及相关文件（没有得到相关分支机构的特别允许，秘书处不能散布任何的会议记录和文件）。分支机构的附属机构都应该为其行为向它们的上一级组织负责，保证遵守本行为准则和其他不管是否使用了"乐施会"名称的成立协议；建立新附属机构的提议必须通过秘书处的信息和评论通知给所有的分支机构；对宪法或者任何分支机构或附属机构的法律作出重大改变的建议、与其他组织或者政府签署亲密合作的有可能会影响到分支机构的自治性或者其参与国际乐施会能力的协议必须在分支机构董事会会议或者其他能够通过该决议的会议召开之前的3个月内通知秘书处。

《互动会私人志愿组织标准》要求成员组织应该被一独立的董事会和经正当程序组成的执行委员会公正、公平和负责任地管理；每个组织都应该具有一个无报酬的、独立的、积极的和正式的董事会。董事会应该具备确定董事会会议的频率（至少每年二次）和保证董事会成员充分参与（至少过半）的政策。董事会可以指定一个具备制定政策权利的执行委员会。董事会应该具备限制具备董事会投票权成员的雇员的数量，提供董事会成员与另一个成员、成立者或者执行董事相关联的限制，并且设置董事会成员和办公人员任期的限制；董事会应该采纳禁止董事会成员、雇员和志愿者之间直接和间接利益冲突的政策。董事会成员、雇员和志愿者应该使董事会知晓其作为真正的或者潜在获取与服务的供应商、捐助资金的接受者或者具备竞争或者冲突目标组织有附属关系的情况。董事会成员和雇员应该不能讨论、参与或者参与投票与其有利益冲突事项的决定过程。向董事会成员或者职员提供大型的或者不恰当的礼物用作个人使用的应该被禁止；虽然董事会可以向职员派遣任务，但是其必须接受组织全面治理的最终责任；董事会应该批准年度预算、指定独立的审计者、接受年度的审计财务陈述和指定审计委员会审查财务陈述和组织的活动；董事会应该采用保证任何成员不因种族、肤色、国民来源、年龄、宗教、残疾或者性别而被排除参与组织之外、拒绝获得组织的利益或者被组织所歧视的政策。（1）每个机构应该形成书面政策保证其在组织结构、职员和董事会组成中对性别平等的承诺。（2）每个机构应该形成书面政策保证其在组织结构、职员和董事会组成中对道义和种族多样化的承诺。该政策应该以与其使命和服务人民利益相符的方式被完全地行使在组织运作中。（3）每个机构应该形成书面政策保证其在组织结构、职员和董事会组成中包容残疾人的承诺。该政策应该以与其使命和服务人民利益相符的方式被完全地行使在组织的计划和运作中。

《独立部门非营利和慈善组织道德准则》要求组织具备负责设置组织使命和策略指引的积极治理机构，并且负责组织的财务、运作和政策。管理机构应保证其董事会成员或者理事具备执行他们职责必备的技能和经验，保证所有的成员理解和实现为了组织和公共目的的利益进行行为的治理职责；具备利益冲突政策，保证任何的利益冲突或者表现都能够通过披露、取消资格或者其他的方式得到正确的处理；负责对首要执行官的雇佣、开除和有规律的审查，保证首席执行官的报酬是合理的和恰当的；保证首席执行官和合适的职员向管理机构提供及时和全面的信息，保证管理机构可以有效地执行其职责；保证组织可以正直和诚实地处理所有的交易和活动；保证组织在互相尊重、公正和公开的基础上促进与董事会成员、职员、志愿者和项目受益人之间的工作关系；保证组织对所有的董事会成员、职员和志愿者的雇佣和升迁政策以及实践是公正和有包容性的；保证组织的所有政策是书面地、清晰地被叙述和正式采用的；保证组织的所有资源被负责和有责任地进行管理；并且保证组织具备有效执行其职责的能力。

《世界非政府组织协会非政府组织道德和行为准则》要求非政府组织的管理机构（一般为董事会或者信托人）为组织的所有活动和资源负责。这包括设置组织的方向、设置使命陈述并且保证该陈述随着时代变化是合适和相关的。管理机构决定组织的活动并且监督它们对使命的遵守。管理机构应有责任地行使和恰当地实现组织使命、维持组织、监督受托人和法律需求的人力和财务资源的获得。并规定：（1）治理机构。①治理计划。非政府组织应该设置最有可能实现其使命和反映组织核心价值与文化标准的治理计划。在恰当和可适用的时候使用民主原则。②管理文件。组织的管理文件，包括有关管理机构进行业务的原则、在董事会会议之间行为的执行委员会与选任和指派办公人员和他们角色的程序，并且使所有的利益相关方知晓。（2）管理机构的结构。①董事资源。非政府组织管理机构应该由奉献于组织使命、愿意为了实现组织使命而贡献其时间和能量并且愿意为组织作出实质贡献的个人组成。他们可能带给组织管理机构的资源是经验和智慧、威信、为组织募集资金的能力、职业能力，包括法律、会计、管理、筹款和营销。②董事的无关联。管理机构应该至少包括3名成员，并且他们之间没有家庭关系，一般最好由至少5名无家庭关系的成员组成。最多接受2名董事之间有家庭关系，但是这时董事会应该有7名或者更多的成员。③对待领取薪水职员的政策。组织应该有限制在管理机构有投票权成员数量的政策，理想的是不能超过一人或者不能超过管理机构成员总数的10%。直接或者间接领取薪水的成员不能作为管理机构的主席或者财务保管人员。④任期限制。应该为管理机构的成员设置任期限制。并考虑设置能在单个团队中任期的最高年数和允许连任的期数。通常可以接受的是限制董事服务的任期最高为3年和能够连任3次，成员在完成连续连任3期的上限之后，重新拥有选举权的时间间隔为1年。⑤提名委员会。提名服务于管理机构的成员的程序应该通知给成员和其他相关方。⑥多样性。管理机构应该有董事会的代表性，反映非政府组织选民的多样性。非政府组织可以鼓励不同地域距离的成员的参与，如果组织的规章制度、当地或者国家的法律允许通过电信会议的方法召开会议。⑦法规制度。管理机构的每个成员都应该知晓并熟悉组织的规章制度。⑧报酬。管理机构的成员不能为其董事会服务而接受报酬。他们可以接受因有关他们的董事职责而直接的花费。（3）管理机构的责任。①使命陈述。管理机构应该通过创设或者采纳使命陈述、对其准确性和有效性进行周期审查和根据需要进行修订的方式设置非政府组织的方向。②项目和遵守。管理机构应该决定非政府组织的项目和服务，并且监督它们对使命的遵守及它们的有效性。③资源。管理机构应该保证组织具备实现使命的适当的资源。④年度预算和筹款。管理机构应该批准通过年度预算和积极参与筹款过程。在批准年度预算时，管理机构应该决定花费在行政和筹款、项目中的比例，致力于实现收入的至少60%适用于项目的目标，理想的是超过80%。⑤资源管理。管理机构应该有效地管理资源并且提出监督有关受托人和法律的要求。⑥雇佣的首席执行官和评估。管理机构应该雇佣首席执行官在进行详细的研究过程中发现最有资质的个人。管理机构应该为首席执行官设置报酬，保证他或她具备实现促进非政府组织目标的道德和职业支持，并且周期性地审查他或她的执行力。⑦策略计划。管理机构应该积极地与职员参与长期和短期的策略计划制定，包括设定目的和目标与非政府组织对待要实现的使命所要取得的成功。⑧道德和行为准则。管理机构应该批准非政府组织的道德和行为准则，并且保证非政府组织遵守该准则。⑨非政府组织的使者。管理机构的成员应该作为非政府组织的使者，向公众宣传组织的使命、成绩和目标并且为组织获得支持。
（4）管理机构的行为。①管理机构的会议。管理机构在会议中授权执行组织事项的任何分支（执行委员会），应尽可能地召开会议满足完全和充分的行为组织业务的需要。最低限度上讲，管理机构或者管理机构与执行委员会共同每年应该召开四次会议。如果当地、国家的法律或者管理文件不需要进行面对面的会议，信息技术可以帮助召开会议。②备忘录。管理机构和执行委员会每次会议的备忘录、每个委员会代理管理机构行为的报告都应该被记录，并且递交给管理机构的每一个成员予以保存以备将来查阅。备忘录可以由协会成员、办公人员、职员和大众获得，但是有关个人的评估和其他保密信息除外。③行为的责任管理机构应为自己的行为负责。管理机构应该为董事会成员设置书面期望（包括有关委员会服务、参与会议、参与筹款和项目活动），每年应该评估自己的执行力。如果没有规定在管理文件里，管理机构应该为他的办公人员设置工作叙述（主席、财务保管人员、秘书等）。（5）利益冲突。①非政府组织的最大利益。因服务于管理机构，董事会成员应该把组织利益放在个人利益之前，把组织的最大利益放在个人需求之前。②影响董事的事项。任何董事都不能参与决定直接影响其个人的事项（如管理机构的再选举、个人报酬等）。③披露。每个董事都应该披露所有的潜在或者真实的利益冲突，包括他或者她有可能会涉及利益冲突的组织分支机构（如作为有重叠目标和使命的另一个非政府组织的董事会成员）。这些披露不能暗含任何的不道德。④书面的利益冲突政策。管理机构应该具备书面利益冲突政策，且适用于董事、任何对组织活动或资源有重要决策权力的职员和志愿者与相关组织的合作者。⑤签名。管理机构应该向其成员提供利益冲突陈述，并且在每次的服务任期内都需要有个人签名。⑥向管理机构成员提供贷款。如果非政府组织具有向管理机构成员提供贷款的条款，就应该有该贷款怎么运行的条款。所有与管理机构成员进行的贷款或者交易都应该包括在非政府组织的财务报告里面并非应该向公众披露。

第三节　慈善组织行为准则评述

一、慈善组织行业自律的作用

（一）完善规制方式

慈善组织的法律管制主要是靠其注册国法律及行为地国法律，一旦这两类国家的法律制度瓦解或无相关法律规定，慈善组织就面临着规制真空（vacuum of regulation），此时行为准则就担当起了对慈善组织法律进行约束的角色，弥补规制缺陷。即使有的国家的国内法律制度没有瓦解，也会存在对慈善组织的规制缺失或削弱的状况，行为准则同样能起到规制的作用。除此之外，慈善组织在国际法领域缺失国际法律地位，在国际法范畴内就很难对其实施规制，虽然存在着少量的国际条约及大量的国际政府组织能对其进行规制约束，但是由于这些方式也存在着各种各样的缺陷，对相关慈善组织的约束是不够的，而慈善组织间的行为准则就弥补了这种缺陷，起到了完善慈善组织法律规制的作用。

（二）完善内部治理

如前所述，大多数行为准则都把完善慈善组织的内部治理作为其目标之一。实践证明，这种规定确实对完善慈善组织内部治理起到了非常重要的作用。大多数行为准则都对非政府组织的基本特征加以界定，使其在设立之初就符合非营利性、非政府性、组织性和合法性，这不仅有利于慈善组织的自身建设，而且还有利于增加公众对其的信任度。有的行为准则通过规定其成员的年度报告义务增加该组织的透明度，使公众能清楚地明了该组织的资金来源和支出，提高了其在社会中的总体信任度。另外，这种报告制度也构成了公众与之交流的平台，公众可以在对其公布内容的真伪性和有效性进行判断后提出批评或赞扬，从而对该组织的内部治理起到督促的作用，使之不断地提高自身的专业能力和业务水平，更加符合程序、更加有效。除此之外，该行为准则还可以增强慈善组织的内部黏合力（internal cohesion），使其职员、成员和相关利害关系人之间的关系更加融洽及目标更加统一。有的捐赠人在向某一慈善组织进行捐赠的时候，就把该组织是否已经加入某一行为准则作为捐赠的一个必要条件。

（三）完善问责性

近年来，由于国际社会对慈善组织问责性考量的不断增加，导致增加国际非政府组织的问责性成为行为准则设立的主要目标之一。慈善组织的问责性是一个比较复杂的问题，主要包含以下内容：组织的治理、财政的完整性和透明度、组织的信赖性和能力、实施有效性、倡议有效性、对相关利益人的信息知情权、对申诉人的有效回应等。就慈善组织的发展来看，能够及时公布其财政状况的慈善组织数量很少，有很多比较有影响力的慈善组织就不公布其财政报告。这就会使公众对其资金的来源及支出产生怀疑，这也是为什么会出现慈善组织财政丑闻的原因，如近期公众对儿慈会财政状况的质疑。即使有的慈善组织公布其财政报告，公众又如何判断其真伪呢？所以，行为准则的出现，通过不断增加其问责性的措施来促使慈善组织对其管理者、捐赠人、受益者和相关利害关系人进行负责，完善其问责制度。

（四）增强国际影响力

由于慈善组织的国际性特征，其关注的是国际视野下进行的跨国活动。慈善组织在不同的主权国家进行行为的时候，由于公众对其目标和行为不理解，也会造成其活动的有效性降低或者很难进行下去的困境。而加入相应的行为准则，慈善组织能增强内部治理和外部问责性，这不仅有利于增加公众对其信任度和了解度的增加，也有利于其提高国际影响力。这不仅会使相关慈善组织在某一主权国家行为时较为容易实现其目标，也有利于其与主权国家和国际政府组织开展各种合作，获得一定的国际法律地位。

二、慈善组织行业自律的缺陷

慈善组织的行为准则大多出现在 20 世纪后期，起步较晚，本身的发展大多存在着在当时的国内、国际环境下不可避免的缺陷。

（一）数量较少

慈善组织行为准则的缔结需要多种因素共同作用才能达成。其中主要有主权国家的影响和慈善组织本身素质的提高。如果一个主权国家对于慈善组织的态度比较重视，或者鼓励扶植或者加强管理规制，在其内部出现行为准则的概率就较大，如澳大利亚、菲律宾、南非、美国、加拿大及日本等，这些国家对于慈善组织较为重视，国内立法也较为完善；而有些国家对于慈善组织的认识较晚，国内相关立法也较为缺乏，如中国，行为准则在国内的发展就较为缓慢。另外，影响行为准则发展的一个因素是慈善组织本身的素质，大多数行为准则都对慈善组织的基本条件、内部治理和实施机制作出了比较详细的规定，而有些慈善组织要么本身的建设和治理不符合要求，要么虽然符合要求但担心加入某类行为准则后受到太多管制而失去独立性。再加上公众对其自身规制的要求不高，种种因素结合就造成了行为准则数量较少的局面。此外，大多数行为准则要求对在一个主权国家内设立的慈善组织进行管制约束，而对于在该国行为或者在整个国际行为的其他慈善组织进行自我约束的行为准则数量较少，虽然有的国内行为准则中也有对在该国行为的慈善组织进行约束的条款，但囿于该行为准则的自愿性质和慈善组织的觉悟，对于符合条件的相关组织操作性不强，慈善组织可能需要加入一系列的行为准则，这就会成为其在某一主权国行为的一个障碍。在国际层面，这类行为准则的数量更少，并且大多出现在国际人道主义救助领域，如红十字会行为准则、应对艾滋病行为准则等，且这一类行为准则的规定也不是很完善，如红十字会行为准则只有一些一般原则的设定、慈善组织问责宪章只针对慈善组织的问责性治理，这些规定相对比较片面且笼统。

（二）自愿性质

慈善组织行为准则的一个内在缺陷是其本身的自愿性质（voluntary nature），即相关慈善组织加入这类行为准则完全靠的是自愿，不存在任何的强制性措施，这就造成该类行为准则的实施力度不强，如果该类行为准则设置的内容稍微严格一些，就有可能造成没有相关组织加入的局面。影响相关慈善组织加入行为准则主要有以下因素，首先，慈善组织的自我约束觉悟，除非其组织章程中有该内容的相关规定，有此觉悟的慈善组织较少；其次，相关行为准则的声望及可信度，如果有关慈善组织因没有加入某一较有声望的行为准则将陷入尴尬境地则会增加行为准则加入者的数量；再次，加入某一行为准则是出于功利因素，如有的捐赠者在实施捐赠的时候，就限定了以该组织加入某一行为准则为获得捐赠的一个必备条件，如澳大利亚政府规定只有加入《澳大利亚委员会有关国际发展的行为准则》的慈善组织才可以申请澳大利亚政府捐助资金；最后，有的政府把免税或减税作为促使慈善组织加入行为准则的一个条件，如菲律宾及巴基斯坦的慈善组织就因加入了该国慈善组织行为准则而获得了捐赠的免税资格。

（三）规定模糊

慈善组织行为准则数量众多，如果每一种行为准则都从本国或者本领域内的基本情况出发，根据不同的目标，设置不同的规定，就会造成标准不统一，相关要求模糊。如红十字会行为准则的规定仅为一般性的原则规定，对怎么实现其宗旨目标也没有具体的规定，这使得签署者在加入该行为准则时对于到底要实现什么目标没有明确的设想；有的行为准则只是笼统地规定签署者应对公众及相关利害关系人负责，而没有列举相关利害关系人的范围，如菲律宾的国内行为准则；有的行为准则仅仅规定要完善签署者的问责性，殊不知问责性是一个比较复杂的问题，只通过一个粗略表述而不设置具体标准是很难达到目标的。行为准则规定模糊的另一个表现是在国际社会中没有统一的国际标准，比如问责性，向谁问责及实现的方式是什么？相关慈善组织在加入行为准则的时候面临着注册国行为准则、行为国行为准则及国际行为准则，这些准则的规定各有不同，设置的标准也各不相同，这造成的直接危害就是行为准则的实施困难。

（四）实施机制缺失

慈善组织自我约束方式存在的一个缺陷是缺少有效的实施机制。出于对行为准则实施成本的考虑，每个国家对实施机制的设定也各有不同。有相当数量的国家的行为准则根本就没有涉及实施机制，如孟加拉国共和国、菲律宾、美国、南非等；有的国家行为准则规定的是要求签署成员自我认证（self-certification），如印度、加拿大及马其顿王国等，签署者对自身行为是否符合行为准则进行自我评估，向有关部门提交报告；有的行为准则则是采用第三方认证机制（third party certification），如澳大利亚、巴基斯坦及美国马里兰州等。即使有些国家的行为准则涉及实施机制，其对成员的遵守设置也较为模糊，大多数对成员是否遵守行为准则不会进行主动的审查，而只有在受到有关遵守问题的投诉时，才会展开调查，即使是进行了调查，大多数的行为准则也不会对违反该行为准则的成员设定惩罚机制，即在什么情况下成员资格会被中止和终止，如博茨瓦纳、柬埔寨、印度及欧盟等国家的行为准则。除此之外，对于其成员的行为是否符合行为准则，也缺少相关报告制度及监督制度作为实施机制的保障。一套行之有效的实施机制的缺失，对于该类行准则目标的达成和促使慈善组织自我约束是困难的。

三、慈善组织行业自律的思考

由于没有统一标准的存在，慈善组织行为准则不可避免地存在着上述各种缺陷。随着国际非政府组织在国际法及国际治理领域中发挥的作用日益增强，国际社会也开始将目光聚集在慈善组织身上。为突出慈善组织行为准则的重要性和较为有效地实现其目的，笔者特为其设置提出几点思考，以期起到抛砖引玉的作用。

（一）慈善组织自我约束方式的存在至关重要

总体来看，慈善组织受到的管制约束是相对薄弱的，在国内法层面，其受到注册国及行为地国国内法的约束，但是由于有些国家的国内法缺失及薄弱，再加上两国之间法律冲突的存在，所以这种方式主要是在主权国家内部起作用，而对于进行跨国行为的慈善组织约束起到的作用并不大；而在国际法层面，由于慈善组织国际法律地位的缺失，虽然有相关条约及国际政府组织对其进行管制约束，但囿于其存在量少、两者地位不对等和有的慈善组织不愿意接受这种管制方式等先天性缺陷，这种管制方式起到的作用也是非常有限的。虽然通过加入行为准则进行自我约束的方式目前还存在各种各样的缺陷，但是由于这种方式在现实环境中的灵活性，众多慈善组织还是较为接受的。一方面，行为准则对慈善组织的设立条件、设立目的、行为原则、组织建设、报告制度等内部治理进行较为完善的规定，对于增强其签署者的合法性、透明性和问责性起到了非常重要的作用；另一方面，这种自我约束方式可以弥补国内法规约束和国际法约束的缺陷，在完善自身建设的同时，有利于慈善组织增强国际合作、提高国际影响力和促进国际法律地位的获得。

（二）慈善组织自我约束方式的完善需要长期且复杂的过程

这种自我约束的方式，虽然能够起到非常重要的作用，但是也存在各种各样的缺陷，其完善将是一个长期的过程。首先，这种自我约束方式的完善需要较为适宜其发展的外部环境作为支撑。主要包括慈善组织注册国和行为国相关法律的完善应有利于促进慈善组织的发展，如果一个主权国家没有为慈善组织的发展和行为提供好的法律及政策环境，其国内的慈善组织就不能蓬勃发展，也就更谈不上发展相关行为准则了。除此之外，慈善组织也要有进行国际合作的意识，这种合作不仅仅包括各类非政府组织间的合作，而且还包括其与主权国家和国际政府组织的合作，只有这样才能为行为准则的建设广泛纳言献策并促进其完善发展。其次，这种自律方式的完善需要从自身性质到相关机制都有较为完善的规定。当然，在现实条件下，如果对其规定要求得特别苛刻，难免有理想主义之嫌，也将削弱这种自我约束方式的可行性。但是，为了使这种自律方式更具可操作性并发挥出更重要的作用，笔者还是斗胆对其中的相关规定提出几点思考。

1. 改变完全自愿性质

为了增强这种自我约束方式的可操作性和有效性，最首先要做出改变的是其自愿性质。自愿性质所带来的直接后果就是行为准则对其签署者没有强制约束力。慈善组织没有义务加入相关行为准则，即使要加入可能主要是基于功利主义的考虑，如要获得捐款等。慈善组织加入与否、加入后遵守与否及怎样遵守等都出于自愿，这将使行为准则的有效性大打折扣，并会引起公众对这类行为准则的有效性的怀疑。所以，为了使其更具有效性，能真正对慈善组织起到自我约束作用，首先要做的是改变其自愿性质。但是依靠什么途径改变其自愿性质呢？在目前慈善组织缺失相关国际法律地位的情况下确实很难通过强制义务的设置做到这一点，笔者认为不妨参照《澳大利亚委员会国际发展行为准则》、菲律宾和巴基斯坦等国的相关行为准则中采取功利主义的方法，把慈善组织加入该行为准则作为其获得捐款及免税资格的一个条件，甚至可以作为慈善组织在该国行为的一个标准；或者促使主权国家仿照《关于承认非政府组织国际法律地位欧洲公约》，签署相关条约，为慈善组织设置加入相关行为准则的义务。

2. 明确目标，解决规定模糊难题

为了达到行为准则自我约束的作用，明确其目标，对于现有规定模糊问题也亟须改进。如前所述，大多数行为准则开章明义表明其目标是完善其内部治理和增强其问责性，但是在具体规定的时候却没有表明通过什么样的方式实现内部治理和增强问责性的目标，有的慈善组织在加入行为准则的时候对要达成什么样的目标根本没有具体的设想。再如，国际红十字会的行为准则仅仅是一般原则的规定，对怎么实现签署者的合法性、透明度和问责性根本没有涉及。除此之外，有的慈善组织面临注册国行为准则、行为国行为准则和国际行为准则的适用冲突，这就更造成了行为准则的模糊性，对实现其设想目标造成很大的困难。所以，笔者认为，行为准则具体规定其要实现的目标时，要对其实现目标的范围、方式和途径作出具体的设置，如对实现问责性目标的规定，不仅仅要笼统规定实现其问责性，还要对问责性的范围、实现的方式和惩处机制都作出具体的规定。而对于国际慈善组织面对三种行为准则冲突而造成模糊性这一问题，笔者认为亟须对行为准则的设定达成一致的国际标准，或以国际条约的形式或以示范性文件的形式，这样行为准则的达成就会有一个可以仿照的文本，从而解决模糊性难题。

3. 健全遵守和实施机制

一套行之有效的遵守和实施机制是行为准则自我约束方式目的的达成与否的关键所在。而正是这一机制的缺失造就了行为准则的一重大缺陷。如何设置和实施行之有效的遵守机制恐怕是修改和制定新的行为准则所要面临的一个重大难题。笔者认为，应该把遵守和实施机制作为行为准则设置时的必备条款，以改变现有大部分行为准则缺失这一机制的局面。而在这一机制设置时，要增加相关制度作为保障机制，如报告和监督制度，规定签署者向专门设置的机构提交年度报告的义务，展示该组织是如何按照准则的要求实施以及取得了什么样的成果，并且设置专门的监督机构对其行为和报告的真伪性进行监督。除了报告和监督制度，有效的申诉机制也是必不可少的。申诉机制要改变原有的被动审查（complaint-driven）局面，由被动变为主动，并且扩大审查提起者的范围，如所有的相关利害关系人都可以就某一组织违反了行为准则提交申诉，如《埃塞俄比亚慈善组织行为准则》。此外，这种机制也要增加惩处和奖励机制作为辅助机制，毕竟现有的行为准则很少规定惩处机制（sanction system），即使规定了这种机制，也鲜有慈善组织因遵守不力而被终止或中止成员资格的案例。当然，激励机制也是必不可少的，激励机制的存在是慈善组织遵守行为准则的动力。

参考文献

一、中文著作

［1］周秋光、曾桂林:《中国慈善简史》,人民出版社 2006 年版。

［2］邓国胜主编:《公益慈善概论》,山东人民出版社 2015 年版。

［3］彭小兵主编:《公益慈善事业管理》,南京大学出版社 2012 年版。

［4］周志忍、陈庆云主编:《自律与他律——第三部门监督机制个案研究》,浙江人民出版社 1999 年版。

［5］安树彬主编:《〈慈善法〉前沿问题研究》,厦门大学出版社 2016 年版。

［6］陈国庆:《慈善论》,西北大学出版社 2017 年版。

［7］高鉴国等:《中国慈善捐赠机制研究》,社会科学文献出版社 2015 年版。

［8］聊城大学慈善法研究组:《〈中华人民共和国慈善法〉专家建议稿》,法律出版社 2015 年版。

［9］李德健:《英国慈善法研究》,法律出版社 2017 年版。

［10］郑功成等:《当代中国慈善事业》,人民出版社 2010 年版。

［11］石国亮:《慈善组织公信力研究》,人民日报出版社 2015 年版。

［12］刘凯茜等:《2014 年度中国慈善透明报告》,载彭建梅主编:《中国慈善透明报告(2009—2014)》,企业管理出版社 2014 年版。

［13］耿云:《国外慈善事业简论》,中国社会出版社 2014 年版。

［14］赵华文、李雨:《慈善的真相》,安徽人民出版社 2012 年版。

［15］俞可平主编:《治理与善治》,社会科学文献出版社 2000 年版。

［16］俞可平主编:《中国如何治理? 通向国家治理现代化的道路》,外文出版社 2018 年版。

［17］俞可平:《论国家治理现代化》,社会科学文献出版社 2014 年版。

［18］俞可平等:《中国公民社会的制度环境》,北京大学出版社 2006 年版。

[19] 俞可平等：《中国公民社会的兴起与治理的变迁》，社会科学文献出版社 2002 年版。

[20] 俞可平主编：《全球化：全球治理》，社会科学文献出版社 2003 年版。

[21] 彭柏林等：《当代中国公益伦理》，人民出版社 2010 年版。

[22] 杨道波：《公益性社会组织约束机制研究》，中国社会科学出版社 2011 年版。

[23] 廖鸿、石国亮、朱晓红：《国外非营利组织管理创新与启示》，中国言实出版社 2011 年版。

[24] 刘春湘：《非营利组织治理结构研究》，中南大学出版社 2006 年版。

[25] 杨团主编：《中国慈善发展报告（2012）》，社会科学文献出版社 2012 年版。

[26] ［美］丽莎·乔丹、［荷兰］彼得·范·图埃尔主编：《非政府组织问责：政治、原则与创新》，康晓光等译，中国人民大学出版社 2008 年版。

[27] 李玟主编：《非营利组织管理学》，高等教育出版社 2016 年版。

[28] 陈宏彩主编：《数字化改革与整体智治（浙江治理现代化转型）》，中共中央党校出版社 2021 年版。

[29] 李长文：《社会组织能力建设理论与实践》，中国社会出版社 2020 年版。

[30] 刘建军、邓理：《国家治理现代化：新时代的治国方略》，上海人民出版社 2020 年版。

[31] 孙柏瑛：《城市基层政府社会治理体制机制的现代转型》，中国社会科学出版社 2020 年版。

[32] 雷晓康等：《中国社会治理十讲》，中国社会科学出版社 2019 年版。

[33] 韩小凤：《我国老年福利供给的碎片化及整体性治理》，中国社会科学出版社 2019 年版。

[34] 康晓强：《社会建构的逻辑：中国社会组织发展论纲》，中国政法大学出版社 2017 年版。

[35] 徐永光：《公益向右 商业向左》，中信出版社 2017 年版。

[36] 童星：《中国社会治理》，中国人民大学出版社 2018 年版。

[37] 陆汉文、黄承伟主编：《中国精准扶贫发展报告（2017）》，社会科学文献出版社 2017 年版。

[38] 李传军：《电子政府与服务型政府》，中国书籍出版社 2015 年版。

[39] 靳继东：《预算改革的政治分析：理论阐释与中国视角》，科学出版社 2015 年版。

[40] 曹磊等：《互联网+ 跨界与融合》，机械工业出版社 2015 年版。

[41] 陈谭等：《大数据时代国家治理》，中国社会科学出版社 2015 年版。

[42] 张康之：《走向合作的社会》，中国人民大学出版社 2015 年版。

[43] 张康之：《公共行政的行动主义》，江苏人民出版社 2014 年版。

[44] 张康之、李传军编著：《公共行政学》，北京大学出版社 2007 年版。

[45] 于施洋、王璟璇：《电子政务顶层设计：信息化条件下的政府业务规划》，社会科学文献出版社 2014 年版。

[46] 曾凡军：《基于整体性治理的政府组织协调机制研究》，武汉大学出版社 2013 年版。

[47] 张静：《法团主义》（修订版），中国社会科学出版社 2008 年版。

[48] 章萍：《养老服务 PPP：从理论逻辑到实践运作》，中国政法大学出版社 2019 年版。

[49] 崔运武主编：《公共事业管理》，复旦大学出版社 2013 年版。

[50] 王名：《社会组织论纲》，社会科学文献出版社 2013 年版。

[51] 王名主编：《中国 NGO 口述史》（第 1 辑），社会科学文献出版社 2012 年版。

[52] 王名、李勇、黄浩明编著：《德国非营利组织》，清华大学出版社 2006 年版。

[53] 王名主编：《中国民间组织 30 年——走向公民社会》，社会科学文献出版社 2008 年版。

[54] 王名等编著：《日本非营利组织》，北京大学出版社 2007 年版。

[55] 王名：《社会组织与社会治理》，社会科学文献出版社 2014 年版。

[56] 马玉丽：《社会组织与社会治理研究》，山东大学出版社 2019 年版。

[57] 王世强编著：《社会组织法律法规与政策》，首都经济贸易大学出版社 2017 年版。

[58] 王振海、黄文冰、严惜怡：《寻求有效社会治理——国内外社会组织发展范式分析》，社会科学文献出版社 2010 年版。

[59] 吴玉章：《民间组织的法理思考》，社会科学文献出版社 2010 年版。

[60] 陈金罗、刘培峰主编：《转型社会中的非营利组织监管》，社会科学文献出版社 2010 年版。

[61] 王浦劬等：《政府向社会组织购买公共服务研究：中国与全球经验分析》，北京大学出版社 2010 年版。

[62] 张清等：《非政府组织的法治空间：一种硬法规制的视角》，知识产权出版社 2010 年版。

[63] 陈国权等：《责任政府：从权力本位到责任本位》，浙江大学出版社 2009 年版。

[64] 吴玉章主编：《中国民间组织大事记（1978～2008）》，社会科学文献出版社 2010 年版。

[65] 陶学荣、崔运武主编：《公共政策分析》，华中科技大学出版社 2008 年版。

[66] 褚松燕：《中外非政府组织管理体制比较》，国家行政学院出版社 2008 年版。

[67] 邓正来：《国家与社会：中国市民社会研究》，北京大学出版社 2008 年版。

[68] 陈光旨、曾凡军、黄宝中：《从复杂性科学看管理——主客体管理思维》，广西师范大学出版社 2007 年版。

[69] 刘玉能等：《民间组织与治理：案例研究》，社会科学文献出版社 2012 年版。

[70] 何增科、包雅钧主编：《公民社会与治理》，社会科学文献出版社 2011 年版。

[71] 万军：《社会建设与社会管理创新》，国家行政学院出版社 2011 年版。

[72] ［美］史景迁：《追寻现代中国（1600—1949）》，温洽溢译，四川人民出版社 2019 年版。

[73] 何艳玲：《公共行政学史》，中国人民大学出版社 2018 年版。

[74] ［美］C. 赖特·米尔斯：《社会学的想像力》，陈强、张永强译，生活·读书·新知三联书店 2012 年版。

[75] ［瑞典］乔恩·皮埃尔、［美］B. 盖伊·彼得斯：《治理、政治与国家》，马婷、唐贤兴译，格致出版社 2019 年版。

[76] 俞可平：《走向善治：国家治理现代化的中国方案》，中国文史出版社 2016 年版。

[77] 林尚立：《两种社会构建：中国共产党与非政府组织》，载王名：《中国非营利评论》（第 1 卷），社会科学文献出版社 2007 年版。

[78] ［美］莱斯特·M. 萨拉蒙：《公共服务中的伙伴——现代福利国家中政府与非营利组织的关系》，田凯译，商务印书馆 2008 年版。

[79] 杨团主编：《慈善蓝皮书：中国慈善发展报告（2017）》，社会科学文献出版社 2017 年版。

[80] 廖理：《公司治理与独立董事》，中国计划出版社 2002 年版。

[81] ［美］罗斯科·庞德：《通过法律的社会控制》，沈宗灵译，商务印书馆 2010 年版。

[82] 王珏：《组织伦理——现代性文明的道德哲学悖论及其转向》，中国社会科学出版社 2008 年版。

[83] ［法］埃米尔·涂尔干：《社会分工论》，渠敬东译，生活·读书·新知三联书店 2000 年版。

[84] 上海市慈善基金会、上海慈善事业发展研究中心编：《慈善：创新与发展》，上海社会科学院出版社 2009 年版。

[85] 李莉：《中国公益基金会治理研究——基于国家与社会关系视角》，中国社会科学出版社 2010 年版。

[86] 孙立平等：《动员与参与——第三部门募捐机制个案研究》，浙江人民出版社 1999 年版。

[87] 贺立平：《让渡空间与拓展空间——政府职能转变中的半官方社团研究》，中国社会科学出版社 2001 年版。

[88] 蒋玉：《社会组织道德行为的生成逻辑》，中国社会科学出版社 2016 年版。

[89] 谢志平：《关系、限度、制度：转型中国的政府与慈善组织》，北京师范大学出版社 2011 年版。

[90] 张军涛、曹煜玲编著：《第三部门管理》，东北财经大学出版社 2010 年版。

[91] 王绍光、何建宇：《中国的社团革命——中国人的结社版图》，载邓正来主编：《国家

与市民社会：中国视角》，格致出版社 2011 年版。

[92] 徐麟主编：《中国慈善事业发展研究》，中国社会出版社 2005 年版。

[93] 罗昆：《非营利法人的私法规制》，中国社会科学出版社 2017 年版。

[94] 魏礼群主编：《中国社会治理通论》，北京师范大学出版社 2019 年版。

[95] 康晓光、冯利主编：《中国第三部门观察报告》，社会科学文献出版社 2011 年版。

[96] 康晓光等：《依附式发展的第三部门》，社会科学文献出版社 2011 年版。

[97] 康晓光等：《NGO 与政府合作策略》，社会科学文献出版社 2010 年版。

[98] 张文显：《法哲学范畴研究》，中国政法大学出版社 2001 年版。

[99] 康晓光：《权力的转移——转型时期中国权力格局的变迁》，浙江人民出版社 1999
年版。

二、中文期刊论文

[1] 陈丛刊：《论体育社会组织治理的内在逻辑——基于"合法性·权威·支配形式"的
分析框架》，载《西安体育学院学报》2018 年第 6 期。

[2] 陈松友、卢亮亮：《自治、法治与德治：中国乡村治理体系的内在逻辑与实践指向》，
载《行政论坛》2020 年第 1 期。

[3] 陈涛、李华胤：《"箱式治理"：自治、法治与德治的作用边界与实践效应——以湖北
省京山市乡村振兴探索为例》，载《探索》2019 年第 5 期。

[4] 陈为雷、毕宪顺：《美国慈善事业监管体制及其对中国的启示》，载《东岳论丛》2015
年第 7 期。

[5] 邓大才：《走向善治之路：自治、法治与德治的选择与组合——以乡村治理体系为研
究对象》，载《社会科学研究》2018 年第 4 期。

[6] 董蕾红、李宝军：《论慈善组织的政府监管》，载《山东大学学报（哲学社会科学
版）》2015 年第 6 期。

[7] 胡小军：《〈慈善法〉实施后慈善组织监管机制构建的挑战与因应》，载《学术探索》
2018 年第 4 期。

[8] 黄君录、何云庵：《新时代乡村治理体系建构的逻辑、模式与路径——基于自治、法
治、德治相结合的视角》，载《江海学刊》2019 年第 4 期。

[9] 黄建：《城市社区治理现代化路径探析——基于统合自主性的理论视角》，载《社会科
学战线》2019 年第 12 期。

[10] 周如南、卞筱灵、陈敏仪：《传播、赋权与公信力：新媒体环境下的公益慈善组织信
息公开及其效果研究》，载《广州大学学报（社会科学版）》2017 年第 1 期。

[11] 杨思斌：《慈善法治建设：基础、成效与完善建议》，载《社会科学战线》2019 年第
10 期。

［12］唐敏：《试论我国慈善组织监管法律制度的完善》，西北大学 2011 年硕士学位论文。

［13］傅达林：《"郭美美事件"折射我国慈善组织监管缺失》，载《法制与经济（上旬刊）》2011 年第 8 期。

［14］高静华：《慈善透明的困境与治理策略》，载《中国社会组织》2018 年第 15 期。

［15］石国亮：《慈善组织公信力重塑过程中第三方评估机制研究》，载《中国行政管理》2012 年第 9 期。

［16］石国亮：《破解社区社会组织发展难题之道》，载《中国社会组织》2018 年第 4 期。

［17］关爽、李春生：《走向综合监管：国家治理现代化背景下社会组织治理模式转型研究》，载《学习与实践》2021 年第 7 期。

［18］李健：《慈善组织信息公开何以可能？——基于 PP-DADI 模型的综合分析》，载《吉林大学社会科学学报》2018 年第 2 期。

［19］李健：《政策设计与社会企业发展——基于 30 个国家案例的定性比较分析》，载《理论探索》2018 年第 2 期。

［20］唐世平：《超越定性与定量之争》，载《公共行政评论》2015 年第 4 期。

［21］颜梦洁、李青：《政治关联与非营利组织透明度：自媒体监督的调节效应》，载《公共管理与政策评论》2021 年第 2 期。

［22］武晗、王国华：《注意力、模糊性与决策风险：焦点事件何以在回应型议程设置中失灵？——基于 40 个案例的定性比较分析》，载《公共管理学报》2021 年第 1 期。

［23］徐艳晴、许土妹、黄燕梅：《传播过程理论视角下突发事件网络舆情的影响因素及机理研究》，载《海南大学学报（人文社会科学版）》2022 年第 2 期。

［24］周俊、徐久娟：《社会组织违规的影响因素与多元路径——基于 30 个案例的定性比较分析》，载《北京行政学院学报》2020 年第 5 期。

［25］王鑫等：《慈善组织信息披露质量的现状及提升路径——基于山东省慈善组织年报的分析》，载《山东工商学院学报》2023 年第 1 期。

［26］徐晓明：《社会组织强制信息披露制度构建问题研究》，载《天津行政学院学报》2013 年第 3 期。

［27］易继明：《社会组织退出机制研究》，载《法律科学（西北政法大学学报）》2012 年第 6 期。

［28］赵艳青：《当前我国慈善组织公信力问题研究——以河南省郑州市为例》，郑州大学 2013 年硕士学位论文。

［29］陈林：《非营利组织法人治理研究》，中国科学技术大学 2002 年博士学位论文。

［30］金锦萍：《社会组织合法性应与登记切割》，载《学会》2012 年第 11 期。

［31］金锦萍：《〈民法典〉背景下民政业务领域中的非营利法人》，载《中国民政》2020 年第 17 期。

[32] 金锦萍：《论作为商主体的非营利法人》，载《法治研究》2021 年第 3 期。

[33] 金锦萍：《论非营利法人从事商事活动的现实及其特殊规则》，载《法律科学（西北政法学院学报）》2007 年第 5 期。

[34] 夏利民：《财团法人的制度价值及其影响》，载《重庆社会科学》2008 年第 8 期。

[35] 陈金罗：《中国非营利组织立法的发展路径：非营利组织立法的点滴忆想》，载《中国非营利评论》2013 年第 1 期。

[36] 朱力：《起步中的中国慈善事业》，载《南京社会科学》2000 年第 12 期。

[37] 谢鸿飞、涂燕辉：《民法典中非营利法人制度的创新及评价》，载《社会治理》2020 年第 7 期。

[38] 周江洪：《日本非营利法人制度改革及其对我国的启示》，载《浙江学刊》2008 年第 6 期。

[39] 李芳、孙旖旎：《双层结构非营利法人分类体系之构建》，载《中国社会组织研究》2021 年第 2 期。

[40] 刘太刚：《我国非营利组织基本法的立法模式探讨》，载《江苏行政学院学报》2011 年第 2 期。

[41] 许晓岑、王利民：《我国捐助法人民事法律制度建构——以〈民法典〉总则部分的非营利法人为整体视角》，载《广西社会科学》2020 年第 10 期。

[42] 赵风、李放：《社会公益组织退出机制研究》，载《江海学刊》2016 年第 3 期。

[43] 马庆钰：《改进社会组织监管的初探》，载《中国机构改革与管理》2016 年第 5 期。

[44] 彭军：《完善社会组织监管机制 促进社会治理创新》，载《中国民政》2015 年第 5 期。

[45] 朱恒顺：《慈善组织分类规制的基本思路——兼论慈善法相关配套法规的修改完善》，载《中国行政管理》2016 年第 10 期。

[46] 张清、武艳：《包容性法治框架下的社会组织治理》，载《中国社会科学》2018 年第 6 期。

[47] 潘乾、尹奎杰：《英国慈善组织监管法律制度及其借鉴》，载《行政论坛》2014 年第 1 期。

[48] 毕素华：《中国语境下社会组织与政府关系再探讨：以慈善机构为例》，载《山东社会科学》2017 年第 1 期。

[49] 张雅勤：《论公共性重建视野下的行政组织变革》，载《学海》2015 年第 2 期。

[50] 何渊：《智能社会的治理与风险行政法的建构与证成》，载《东方法学》2019 年第 1 期。

[51] 蒋悟真、魏舒卉：《迈向现代慈善：我国〈慈善法〉文本的规范分析》，载《政法论丛》2017 年第 2 期。

[52] 王名、孙伟林:《社会组织管理体制:内在逻辑与发展趋势》,载《中国行政管理》2011年第7期。

[53] 王名、乐园:《中国民间组织参与公共服务购买的模式分析》,载《中共浙江省委党校学报》2008年第4期。

[54] 王名、孙伟林:《我国社会组织发展的趋势和特点》,载《中国非营利评论》2010年第1期。

[55] 王名:《改革民间组织双重管理体制的分析和建议》,载《中国行政管理》2007年第4期。

[56] 王名、张严冰、马建银:《谈谈加快形成现代社会组织体制问题》,载《社会》2013年第3期。

[57] 王名:《走向公民社会——我国社会组织发展的历史及趋势》,载《吉林大学社会科学学报》2009年第3期。

[58] 王名:《中国社会组织管理体制改革:理论研究和实践发展》,载《第一资源》2013年第6期。

[59] 王名、张雪:《双向嵌入:社会组织参与社区治理自主性的一个分析框架》,载《南通大学学报(社会科学版)》2019年第2期。

[60] 王名、贾西津:《中国NGO的发展分析》,载《管理世界》2002年第8期。

[61] 吕鑫:《从社会组织到慈善组织:制度衔接及其立法完善》,载《苏州大学学报(哲学社会科学版)》2022年第5期。

[62] 吕鑫:《分配正义:慈善法的基本价值》,载《浙江社会科学》2018年第5期。

[63] 吕鑫:《我国慈善募捐监督立法的反思与重构——全程监督机制的引入》,载《浙江社会科学》2014年第2期。

[64] 李建升、李巍、刘满成:《促进慈善组织公信力提升的"三位一体"机制》,载《社会与公益》2019年第4期。

[65] 李巍、孙乃纪:《治理转型期社会组织内部领导方略探究》,载《学术交流》2015年第10期。

[66] 林苍松、张向前:《中国特色社会组织发展道路探索》,载《重庆社会科学》2018年第5期。

[67] 王欢明、陈佳璐:《地方政府治理体系对PPP落地率的影响研究——基于中国省级政府的模糊集定性比较分析》,载《公共管理与政策评论》2021年第1期。

[68] 李政辉:《论募捐的管制模式与选择——兼评"公募权"》,载《法治研究》2013年第10期。

[69] 李建升、石卫星、郭娅娟:《基于政府视角谈公益慈善组织公信力构建》,载《社会与公益》2019年第5期。

[70] 刘娜：《当前慈善组织公信力的保持：外部监管与内部治理》，载《河北地质大学学报》2017 年第 2 期。

[71] 龚迎春、廖劲、刘少华：《党建引领 法治保障 加强监管 不断提升慈善组织公信力》，载《中国民政》2023 年第 21 期。

[72] 顾秋静：《慈善的经济学分析》，南京师范大学 2007 年硕士学位论文。

[73] 于秀丽：《慈善组织的行为分析及对我国发展慈善事业的启示》，载《生产力研究》2006 年第 4 期。

[74] 梁璞璞、覃丽芳：《第三方评估在重塑慈善组织公信力中的作用研究》，载《法制与社会》2017 年第 21 期。

[75] 周中之：《法治思维下当代中国慈善组织的治理和监督机制》，载《上海师范大学学报（哲学社会科学版）》2021 年第 2 期。

[76] 蒋玉：《公益性社会组织的道德自律机制研究》，载《伦理学研究》2020 年第 3 期。

[77] 姜晓萍：《乡村治理的新思维》，载《治理研究》2018 年第 6 期。

[78] 姜晓萍、许丹：《新时代乡村治理的维度透视与融合路径》，载《四川大学学报（哲学社会科学版）》2019 年第 4 期。

[79] 姜晓萍：《国家治理现代化进程中的社会治理体制创新》，载《中国行政管理》2014 年第 2 期。

[80] 黄伟、王旸：《官方慈善组织声誉受损、声誉惩罚与民营企业捐赠行为》，载《管理评论》2023 年第 1 期。

[81] 张冉：《国外慈善组织声誉建设成功实践探析：基于政府实施的视角》，载《兰州学刊》2014 年第 12 期。

[82] 周庆智：《乡村社会关系重构、治理体制改革与乡村振兴——论乡村振兴的社会改革意义》，载《南京大学学报（哲学·人文科学·社会科学）》2019 年第 6 期。

[83] 周庆智：《基层社会治理转型：权威秩序到自治秩序》，载《甘肃社会科学》2017 年第 2 期。

[84] 周庆智：《政社互嵌结构与基层社会治理变革》，载《南京大学学报（哲学·人文科学·社会科学）》2018 年第 3 期。

[85] 杨伟伟、谢菊：《互联网视角下慈善组织公信力危机影响因素分析》，载《山东社会科学》2021 年第 10 期。

[86] 尹昱、钱黎春：《基于市场营销视角的慈善组织公信力提升研究》，载《安徽工业大学学报（社会科学版）》2018 年第 5 期。

[87] 吴龙龙：《监察人制度的扩展和完善——提升和保护慈善组织公信力的必要选择》，载《经济论坛》2020 年第 4 期。

[88] 谢琼：《立体监管：我国慈善事业发展的理性选择》，载《国家行政学院学报》2015

年第 4 期。

[89] 谢琼：《国外慈善立法的规律、特点及启示》，载《教学与研究》2014 年第 12 期。

[90] 谢琼：《欧洲慈善监管模式及对我国的启示》，载《苏州大学学报（哲学社会科学版）》2015 年第 5 期。

[91] 李迎生：《慈善公益事业的公信力建设论析》，载《中共中央党校学报》2015 年第 6 期。

[92] 李红：《我国慈善组织公信力建设中的政府作用研究》，西北大学 2016 年硕士学位论文。

[93] 李晗、张立民：《非营利组织公共危机救助活动审计制度安排与创新——中国红十字基金会抗震救灾审计的案例研究》，载《审计研究》2009 年第 3 期。

[94] 郭欢欢：《维护慈善机构公信力的第一道防线》，载《时代金融》2012 年第 12 期。

[95] 黎明琳：《重塑我国慈善机构公信力的对策研究——以中国红十字会为例》，载《法制与社会》2014 年第 23 期。

[96] 孙春霞、沈婕：《社会信任理论视角下的慈善组织公信力重建》，载《湖北社会科学》2014 年第 3 期。

[97] 刘晓钰：《非营利组织公信力危机及重塑——以红十字会为例》，载《前沿》2015 年第 8 期。

[98] 甘子明：《信息不对称理论视角下我国慈善组织公信力研究》，载《改革与开放》2017 年第 23 期。

[99] 李超、陈晶：《论我国家族信托监察人制度的构建》，载《重庆交通大学学报（社会科学版）》2015 年第 4 期。

[100] 时昊：《论我国〈慈善法〉与信托监察人制度》，载《知与行》2016 年第 10 期。

[101] 贾志科、罗志华：《新时代社会组织治理：面临的问题与路径选择》，载《学术交流》2020 年第 3 期。

[102] 陈博文：《公益信托监察人选任、辞任和解任标准探究》，载《法制与社会》2011 年第 10 期。

[103] 李巍涛、史一帆：《论慈善捐赠监管法治化的现代转型》，载《大理大学学报》2021 年第 3 期。

[104] 涂罡：《论慈善透明度——以〈慈善法〉中"慈善公开"为研究对象》，载《西安电子科技大学学报（社会科学版）》2017 年第 2 期。

[105] 李德健：《论慈善组织的影响力投资及其立法完善》，载《社会科学战线》2022 年第 9 期。

[106] 高小枚：《论健全慈善监督体制与提升慈善公信力》，载《贵州社会科学》2017 年第 9 期。

[107] 李龙贤：《论我国慈善组织的公益性》，载《南大法学》2023 年第 2 期。

[108] 李长春：《论中国慈善组织的监管》，载《暨南学报（哲学社会科学版）》2013 年第 6 期。

[109] 王林：《论中国近代慈善组织公信力的评价标准》，载《中国高校社会科学》2021 年第 5 期。

[110] 郑琦：《社会组织监管：美国的经验与启示》，载《社会主义研究》2013 年第 2 期。

[111] 周斌：《深圳市慈善事业联合会 发挥行业组织职能 推动慈善事业发展》，载《中国社会组织》2019 年第 16 期。

[112] 左停、李卓：《自治、法治和德治"三治融合"：构建乡村有效治理的新格局》，载《云南社会科学》2019 年第 3 期。

[113] 王方：《声誉机制、信息基础与我国慈善组织规制优化》，载《四川师范大学学报（社会科学版）》2018 年第 3 期。

[114] 王家宏、蔡朋龙：《国家治理视阈下全国性单项运动协会改革与发展的现实审视与推进策略》，载《成都体育学院学报》2018 年第 6 期。

[115] 葛道顺：《失信与问责：我国社会组织"四律"机制和政策建构》，载《学习与实践》2021 年第 9 期。

[116] 葛道顺：《中国社会组织发展：从社会主体到国家意识——公民社会组织发展及其对意识形态构建的影响》，载《江苏社会科学》2011 年第 3 期。

[117] 高新：《提升我国慈善组织公信力的法律保障机制探究》，载《产业与科技论坛》2020 第 15 期。

[118] 李明旸：《天津市市属社会团体完善诚信自律建设的对策研究》，载《中国社会组织》2016 年第 13 期。

[119] 吴磊、杜耐可：《外部环境、组织治理与慈善组织风险——基于多案例的定性比较分析》，载《公共管理与政策评论》2022 年第 5 期。

[120] 吴磊：《政府购买居家养老服务风险影响因素与防范路径研究——基于 S 市的扎根分析》，载《中国行政管理》2019 年第 12 期。

[121] 郑晓齐、宋忠伟：《我国慈善组织参与社会救助论析》，载《吉林大学社会科学学报》2019 年第 4 期。

[122] 崔亚杰、宁华、郗蒙浩：《我国慈善组织的基本概况：命名、成立时间及地域分布的特征——基于全国慈善信息公开平台信息的分析》，载《社会福利（理论版）》2022 年第 8 期。

[123] 吴洲：《我国慈善组织多元主体社会监督机制研究》，载《北京电子科技学院学报》2017 年第 1 期。

[124] 刘承涛、王潇：《我国慈善组织利益输送交易的判断标准》，载《浙江工业大学学报

（社会科学版）》2022 年第 3 期。

[125] 廖鸿、石国亮：《中国社会组织发展管理及改革展望》，载《四川师范大学学报（社会科学版）》2011 年第 5 期。

[126] 郑善文、高祖林：《我国慈善组织内部治理能力建设研究》，载《学海》2020 年第 6 期。

[127] 刘晓玲：《相关利益者理论视角下慈善组织问责实证研究》，载《广东省社会主义学院学报》2022 年第 4 期。

[128] 詹成付：《新时代慈善组织的使命》，载《中国社会组织》2019 年第 10 期。

[129] 赵廉慧：《慈善财产的性质和社会法法理》，载《国家行政学院学报》2016 年第 6 期。

[130] 何国科：《信息公开是慈善组织建立公信力的根本且唯一途径》，载《中国社会组织》2018 年第 16 期。

[131] 鲍绍坤：《社会组织及其法制化研究》，载《中国法学》2017 年第 1 期。

[132] 杨丽、赵小平、游斐：《社会组织参与社会治理：理论、问题与政策选择》，载《北京师范大学学报（社会科学版）》2015 年第 6 期。

[133] 倪咸林：《十八大以来的社会组织治理：政策演化与内在逻辑》，载《当代世界与社会主义》2017 年第 5 期。

[134] 戴海东、蒯正明：《社会组织参与社会治理过程中存在的问题与对策——基于对温州社会组织的调查分析》，载《科学社会主义》2014 年第 2 期。

[135] 张继亮、王映雪：《政府与社会组织协同治理效能提升的三重维度》，载《学术交流》2018 年第 6 期。

[136] 赵宇新：《探索中国特色社会组织的科学内涵》，载《毛泽东邓小平理论研究》2017 年第 2 期。

[137] 田凯：《发展与控制之间：中国政府部门管理社会组织的策略变革》，载《河北学刊》2016 年第 2 期。

[138] 李友梅：《社区治理：公民社会的微观基础》，载《社会》2007 年第 2 期。

[139] 李友梅：《中国社会管理新格局下遭遇的问题——一种基于中观机制分析的视角》，载《学术月刊》2012 年第 7 期。

[140] 刘波、方奕华：《基于社会网络分析的公共服务供给网络优化研究——以西安、深圳、杭州为例》，载《华东经济管理》2018 年第 8 期。

[141] 刘超：《邻避冲突复合治理：理论特征与实现途径》，载《中国行政管理》2020 年第 1 期。

[142] 刘晓静：《论中国养老服务的政策取向——基于养老服务政策变迁的视角》，载《河北学刊》2014 年第 5 期。

[143] 刘亚娜:《我国医养结合养老服务政策网络与耦合协同》,载《中国行政管理》2018年第 8 期。

[144] 罗文东:《推进国家治理体系和治理能力现代化》,载《光明日报》2017 年 5 月12 日。

[145] 罗艳、刘杰:《政府主导型嵌入:政府与社会组织的互动关系转变研究——基于 H市信息化居家养老服务项目的经验分析》,载《中国行政管理》2019 年第 7 期。

[146] 罗艳、童玉林:《服务悬浮:主体行动逻辑下的居家养老服务信息化实践困境》,载《郑州大学学报(哲学社会科学版)》2022 年第 3 期。

[147] 毛红群:《多元共治背景下领导权威的新变化、影响因素与呈现形式》,载《领导科学》2021 年第 12 期。

[148] 彭婧、张汝立:《如何避免政府购买服务成为公众"不称心的礼物"?——基于政府责任视角的分析》,载《中央民族大学学报(哲学社会科学版)》2018 年第 1 期。

[149] 彭青云:《多元主体视角下社区居家养老服务路径探索》,载《浙江工商大学学报》2019 年第 3 期。

[150] 彭少峰、张昱:《迈向"契约化"的政社合作——中国政府向社会力量购买服务之研究》,载《内蒙古社会科学(汉文版)》2014 年第 1 期。

[151] 彭少峰:《依附式合作:政府与社会组织关系转型的新特征》,载《社会主义研究》2017 年第 5 期。

[152] 戚建刚:《风险规制过程合法性之证成——以公众和专家的风险知识运用为视角》,载《法商研究》2009 年第 5 期。

[153] 曲绍旭:《城市居家养老服务政社关系类型的转换效应及对策研究》,载《华中科技大学学报(社会科学版)》2020 年第 5 期。

[154] [美] 莱斯特·萨拉蒙、谭静:《非营利部门的崛起》,载《马克思主义与现实》2002 年第 3 期。

[155] 赛明明:《网络化治理视角下的居家养老模式之构建》,载《西北人口》2013 年第 3 期。

[156] 施巍巍、罗新录:《我国养老服务政策的演变与国家角色的定位——福利多元主义视角》,载《理论探讨》2014 年第 2 期。

[157] 石亚军、高红:《合作治理中的政社关系与角色期待——以顺德为例》,载《上海行政学院学报》2017 年第 3 期。

[158] 宋道雷:《共生型国家社会关系:社会治理中的政社互动视角研究》,载《马克思主义与现实》2018 年第 3 期。

[159] 孙秋芬:《从主体性、主体间性到他在性:现代社会治理的演进逻辑》,载《华中科技大学学报(社会科学版)》2017 年第 6 期。

[160] 孙涛：《社会治理体制创新中的跨部门合作机制研究》，载《云南民族大学学报（哲学社会科学版）》2016 年第 2 期。

[161] 唐钧：《构建机构、社区、居家养老全服务体系》，载《中国房地产》2017 年第 8 期。

[162] 唐士其：《"市民社会"、现代国家以及中国的国家与社会的关系》，载《北京大学学报（哲学社会科学版）》1996 年第 6 期。

[163] 田毅鹏、苗延义：《"吸纳"与"生产"：基层多元共治的实践逻辑》，载《南通大学学报（社会科学版）》2020 年第 1 期。

[164] 同春芬、汪连杰：《福利多元主义视角下我国居家养老服务的政府责任体系构建》，载《西北人口》2015 年第 1 期。

[165] 杨渊浩：《社会组织发展与中国民生建设》，载《探索》2016 年第 4 期。

[166] 薄贵利：《准确理解和深刻认识服务型政府建设》，载《行政论坛》2012 年第 1 期。

[167] 李培林：《我国社会组织体制的改革和未来》，载《社会》2013 年第 3 期。

[168] 蒋永穆、黄晓渝：《中国特色社会组织：内涵厘清与体系架构》，载《上海行政学院学报》2016 年第 5 期。

[169] 夏建中、张菊枝：《我国社会组织的现状与未来发展方向》，载《湖南师范大学社会科学学报》2014 年第 1 期。

[170] 谭日辉：《社会组织发展的深层困境及其对策研究》，载《湖南师范大学社会科学学报》2014 年第 1 期。

[171] 王阳亮：《自主与嵌入：社会组织参与治理的角色和逻辑》，载《学术交流》2019 年第 2 期。

[172] 余娴丽、蔡晓良：《中国特色社会组织理论初探》，载《辽宁行政学院学报》2014 年第 4 期。

[173] 马洪波：《支持型社会组织：社会需求与供给二次分工的平台——基于"宁波市公益服务促进中心"的研究》，载《社会工作》2017 年第 2 期。

[174] 于健慧、杨伟伟：《依法行政视阈下推进社会组织良性发展及对策》，载《学术交流》2015 年第 11 期。

[175] 曾永和：《当下中国社会组织的发展困境与制度重建》，载《求是学刊》2013 年第 3 期。

[176] 康晓强：《社会组织注册体制改革的困境与着力点》，载《中共中央党校学报》2012 年第 5 期。

[177] 文军：《中国社会组织发展的角色困境及其出路》，载《江苏行政学院学报》2012 年第 1 期。

[178] 杜玉华、吴越菲：《从"政社合作"到"互嵌式共治"：社区治理结构转型的无锡

实践及其反思》，载《人口与社会》2016 年第 1 期。

[179] 汪颖佳：《公益金融在中国的发展》，载《中国非营利评论》2015 年第 2 期。

[180] 杨芳勇、张晓霞：《平台型社会组织模糊综合评估体系的构建与验证》，载《社会工作》2019 年第 3 期。

[181] 张远凤、牟洁：《美国政府如何向非营利组织购买社会服务——马里兰家庭网络首席执行官玛格丽特·威廉姆斯女士访谈录》，载《中国社会组织》2017 年第 8 期。

[182] 朱兴涛、李琳琳：《合法性建构：民办社会组织的行动策略研究——以吉林省 Y 志愿者协会为例》，载《社会工作》2019 年第 3 期。

[183] 周红云：《中国社会组织管理体制改革：基于治理与善治的视角》，载《马克思主义与现实》2010 年第 5 期。

[184] 谭静：《社会组织资产管理问题研究》，载《中央财经大学学报》2019 年第 10 期。

[185] 童星：《发展社区居家养老服务以应对老龄化》，载《探索与争鸣》2015 年第 8 期。

[186] 汪永成：《经济全球化进程中政府能力的供求变化及平衡战略》，载《武汉大学学报（哲学社会科学版）》2002 年第 2 期。

[187] 王汉生、吴莹：《基层社会中"看得见"与"看不见"的国家——发生在一个商品房小区中的几个"故事"》，载《社会学研究》2011 年第 1 期。

[188] 王建生：《西方国家与社会关系理论流变》，载《河南大学学报（社会科学版）》2010 年第 6 期。

[189] 王莉莉：《中国居家养老政策发展历程分析》，载《西北人口》2013 年第 2 期。

[190] 王玲、刘常兰、张帅一：《嵌入式合作：党建引领社区居家养老服务的逻辑与路径研究——"社区+国企"治理模式的启示》，载《人口与发展》2022 年第 5 期。

[191] 王清：《共生式发展：一种新的国家和社会关系——以 N 区社会服务项目化运作为例》，载《中共浙江省委党校学报》2017 年第 5 期。

[192] 王群：《奥斯特罗姆制度分析与发展框架评介》，载《经济学动态》2010 年第 4 期。

[193] 王思斌：《中国社会工作的嵌入性发展》，载《社会科学战线》2011 年第 2 期。

[194] 魏娜、陈俊杰：《政府购买服务视角下的政社关系再审视——基于 A 市"市级社会建设专项资金"（2013-2016）的实证研究》，载《北京行政学院学报》2020 年第 2 期。

[195] 吴斌才：《从分类控制到嵌入式治理：项目制运作背后的社会组织治理转型》，载《甘肃行政学院学报》2016 年第 3 期。

[196] 吴新叶：《城市治理中的社会组织：政府购买与能力建设》，载《上海行政学院学报》2018 年第 5 期。

[197] 向玉琼：《论"他在性"导向中生成的服务型政府》，载《江苏行政学院学报》2015 年第 5 期。

[198] 谢金芳、徐波波：《中国养老服务政策：演进逻辑与优化方向——兼论政府职能的变迁与重塑》，载《安徽行政学院学报》2021 年第 4 期。

[199] 谢庆奎：《论政府发展的涵义》，载《北京大学学报（哲学社会科学版）》2003 年第 1 期。

[200] 徐盈艳、黎熙元：《浮动控制与分层嵌入——服务外包下的政社关系调整机制分析》，载《社会学研究》2018 年第 2 期。

[201] 许文文：《超越行动者网络：基层社会治理共同体建构的本土路径——基于社区养老场域的田野观察》，载《学习与实践》2021 年第 3 期。

[202] 燕继荣：《协同治理：社会管理创新之道——基于国家与社会关系的理论思考》，载《中国行政管理》2013 年第 2 期。

[203] 杨安华：《政府购买服务还是回购服务？——基于 2000 年以来欧美国家政府回购公共服务的考察》，载《公共管理学报》2014 年第 3 期。

[204] 杨宝、杨晓云：《从政社合作到"逆向替代"：政社关系的转型及演化机制研究》，载《中国行政管理》2019 年第 6 期。

[205] 杨成虎：《我国社区居家养老政策发展研究——基于 1982-2018 年国家政策文本的分析》，载《安徽行政学院学报》2019 年第 2 期。

[206] 杨书胜：《政府购买服务内卷化倾向及成因分析》，载《理论与改革》2015 年第 3 期。

[207] 姚俊：《居家养老服务市场化：何以可能与何以可为》，载《兰州学刊》2017 年第 8 期。

[208] 叶敏：《依附式合作：强国家下的城市社区自治——以上海 NX 街道的社区自治经验为例》，载《江苏行政学院学报》2022 年第 1 期。

[209] 叶托、薛琬烨：《政府购买公共服务的责任风险与问责模式》，载《地方财政研究》2018 年第 4 期。

[210] 易艳阳、周沛：《元治理视阈下养老服务供给中的政府责任研究》，载《兰州学刊》2019 年第 4 期。

[211] 俞海山：《从参与治理到合作治理：我国环境治理模式的转型》，载《江汉论坛》2017 年第 4 期。

[212] 虞维华：《非政府组织与政府的关系——资源相互依赖理论的视角》，载《公共管理学报》2005 年第 2 期。

[213] 岳经纶、王桑成：《社会服务管理中的管理主义与专业主义张力：基于政府购买社会服务的分析》，载《行政论坛》2018 年第 1 期。

[214] 张钢、徐贤春、刘蕾：《长江三角洲 16 个城市政府能力的比较研究》，载《管理世界》2004 年第 8 期。

[215] 张康之：《论主体多元化条件下的社会治理》，载《中国人民大学学报》2014 年第 2 期。

[216] 张康之：《在后工业化进程中构想合作治理》，载《哈尔滨工业大学学报（社会科学版）》2013 年第 1 期。

[217] 范和生、唐惠敏：《社会组织参与社会治理路径拓展与治理创新》，载《北京行政学院学报》2016 年第 2 期。

[218] 张新光：《社会组织化：构筑国家与社会良性关系的关键》，载《学术交流》2007 年第 8 期。

[219] 崔正、王勇、魏中龙：《政府购买服务与社会组织发展的互动关系研究》，载《中国行政管理》2012 年第 8 期。

[220] 孙素娟：《制度创新、社会自治与话语建构：我国社会组织的发展困境与角色定位》，载《河南师范大学学报（哲学社会科学版）》2012 年第 6 期。

[221] 张凌霄：《阳光透明，是慈善组织最好的天然养分——兼评〈慈善组织信息公开办法〉发布》，载《中国社会组织》2018 年第 16 期。

[222] 许甫林：《以信息透明提升慈善组织公信力》，载《中国社会组织》2017 年第 9 期。

[223] 任彬彬、宋程成：《疫情应对中慈善组织公信力流失的形成机理及其对策——基于开放系统组织理论视角》，载《湖北社会科学》2020 年第 7 期。

[224] 王成、赵东霞：《元治理视阈下我国慈善组织公信力建设研究——兼谈〈慈善法〉的制度革新及未来跟进》，载《河北工业大学学报（社会科学版）》2019 年第 4 期。

[225] 高志宏：《再论我国慈善组织公信力的法律重塑》，载《政法论丛》2020 年第 2 期。

[226] 汪潇、高鉴国：《中国慈善捐赠多维监督机制发展研究》，载《沈阳大学学报（社会科学版）》2015 年第 4 期。

[227] 戚学森：《中国社会福利基金会 打造群众信任的慈善组织》，载《中国社会组织》2018 年第 19 期。

[228] 胡春辉：《重塑与维护社会慈善组织公信力的法律思考和建议》，载《山东农业大学学报（社会科学版）》2020 年第 2 期。

[229] 周秋光、彭顺勇：《慈善公益组织治理能力现代化的思考：公信力建设的视角》，载《湖南大学学报（社会科学版）》2014 年第 6 期。

[230] 韩兆柱、赵洁：《新冠肺炎疫情应对中慈善组织公信力缺失的网络化治理研究》，载《学习论坛》2020 年第 10 期。

[231] 赵文聘、陈保中：《国外公益慈善监管发展趋势及对我国的启示》，载《上海行政学院学报》2019 年第 6 期。

[232] 潘旦、徐永祥：《国际比较视野下的慈善组织监管机制研究》，载《华东理工大学学

报（社会科学版）》2015 年第 1 期。

[233] 陈超阳：《我国非营利组织自律的演化：基于集体行动的视阈》，载《天津行政学院学报》2012 年第 2 期。

[234] 杨冠雄：《完善慈善组织监管路径研究》，哈尔滨理工大学 2022 年硕士学位论文。

[235] 涂兆宇：《新时代中国特色社会主义慈善事业发展研究》，吉林大学 2020 年硕士学位论文。

[236] 郁建兴：《自治法治德治研究的新议程》，载《治理研究》2018 年第 6 期。

[237] 郁建兴、任杰：《中国基层社会治理中的自治、法治与德治》，载《学术月刊》2018 年第 12 期。

[238] 郁建兴：《美国社会组织的人才培养模式和经验》，载《中国社会组织》2013 年第 1 期。

[239] 郁建兴、沈永东：《调适性合作：十八大以来中国政府与社会组织关系的策略性变革》，载《政治学研究》2017 年第 3 期。

[240] 郁建兴、周俊：《中国公民社会研究的新进展》，载《马克思主义与现实》2006 年第 3 期。

[241] 陈兴发：《国家共振：当下中国政府公共决策模式的内在逻辑》，载《理论建设》2019 年第 5 期。

[242] 吴春：《社会治理体制创新中的社会组织建设：以山东省实证调查为例》，载《理论学习》2015 年第 4 期。

[243] 唐文敏等：《中国社会组织发展的时空演化与影响因素》，载《人文地理》2020 年第 1 期。

[244] 谢俊贵：《社会服务组织常态发展的"八字宪法"》，载《人口与社会》2016 年第 2 期。

[245] 夏雨：《社会组织分类治理研究》，载《大连海事大学学报（社会科学版）》2019 年第 1 期。

[246] 颜克高、任彬彬：《嵌入式吸纳：体育社会组织项目制治理的逻辑》，载《山东体育学院学报》2018 年第 4 期。

[247] 颜克高、林顺浩、任彬彬：《发展抑或控制：地方政府社会组织分类治理策略偏好——基于中国 312 个地级市面板数据的经验研究》，载《中国非营利评论》2017 年第 2 期。

[248] 宋献中、龚明晓：《公司会计年报中社会责任信息的价值研究——基于内容的专家问卷分析》，载《管理世界》2006 年第 12 期。

[249] 颜克高：《信息披露与非营利组织失灵的治理》，载《探索与争鸣》2007 年第 11 期。

［250］颜克高、井荣娟：《制度环境对社会捐赠水平的影响——基于 2001—2013 年省际数据研究》，载《南开经济研究》2016 年第 6 期。

［251］陈丛刊：《体育社会组织监管的价值诉求、多维困境与实现路径——基于社会责任国际标准视角》，载《上海体育学院学报》2017 年第 4 期。

［252］陈丛刊、魏文：《我国体育社会组织治理方式分析与启示》，载《体育文化导刊》2018 年第 4 期。

［253］陈丛刊、纪彦伶：《自治·法治·德治：论基层体育社会组织的治理维度》，载《山东体育学院学报》2020 年第 3 期。

［254］王立杰、陈家起：《降序信任：体育社会组织培育的路径探索》，载《山东体育学院学报》2016 年第 5 期。

［255］任剑涛：《克制乡村治理中的浪漫主义冲动》，载《湖北民族学院学报（哲学社会科学版）》2020 年第 1 期。

［256］裴立新：《新时代中国体育社会组织发展研究》，载《体育文化导刊》2019 年第 3 期。

［257］黄亚玲、郭静：《基层体育社会组织——自发性健身活动站点的发展》，载《北京体育大学学报》2014 年第 9 期。

［258］杨道波：《〈民法典〉中的非营利法人制度》，载《聊城大学学报（社会科学版）》2021 年第 2 期。

［259］魏大勇：《论我国非营利组织的法律规制》，对外经济贸易大学 2005 年硕士学位论文。

［260］税兵：《非营利法人概念疏议》，载《安徽大学学报（哲学社会科学版）》2010 年第 2 期。

［261］邓正来：《关于"国家与市民社会"框架的反思与批判》，载《吉林大学社会科学学报》2006 年第 3 期。

［262］税兵：《非营利组织商业化及其规制》，载《社会科学》2007 年第 12 期。

［263］王海涛：《治理视域下社会组织的内部治理及其影响——以安徽 H 村乡村客栈联盟为例》，载《党政研究》2022 年第 6 期。

［264］李峰：《整体性治理：应对我国社会组织治理碎片化的新范式》，载《学习与探索》2020 年第 12 期。

［265］丁惠平：《限制、准入与共治：中国社会组织治理的演变历程与未来走向》，载《学习与探索》2022 年第 10 期。

［266］王向民、鲁兵：《社会组织治理的"法律—制度"分析》，载《华东师范大学学报（哲学社会科学版）》2019 年第 5 期。

［267］王向民：《中国社会组织的项目制治理》，载《经济社会体制比较》2014 年第 5 期。

［268］ 王向民：《"没有政府的治理"：西方理论的适用性及其边界——以明清时期的南方社会组织及其公共服务为例》，载《学术月刊》2014年第6期。

［269］ 崔月琴、沙艳：《社会组织的发育路径及其治理结构转型》，载《福建论坛（人文社会科学版）》2015年第10期。

［270］ 崔月琴、王嘉渊、袁泉：《社会治理创新背景下社会组织的资源困局》，载《学术研究》2015年第11期。

［271］ 崔月琴、龚小碟：《支持性评估与社会组织治理转型——基于第三方评估机构的实践分析》，载《国家行政学院学报》2017年第4期。

［272］ 崔月琴、朱先平：《关系嵌入性视角下社区居家养老服务差异化研究——基于C市三种类型服务机构的调查分析》，载《吉林大学社会科学学报》2022年第1期。

［273］ 马德坤：《新中国成立以来社会组织治理的政策演变、成就与经验启示》，载《山东师范大学学报（社会科学版）》2020年第2期。

［274］ 马德坤：《21世纪以来党和政府的社会组织建设理论创新述略》，载《当代世界与社会主义》2016年第4期。

［275］ 董璎慧：《我国社会组织发展现状研究》，载《黑龙江人力资源和社会保障》2021年第21期。

［276］ 朱志梅：《柔性执法与社会组织监管机制的创新》，载《河北法学》2014年第2期。

［277］ 王旭：《法律的自恰、权威与正当——〈法律的概念〉批判性阅读》，载《河北法学》2007年第7期。

［278］ 侯登华、李双：《试论行政柔性执法的理论基础》，载《北京科技大学学报（社会科学版）》2010年第4期。

［279］ 谢昕、成书玲：《行政民主理论视角下的政务透明和公众参与关系研究》，载《湖北社会科学》2006年第10期。

［280］ 黎慈：《论柔性执法与和谐行政》，载《四川行政学院学报》2007年第4期。

［281］ 张志勤：《行政指导：社会组织管理监督工作手段的新尝试》，载《社团管理研究》2008年第9期。

［282］ 汤洪源、黄昆：《劳动保障监察应推行合作式执法模式》，载《中国劳动》2010年第10期。

［283］ 吴燕怡：《行政指导的新发展——兼论中国行政指导制度的建构》，载《中共云南省委党校学报》2009年第6期。

［284］ 丁丽红：《我国行政指导程序的缺陷与完善》，载《河北法学》2004年第3期。

［285］ 莫于川：《法治视野中的行政指导行为——论我国行政指导的合法性问题与法治化路径》，载《现代法学》2004年第3期。

［286］ 刘春湘：《基于约束条件的非政府组织监管协同研究》，载《湖湘论坛》2019年第

4 期。

[287] 周红云：《中国社会组织管理体制改革：基于治理与善治的视角》，载《马克思主义与现实》2010 年第 5 期。

[288] 刘培峰：《非营利组织管理模式的思考》，载《北京师范大学学报（社会科学版）》2012 年第 2 期。

[289] 康晓光、韩恒：《分类控制：当前中国大陆国家与社会关系研究》，载《社会学研究》2005 年第 6 期。

[290] 刘鹏、孙燕茹：《走向嵌入型监管：当代中国政府社会组织管理体制的新观察》，载《经济社会体制比较》2011 年第 4 期。

[291] 刘鹏：《从分类控制走向嵌入型监管：地方政府社会组织管理政策创新》，载《中国人民大学学报》2011 年第 5 期。

[292] 白锐、郑一凡：《疏离与嵌入：政府购买社会服务中的政社关系——以街道办事处与家庭综合服务中心为例》，载《广州大学学报（社会科学版）》2018 年第 3 期。

[293] 陈航、王雪峰、李京文：《城市综合医院与社区卫生服务中心合作研究——基于非对称合作理论的合作模型构建及理论分析》，载《求索》2014 年第 8 期。

[294] 陈少强：《政府和社会资本合作的概念辨析》，载《经济研究参考》2017 年第 49 期。

[295] 陈剩勇、赵光勇：《“参与式治理”研究述评》，载《教学与研究》2009 年第 8 期。

[296] 陈天祥、应优优：《甄别性吸纳：中国国家与社会关系的新常态》，载《中山大学学报（社会科学版）》2018 年第 2 期。

[297] 陈天祥、郑佳斯、贾晶晶：《形塑社会：改革开放以来国家与社会关系的变迁逻辑——基于广东经验的考察》，载《学术研究》2017 年第 9 期。

[298] 陈天祥、郑佳斯：《双重委托代理下的政社关系：政府购买社会服务的新解释框架》，载《公共管理学报》2016 年第 3 期。

[299] 陈莹：《社会治理视角下社会组织嵌入社区居家养老服务研究》，载《社会福利（理论版）》2017 年第 1 期。

[300] 陈映芳：《今天我们怎样实践学术本土化——以国家—社会关系范式的应用为例》，载《探索与争鸣》2015 年第 11 期。

[301] 程建新、胡定晗、刘派诚：《重大公共卫生突发事件中企业与政府合作何以可能？——非对称资源依赖条件下的组织间关系动力》，载《中国行政管理》2022 年第 3 期。

[302] 程坤鹏、徐家良：《从行政吸纳到策略性合作：新时代政府与社会组织关系的互动逻辑》，载《治理研究》2018 年第 6 期。

[303] 崔光胜：《政府购买社会组织服务：逻辑检视、现实考量及优化路径》，载《湖北社

会科学》2015 年第 6 期。

[304] 党秀云、张丽娟:《公共服务多元合作供给机制有效运行中的政府行为选择》,载《教学与研究》2020 年第 11 期。

[305] 党秀云:《论合作治理中的政府能力要求及提升路径》,载《中国行政管理》2017年第 4 期。

[306] 邓金霞:《地方政府购买公共服务"纵向一体化"倾向的逻辑——权力关系的视角》,载《行政论坛》2012 年第 5 期。

[307] 邓宁华:《"寄居蟹的艺术":体制内社会组织的环境适应策略——对天津市两个省级组织的个案研究》,载《公共管理学报》2011 年第 3 期。

[308] 丁煜、杨雅真:《福利多元主义视角的社区居家养老问题研究——以 XM 市 XG 街道为例》,载《公共管理与政策评论》2015 年第 1 期。

[309] 冯仕政:《社会治理与公共生活:从连结到团结》,载《社会学研究》2021 年第1 期。

[310] 伏威:《中国合作型社会管理的路径选择——以政府与非政府组织的合作共治为视角》,载《延边大学学报(社会科学版)》2012 年第 3 期。

[311] 葛天任:《建国以来社区治理的三种逻辑及理论综合》,载《社会政策研究》2019年第 1 期。

[312] 龚志文、李丹:《从模式到服务:城市社区养老认知的重构——超越养老模式,从养老服务的角度深化养老服务体系》,载《河南社会科学》2020 年第 11 期。

[313] 顾昕:《公民社会发展的法团主义之道——能促型国家与国家和社会的相互增权》,载《浙江学刊》2004 年第 6 期。

[314] 官华:《区域地方政府间的非对称关系研究——以粤港政府合作为例》,载《福建论坛(人文社会科学版)》2011 年第 12 期。

[315] 韩恒:《行政分隔与分类控制——试论当前中国社会领域的管理体制》,载《中国行政管理》2008 年第 4 期。

[316] 韩烨、付佳平:《中国养老服务政策供给:演进历程、治理框架、未来方向》,载《兰州学刊》2020 年第 9 期。

[317] 何文炯、王中汉:《论老龄社会支持体系中的多元共治》,载《学术研究》2021 年第 8 期。

[318] 何增科:《治理、善治与中国政治发展》,载《中共福建省委党校学报》2002 年第3 期。

[319] 金家厚:《转型期的社会管理:我国非政府组织的发展定位与模式构建》,载《云南社会科学》2003 年第 5 期。

[320] 胡锐军:《政治稳定治理模式革新的秩序力重组与疏浚》,载《理论与改革》2021

年第 5 期。

[321] 纪晓岚、刘晓梅：《网络治理视阈下的社会化养老服务研究——基于上海市 WF 街道的实证分析》，载《华东理工大学学报（社会科学版）》2016 年第 4 期。

[322] 江国华、刘文君：《习近平"共建共治共享"治理理念的理论释读》，载《求索》2018 年第 1 期。

[323] 江华、张建民、周莹：《利益契合：转型期中国国家与社会关系的一个分析框架——以行业组织政策参与为案例》，载《社会学研究》2011 年第 3 期。

[324] 姜玉贞：《社区居家养老服务多元供给主体治理困境及其应对》，载《东岳论丛》2017 年第 10 期。

[325] 敬乂嘉、陈若静：《从协作角度看我国居家养老服务体系的发展与管理创新》，载《复旦学报（社会科学版）》2009 年第 5 期。

[326] 敬乂嘉：《从购买服务到合作治理——政社合作的形态与发展》，载《中国行政管理》2014 年第 7 期。

[327] 敬乂嘉：《控制与赋权：中国政府的社会组织发展策略》，载《学海》2016 年第 1 期。

[328] 李文祥、韦兵：《社会组织参与社区居家养老服务的嵌入模式及其优化——基于 G 市的比较研究》，载《社会科学战线》2022 年第 6 期。

[329] 杨志云：《策略性收放：中国社会组织监管机制的新阐释》，载《行政管理改革》2016 年第 8 期。

[330] 陈晓春、彭燕辉、陈文婕：《在华境外非政府组织法治化监管研究》，载《中国行政管理》2017 年第 7 期。

[331] 杨清明：《我国社科类社会团体发展的制度探析》，载《重庆社会科学》2015 年第 5 期。

[332] 刘淑珍：《公共治理结构转型背景下的社会组织发展与变革》，载《理论学刊》2010 年第 12 期。

[333] 罗文恩、周延风：《中国慈善组织市场化研究——背景、模式与路径》，载《管理世界》2010 年第 12 期。

[334] 尹广文：《从"行政化控制"到"体制性吸纳"：改革开放以来中国社会组织治理问题研究》，载《南京政治学院学报》2016 年第 2 期。

[335] 姚华：《NGO 与政府合作中的自主性何以可能？——以上海 YMCA 为个案》，载《社会学研究》2013 年第 1 期。

[336] 张淑芳：《论行政法规与行政法律的界限》，载《比较法研究》2012 年第 2 期。

[337] 谢礼珊、李健仪、张春林：《员工感知的顾客不公平——基于关键事件法的探索性研究》，载《管理评论》2011 年第 5 期。

[338] 陶建钟：《治理转型下的社会控制及其制度调适》，载《中共浙江省委党校学报》2015 年第 4 期。

[339] 田佑中、陈国红：《罗斯的社会控制理论述评》，载《南京政治学院学报》1999 年第 6 期。

[340] 周永康：《社会控制与社会自主的博弈与互动：论社区参与》，载《西南大学学报（社会科学版）》2007 年第 4 期。

[341] 康宗基：《从政府选择到社会选择：民间组织发展的必由之路》，载《西北农林科技大学学报（社会科学版）》2011 年第 1 期。

[342] 杨桂华：《社会控制理论的三大历史阶段》，载《北京社会科学》1998 年第 3 期。

[343] 王天泥：《法人治理：公共图书馆治理转型的制度设计——基于行政型到社会型的社会组织治理转型视角》，载《图书与情报》2015 年第 2 期。

[344] 谢菊、杨伟伟：《社会组织去行政化研究的文献统计分析——以 2005 至 2014 年CNKI 中文文献为样本》，载《中国行政管理》2016 年第 2 期。

[345] 赖先进、王登礼：《社会组织发展影响因素的实证研究——基于 2007 年-2014 年 31个省级面板数据的分析》，载《管理评论》2017 年第 12 期。

[346] 汪锦军：《纵向政府权力结构与社会治理：中国"政府与社会"关系的一个分析路径》，载《浙江社会科学》2014 年第 9 期。

[347] 鲁云鹏、李维安：《基于社会控制理论视角下的我国社会组织治理转型的路径与特征分析》，载《管理评论》2019 年第 4 期。

[348] 李维安、王鹏程、徐业坤：《慈善捐赠、政治关联与债务融资——民营企业与政府的资源交换行为》，载《南开管理评论》2015 年第 1 期。

[349] 易承志：《大都市社会转型与政府治理协同化——一个分析框架》，载《中国行政管理》2016 年第 4 期。

[350] 李维安、邱艾超：《国有企业公司治理的转型路径及量化体系研究》，载《科学学与科学技术管理》2010 年第 9 期。

[351] 李维安：《社会组织治理转型：从行政型到社会型》，载《南开管理评论》2015 年第 2 期。

[352] 杜勇、陈建英：《政治关联、慈善捐赠与政府补助——来自中国亏损上市公司的经验证据》，载《财经研究》2016 年第 5 期。

[353] 王艺明、刘一鸣：《慈善捐赠、政治关联与私营企业融资行为》，载《财政研究》2018 年第 6 期。

[354] 张敏、马黎珺、张雯：《企业慈善捐赠的政企纽带效应——基于我国上市公司的经验证据》，载《管理世界》2013 年第 7 期。

[355] 何青松、王慧、孙艺毓：《企业社会责任决策中的锚定效应》，载《社会科学研究》

2019 年第 6 期。

[356] 胡宝荣：《发展中的社会组织：内卷化及其超越》，载《甘肃理论学刊》2010 年第 2 期。

[357] 唐跃军、左晶晶、李汇东：《制度环境变迁对公司慈善行为的影响机制研究》，载《经济研究》2014 年第 2 期。

[358] 朱沆、杨海翔、谭洁：《企业家慈善捐赠的信号效应与私营中小企业的规费负担》，载《管理评论》2019 年第 9 期。

[359] 徐延辉、李志滨：《个人捐赠何以可为：慈善信息与组织信任的作用机制研究》，载《社会保障研究》2020 年第 1 期。

[360] 李霞、干胜道、冯林燕：《非营利组织捐赠者财务公平感知对捐赠意愿的影响研究》，载《上海财经大学学报》2017 年第 5 期。

[361] 吴月：《嵌入式控制：对社团行政化现象的一种阐释——基于 A 机构的个案研究》，载《公共行政评论》2013 年第 6 期。

[362] 曹爱军、方晓彤：《社会治理与社会组织成长制度构建》，载《甘肃社会科学》2019 年第 2 期。

[363] 唐文玉、马西恒：《去政治的自主性：民办社会组织的生存策略——以恩派（NPI）公益组织发展中心为例》，载《浙江社会科学》2011 年第 10 期。

[364] 唐文玉：《行政吸纳服务——中国大陆国家与社会关系的一种新诠释》，载《公共管理学报》2010 年第 1 期。

[365] 管兵：《竞争性与反向嵌入性：政府购买服务与社会组织发展》，载《公共管理学报》2015 年第 3 期。

[366] 管兵：《政府向谁购买服务：一个国家与社会关系的视角》，载《公共行政评论》2016 年第 1 期。

[367] 管兵：《城市政府结构与社会组织发育》，载《社会学研究》2013 年第 4 期。

[368] 尹广文：《项目制治理：一种新的社会组织治理的理论与实践》，载《广西师范大学学报（哲学社会科学版）》2016 年第 3 期。

[369] 唐斌：《沪深赣三地社会工作职业化运作机制的比较研究》，载《湘潭大学学报（哲学社会科学版）》2017 年第 5 期。

[370] 杨君、徐永祥：《新社会服务体系：经验反思与路径建构——基于沪深两地政府购买服务的比较研究》，载《学习与实践》2013 年第 8 期。

[371] 徐永祥、侯利文、徐选国：《新社会组织：内涵、特征以及发展原则》，载《学习与实践》2015 年第 7 期。

[372] 韦兵：《治理理论视域下社区居家养老服务中的政社关系模式转换——基于 X 省的研究》，吉林大学 2023 年博士学位论文。

[373] 孟晓玲、冯燕梅:《我国社会组织参与社区治理的模式、困境与路径》,载《西安财经大学学报》2021 年第 3 期。

[374] 刘建军:《和而不同:现代国家治理体系的三重属性》,载《复旦学报(社会科学版)》2014 年第 3 期。

[375] 王建州:《正确理解社会组织的内涵、特征和作用》,载《河南科技学院学报》2013 年第 1 期。

[376] 金太军:《国家治理视域下的社会组织发展:一个分析框架》,载《学海》2016 年第 1 期。

[377] 金太军、张劲松:《政府的自利性及其控制》,载《江海学刊》2002 年第 2 期。

[378] 张紧跟:《治理社会还是社会治理?——珠江三角洲地方政府发展社会组织的内在逻辑》,载《天津行政学院学报》2015 年第 2 期。

[379] 张紧跟:《NGO 的双向嵌入与自主性扩展:以南海义工联为例》,载《重庆社会主义学院学报》2014 年第 4 期。

[380] 龙翠红:《政府向社会组织购买服务:嵌入性视角中的困境与超越》,载《南京社会科学》2018 年第 8 期。

[381] 张紧跟:《从结构论争到行动分析:海外中国 NGO 研究述评》,载《社会》2012 年第 3 期。

[382] 黄晓春:《当代中国社会组织的制度环境与发展》,载《中国社会科学》2015 年第 9 期。

[383] 黄晓星、杨杰:《社会服务组织的边界生产——基于 Z 市家庭综合服务中心的研究》,载《社会学研究》2015 年第 6 期。

[384] 黄晓春、周黎安:《政府治理机制转型与社会组织发展》,载《中国社会科学》2017 年第 11 期。

[385] 黄晓春、嵇欣:《非协同治理与策略性应对——社会组织自主性研究的一个理论框架》,载《社会学研究》2014 年第 6 期。

[386] 纪莺莺:《治理取向与制度环境:近期社会组织研究的国家中心转向》,载《浙江学刊》2016 年第 3 期。

[387] 纪莺莺:《国家中心视角下社会组织的政策参与:以行业协会为例》,载《人文杂志》2016 年第 4 期。

[388] 纪莺莺:《当代中国的社会组织:理论视角与经验研究》,载《社会学研究》2013 年第 5 期。

[389] 纪莺莺:《从"双向嵌入"到"双向赋权":以 N 市社区社会组织为例——兼论当代中国国家与社会关系的重构》,载《浙江学刊》2017 年第 1 期。

[390] 陈晶环、韦克难:《治理情境下社会组织发展理性比较分析——以"5·12"地震后

的两个社会组织为例》，载《社会建设》2019 年第 6 期。

[391] 徐家良、王昱晨：《上海社会组织发展与创新 70 年》，载《上海交通大学学报（哲学社会科学版）》2019 年第 4 期。

[392] 高克凡、赵辰光：《公共危机治理背景下社会组织公信力建设的困境与路径》，载《哈尔滨师范大学社会科学学报》2023 年第 3 期。

[393] 刘红春：《论社会组织参与人类命运共同体构建的路径及风险防控》，载《云南大学学报（社会科学版）》2022 年第 5 期。

[394] 徐家良、张圣：《关联、冲突与调节：慈善信托实践中的多重制度逻辑》，载《中国行政管理》2021 年第 1 期。

[395] 邓泉洋、汪鸿波：《国家治理视角下社会组织的治理自主性建构——以上海司法社会工作组织为例》，载《学习论坛》2020 年第 8 期。

[396] 王诗宗、宋程成：《独立抑或自主：中国社会组织特征问题重思》，载《中国社会科学》2013 年第 5 期。

[397] 李健、郭薇：《资源依赖、政治嵌入与能力建设——理解社会组织党建的微观视角》，载《探索》2017 年第 5 期。

[398] 周健：《社会组织及其管理制度改革探析》，载《江西社会科学》2013 年第 6 期。

[399] 杨静娴：《社会组织党建的制约因素及质量提升》，载《河南社会科学》2019 年第 5 期。

[400] 李德：《当前我国社会组织快速发展产生的党建新问题和新要求》，载《毛泽东邓小平理论研究》2016 年第 7 期。

[401] 严振书：《现阶段中国社会组织发展面临的机遇、挑战及促进思路》，载《北京社会科学》2010 年第 1 期。

[402] 张杰：《我国社会组织发展制度环境析论》，载《广东社会科学》2014 年第 2 期。

[403] 褚松燕：《改革开放以来社会组织党建政策的演进及其逻辑》，载《探索》2020 年第 4 期。

[404] 杨柯：《社会组织间自合作的实践困境及策略选择》，载《云南行政学院学报》2015 年第 5 期。

[405] 翁士洪、叶笑云：《网络参与下地方政府决策回应的逻辑分析——以宁波 PX 事件为例》，载《公共管理学报》2013 年第 4 期。

[406] 韦克难、陈晶环：《新时代社会组织党的建设：时代议题与现实景观——基于四川省 176 个样本的调查研究》，载《南京社会科学》2019 年第 7 期。

[407] 侯利文：《社会组织党建的过程与机制研究》，载《社会科学辑刊》2021 年第 3 期。

[408] 侯利文：《被困的慈善：慈善组织公信力缺失及其重建》，载《天府新论》2015 年第 1 期。

[409] 杨正联：《网络公共危机事件中的网民参与行为分析与公共管理应对》，载《人文杂志》2012 年第 5 期。

[410] 杨佳文：《慈善组织公信力的提升路径研究》，郑州大学 2018 年硕士学位论文。

[411] 华昊：《新生代网民的网络政治参与及其多元治理》，载《南京社会科学》2016 年第 5 期。

[412] 李慧敏：《我国慈善法人治理结构科层化的新制度主义分析》，载《中国行政管理》2018 年第 7 期。

[413] 吴丹、石锦澎：《中心性与强关系：党建引领社会组织发展的机制研究》，载《南昌大学学报（人文社会科学版）》2021 年第 5 期。

[414] 赵一红：《党建引领下的社会组织发展成绩斐然》，载《中国民政》2022 年第 13 期。

[415] 史传林：《社会治理中的政府与社会组织合作绩效研究》，载《广东社会科学》2014 年第 5 期。

[416] 史传林：《政府与社会组织合作治理的绩效评价探讨》，载《中国行政管理》2015 年第 5 期。

[417] 王爱华：《基于互联网平台的公益跨界合作：过程、机制与风险——以腾讯"99 公益日"为例》，载《公共管理与政策评论》2019 年第 1 期。

[418] 孙莉莉、钟杨：《社会组织参与社会治理的绩效评估：理论框架和评估模型》，载《宁夏社会科学》2018 年第 5 期。

[419] 马长山：《从国家构建到共建共享的法治转向——基于社会组织与法治建设之间关系的考察》，载《法学研究》2017 年第 3 期。

[420] 石晓天：《我国枢纽型社会组织的功能特征、建设现状及发展趋势——文献综述的视角》，载《理论导刊》2015 年第 5 期。

[421] 郭涛：《社会治理视角下社会组织的建设和发展路径探索》，载《领导科学论坛》2017 年第 7 期。

[422] 杨丹：《论"直接登记的四类社会组织"的类别界定》，载《长沙民政职业技术学院学报》2015 年第 2 期。

[423] 李珍：《中国公益慈善法制建设应该向日本学习什么》，载《中国慈善家》2016 年第 10 期。

[424] 魏红英、郑昕：《分类管理应同社会组织功能相匹配》，载《开放导报》2014 年第 5 期。

[425] 齐久恒：《从"分类控制体系"走向"嵌入性发展"——政府与社会组织之间互动关系及其优化》，载《西南大学学报（社会科学版）》2015 年第 2 期。

[426] 柳旭：《社会组织负责人谈如何做实十九大精神》，载《中国社会组织》2018 年第

3 期。

[427] 黄浩明：《社会组织在"一带一路"建设中面临的挑战与对策》，载《中国社会组织》2017 年第 11 期。

[428] 王成豪、慕浪泽：《社会治理评估的反思与重塑——基于场域结构转型的视角》，载《河北学刊》2022 年第 3 期。

[429] 王杨：《党如何塑造社会群体？——以社会组织孵化器党建为例》，载《社会主义研究》2022 年第 1 期。

[430] 严郁洁、曹胜亮：《党建引领社会组织提升治理效能的评价指标体系建构》，载《探索》2023 年第 3 期。

[431] 曹胜亮、胡江华：《新时代社会组织参与社会治理创新的理论困境和路径选择》，载《武汉理工大学学报（社会科学版）》2021 年第 5 期。

[432] 赵长芬：《社会组织党建的政治功能论析》，载《探索》2018 年第 1 期。

[433] 丁未：《新媒体赋权：理论建构与个案分析——以中国稀有血型群体网络自组织为例》，载《开放时代》2011 年第 1 期。

[434] 陈树强：《增权：社会工作理论与实践的新视角》，载《社会学研究》2003 年第 5 期。

[435] 金恒江、孙子悦：《中国公益组织微信传播策略研究》，载《新闻知识》2014 年第 8 期。

[436] 林敏华：《对公益组织互联网传播能力的实证研究——以广州本土公益组织为例》，载《青年研究》2014 年第 1 期。

[437] 刘文光：《我国公益慈善组织发展中存在的问题及其对策分析》，载《行政与法》2009 年第 1 期。

[438] 陈宁：《基于公信力的社会组织建设问题探析》，载《青年探索》2012 年第 2 期。

[439] 魏珊珊：《试论非营利组织绩效审计目标的构建》，载《科技信息（科学教研）》2007 年第 33 期。

[440] 孙发锋：《信息公开：我国慈善组织公信力建设的突破口》，载《理论学刊》2012 年第 9 期。

[441] 孙发锋：《选择性扶持和选择性控制：我国社会组织管理体制改革的新动向》，载《上海行政学院学报》2012 年第 5 期。

[442] 林淑晶：《社会公益性组织信息公开及其公信力研究》，载《科技情报开发与经济》2014 年第 14 期。

[443] 赵春雷：《论慈善组织信息公开的公信力塑造功能——基于近年中国慈善组织公信力嬗变视角的分析》，载《南京师大学报（社会科学版）》2015 年第 6 期。

[444] 王振基：《论慈善组织的信息披露》，湖南大学 2011 年硕士学位论文。

[445] 李静、万继峰:《我国非营利组织会计信息披露现状解读》,载《现代财经(天津财经大学学报)》2006 年第 2 期。

[446] 李占乐:《我国慈善组织公信力建设中的政府角色探析》,载《湖北社会科学》2012 年第 5 期。

[447] 乔占军:《慈善组织公信力重塑进程中政府作用机制研究》,载《社会福利(理论版)》2015 年第 1 期。

[448] 乔占军:《会计信息披露机制——提升慈善组织公信力的路径选择》,载《理论观察》2013 年第 2 期。

[449] 徐建中:《以慈善信息化建设为手段 切实提高慈善行业透明度》,载《社会福利》2013 年第 9 期。

[450] 侯月丽等:《我国公益慈善信息共享平台标准化建设探析》,载《中国标准化》2013 年第 12 期。

[451] 郑功成:《慈善法赋予了民政部门更多责任》,载《中国民政》2016 年第 13 期。

[452] 王诗宗、宋程成、许鹿:《中国社会组织多重特征的机制性分析》,载《中国社会科学》2014 年第 12 期。

[453] 许鹿、罗凤鹏、王诗宗:《组织合法性:地方政府对社会组织选择性支持的机制性解释》,载《江苏行政学院学报》2016 年第 5 期。

[454] 周庆智:《中国历史与社会情境下的社会组织》,载《华中师范大学学报(人文社会科学版)》2019 年第 3 期。

[455] 徐双敏:《政府绩效管理中的"第三方评估"模式及其完善》,载《中国行政管理》2011 年第 1 期。

[456] 邓国胜:《非营利组织的 APC 评估理论》,载《中国行政管理》2004 年第 10 期。

[457] 邓国胜:《慈善组织培育与发展的政策思考》,载《社会科学研究》2006 年第 5 期。

[458] 祝灵君:《社会管理中的群众工作:历史经验与现实途径的选择》,载《科学决策》2011 年第 7 期。

[459] 刘志明、张兴杰、游艳玲:《非营利组织在线信息披露质量影响因素分析——基于中国基金会的实证研究》,载《中国行政管理》2013 年第 11 期。

[460] 倪国爱、程昔武:《非营利组织信息披露机制的理论框架研究》,载《会计之友(中旬刊)》2009 年第 4 期。

[461] 姜宏青:《非营利组织透明信息的机理和途径分析》,载《山东社会科学》2012 年第 2 期。

[462] 陈岳堂:《构建非营利基金会信息披露质量评价指标体系》,载《中南林业科技大学学报(社会科学版)》2007 年第 2 期。

[463] 李哲等:《"一省包一市"模式对慈善组织信息披露的空间溢出影响:基于突发疫

情期间抗疫款物信息披露的文本分析》，载《管理评论》2020年第12期。

[464] 汪惠玉等：《浅议慈善组织会计信息披露问题——以Y基金会为例》，载《当代会计》2020年第2期。

[465] 程博：《非营利组织信息披露系统体系设计》，载《情报杂志》2012年第1期。

[466] 程博：《官方微博与非营利组织信息披露质量：自媒体真的有治理效应吗?》，载《现代财经（天津财经大学学报）》2019年第7期。

[467] 冯辉：《我国基金会的法律监管机制研究》，载《政治与法律》2013年第10期。

[468] 樊子君、赵秋爽、李灿：《美国基金会信息披露的经验及启示》，载《中国注册会计师》2013年第3期。

[469] 王伟红、崔竹青：《基金会信息披露：制度演进、演进特征及优化方向》，载《财会月刊》2021年第1期。

[470] 王伟：《政府对慈善组织管理模式的中美比较》，中央民族大学2012年硕士学位论文。

[471] 党生翠：《慈善组织信息公开的新特征：政策研究的视角》，载《中国行政管理》2015年第2期。

[472] 杨平波：《产权视角下非公募慈善基金会信息披露探讨》，载《财会月刊》2010年第15期。

[473] 刘丽珑、李建发：《非营利组织信息透明度改进研究——基于全国性基金会的经验证据》，载《厦门大学学报（哲学社会科学版）》2015年第6期。

[474] 刘丽珑、纪益成：《理事社会资本对信息披露质量的影响：抑制还是促进——来自中国基金会的经验证据》，载《财会月刊》2019年第6期。

[475] 陈丽红、张龙平、杨平：《慈善组织特征、信息披露与捐赠收入》，载《当代财经》2015年第11期。

[476] 尹飘扬、杨雪梅：《慈善组织财务信息披露质量的影响因素研究》，载《商业会计》2015年第19期。

[477] 游春晖、厉国威：《慈善组织财务信息透明度、筹资类型与筹资效果》，载《财经论丛》2015年第5期。

[478] 邹世允、吴宝宁：《扩大我国慈善透明度研究》，载《财经问题研究》2012年第2期。

[479] 陈璐璐：《完善我国慈善公益捐赠制度的法律思考——以捐赠人为视角》，厦门大学2008年硕士学位论文。

[480] 方亚琴：《慈善信息公开的法制保障》，载《法制与社会》2013年第22期。

[481] 张爱民：《非营利组织审计制度研究》，载《审计刊》2008年第11期。

[482] 孙萍、吕志娟：《慈善事业发展中的政府角色定位》，载《中州学刊》2006年第

2 期。

[483] 游祥斌、刘江:《从双重管理到规范发展——中国社会组织发展的制度环境分析》,载《北京行政学院学报》2013 年第 4 期。

[484] 邹世允:《加快建设慈善组织信息公开制度》,载《光明日报》2014 年 4 月 20 日。

[485] 张翠梅、张亚萍:《我国民间环保组织信息披露问题研究》,载《中国管理信息化》2021 年第 19 期。

[486] 袁同成、沈宫阁:《新媒体与"善治"的可能——基于中外网络慈善监管的比较研究》,载《甘肃社会科学》2014 年第 3 期。

[487] 姚华平:《国家与社会互动:我国社会组织建设与管理的路径选择》,华中师范大学 2010 年博士学位论文。

[488] 王猛、王有鑫:《信任危机与慈善捐赠——基于 2002—2016 年省际数据的实证研究》,载《管理评论》2020 年第 8 期。

[489] 陈钊、王旸、黄伟:《中国的企业在尽怎样的社会责任——来自民营部门调查的证据》,载《学术月刊》2016 年第 3 期。

[490] 李焰、王琳:《媒体监督、声誉共同体与投资者保护》,载《管理世界》2013 年第 11 期。

[491] 许年行、李哲:《高管贫困经历与企业慈善捐赠》,载《经济研究》2016 年第 12 期。

[492] 山立威、甘犁、郑涛:《公司捐款与经济动机——汶川地震后中国上市公司捐款的实证研究》,载《经济研究》2008 年第 11 期。

[493] 徐勇:《GOVERNANCE:治理的阐释》,载《政治学研究》1997 年第 1 期。

[494] 徐勇:《治理转型与竞争——合作主义》,载《开放时代》2001 年第 7 期。

[495] 徐莉萍、辛宇、祝继高:《媒体关注与上市公司社会责任之履行——基于汶川地震捐款的实证研究》,载《管理世界》2011 年第 3 期。

[496] 贾明、张喆:《高管的政治关联影响公司慈善行为吗?》,载《管理世界》2010 年第 4 期。

[497] 高勇强、何晓斌、李路路:《民营企业家社会身份、经济条件与企业慈善捐赠》,载《经济研究》2011 年第 12 期。

[498] 高勇强、陈亚静、张云均:《"红领巾"还是"绿领巾":民营企业慈善捐赠动机研究》,载《管理世界》2012 年第 8 期。

[499] 俞可平:《经济全球化与治理的变迁》,载《哲学研究》2000 年第 10 期。

[500] 俞可平:《中国的治理改革(1978-2018)》,载《武汉大学学报(哲学社会科学版)》2018 年第 3 期。

[501] 俞可平:《中国公民社会:概念、分类与制度环境》,载《中国社会科学》2006 年

第 1 期。

[502] 郭祖炎：《中国慈善伦理研究》，湖南师范大学 2013 年博士学位论文。

[503] 王海洲：《"透明中国"：构建一种国内公共政策软权力》，载《中国行政管理》
2013 年第 3 期。

[504] 张乾友：《朝向他在性：公共行政的演进逻辑》，载《中国人民大学学报》2013 年
第 6 期。

[505] 张乾友：《行动主义：合作治理的神髓——兼评张康之教授的〈公共行政的行动主
义〉》，载《河北学刊》2017 年第 3 期。

[506] 张思锋：《中国养老服务体系建设中的政府行为与市场机制》，载《社会保障评论》
2021 年第 1 期。

[507] 张旭升、牟来娣：《中国老年服务政策的演进历史与完善路径》，载《江汉论坛》
2011 年第 8 期。

[508] 张长东：《国家治理能力现代化研究——基于国家能力理论视角》，载《法学评论》
2014 年第 3 期。

[509] 张钟汝、范明林、王拓涵：《国家法团主义视域下政府与非政府组织的互动关系研
究》，载《社会》2009 年第 4 期。

[510] 章萍：《基于新公共管理理论分析的居家养老服务 PPP 模式——以安徽省合肥市金
玫瑰居家养老示范项目为例》，载《广西社会科学》2018 年第 9 期。

[511] 赵平安、高猛：《双向建构：政府与非政府组织合作的逻辑与现实》，载《行政论
坛》2009 年第 3 期。

[512] 赵向红、王小凤、李俏：《中国养老政策的演进与绩效》，载《青海社会科学》2017
年第 6 期。

[513] 赵宴群：《当前公共服务购买中的政社关系及发展路径——以上海市民办非企业单
位样本为例》，载《思想战线》2016 年第 3 期。

[514] 郑广怀、张政：《社会工作机构何以向劳务公司转变——基于国家-社会关系的视
角》，载《广东社会科学》2021 年第 4 期。

[515] 周圣华等：《基于网络化治理的社区居家养老服务体系分析——以南京市为例》，载
《现代城市研究》2018 年第 8 期。

[516] 周泽中：《迈向公私合作型的现代化治理》，载《中共天津市委党校学报》2021 年
第 6 期。

[517] 朱光喜：《分化型政社关系、社会企业家行动策略与社会组织发展——以广西 P 市
Y 协会及其孵化机构为例》，载《公共管理学报》2019 年第 2 期。

[518] 朱浩：《中国养老服务市场化改革三十年的回顾与反思》，载《中州学刊》2017 年
第 8 期。

[519] 朱健刚、陈安娜:《嵌入中的专业社会工作与街区权力关系——对一个政府购买服务项目的个案分析》,载《社会学研究》2013年第1期。

[520] 朱健刚:《草根NGO与中国公民社会的成长》,载《开放时代》2004年第6期。

三、外文文献

[1] Herzlinger R E, "Can public trust in nonprofits and governments be restored?", *Harvard business review*, 1996, 74 (2).

[2] Salamon Laster M, "Partners in Public Service", in The Scope and Theory of Government-Nonprofit Relations, *The Nonprofit Sector: A Research Handbook*, New Haven: Yale University Press, 1986.

[3] Mathisen H, Marijana Trivunovic and Jesper Johnson, "Developing an NGO Corruption Risk Management System: Considerations for Donors", U4 Issue, 2011.

[4] LeClair M S, "Malfeasance in the Charitable Sector: Determinants of "Soft" Corruption at Nonprofit Organizations", *Public Integrity*, 2019, 21 (1).

[5] Thad D. Calabrese, "Public mandates, market monitoring, and nonprofit financial disclosures", *Journal of Accounting and Public Policy*, 2010, 30 (1).

[6] Hsu C, "Beyond Civil Society: An Organizational Perspective on State-NGO Relations in the People's Republic of China", *Journal of Civil Society*, 2010, 6 (3).

[7] Welch, J. R, *The Shadow State: Government and Voluntary Sector in Transition*, New York: The Foundation Center, 1990.

[8] James A, Brickley and R. Lawrence Van Horn, "Managerial Incentives in Nonprofit Organizations: Evidence from Hospitals", 2002, 45 (1).

[9] Archambeault D S, Sarah Webber and Janet Greenlee, "Fraud and Corruption in U. S. Nonprofit Entities", *Nonprofit and Voluntary Sector Quarterly*, 2015, 44 (6).

[10] Mathisen H, Marijana Trivunovic and Jesper Johnson, "Developing an NGO Corruption Risk Management System: Considerations for Donors", U4 Issue, 2011.

[11] Karen Kitching, "Audit value and charitable organizations", *Journal of Accounting and Public Policy*, 2009 (6).

[12] M. Armstrong, "A Charitable Approach to Personnel", *Personnel Management*, 1992 (2).

[13] Gibelman M, Gelman S R, Pollack D, "The Credibility of Nonprofit Boards: A View from the 1990s and Beyond", *Administration in Social Work*, 1997, 21 (2).

[14] Fryer WTI, Haglund D R, "New California Nonprofit Corporation Law: AUnique Approach", Pepp. l. rev, 2013.

[15] Francis Barchi et al., "Private Wealth, Philanthropy, and Social Development: Case Studies

from the United States and China", *The China Nonprofit Review*, 2016, 8 (2).

[16] Melvin A. Lamboy‑Ruiz, James N. Cannon, Olena V. Watanabe, "Does State Community Benefits Regulation Influence Charity Care and Operational Efficiency in U. S. Non‑profit Hospitals?", *Journal of Business Ethics*, 2019, 158 (2).

[17] Richard S. Lock, "The regulatory role of the Charity Commission", *Managerial Auditing Journal*, 1998, 13 (7).

[18] Michael Chesterman, "Foundations of Charity Law in the New Welfare State", *The Modern Law Review*, 1999, 62 (3).

[19] Noel Hyndman, Paul McDonnell, "Governance and Charities: Anexploration of Key Themes and The Development of Aresearch Agenda", *Financial Accountability & Management*, 2009, 25 (1).

[20] Vladislav Valentinov, "Accountability and the Public Interest Inthe Non Profit Sector: A Conceptual Framework", *FinancialAccountability & Management*, 2011, 27 (1).

[21] Morgan Gareth G, "Fletcher N J. Mandatory Public Benefit Reporting as a Basisfor Charity Accountability: Findings from England and Wales", *Voluntas: International Journal of Voluntary and Nonprofit Organizations*, 2013, 24 (3).

[22] Ciaran Connolly, Noel Hyndman, "Charity accountability in the UK: through theeyes of the donor", *Qualitative Research in Accounting & Management*, 2013, 10 (3/4).

[23] Bell Jessica L, "Governing Commercial Access to Health Data for Public Benefit: Charity Law Solutions", *Medical Law Review*, 2020, 28 (2).

[24] Burton Weisbord, *Toward a Theory of the Voluntary Nonprofit Sector in Three‑soctor Economy*, Colorado: Westview Press, 2002.

[25] Keith Faulks, *Citizenship*, Routledre, 2000.

[26] James Allen Smith, *The Evolving American Foundation, philanthropy and Nonprofit Sector in a changing America*, Indiana University press, 1999.

[27] Justin Smith, *An Introduction to the Voluntary Sector*, London: Rantledge, 1994.

[28] Sidel M, "The Promise and Limits of Collective Action for Nonprofit Self‑Regulation: Evidence From Asia", *Nonprofit and Voluntary Sector Quarterly*, 2010, 39 (6).

[29] Bies A L, "Evolution of Nonprofit Self‑Regulation in Europe", *Nonprofit and Voluntary Sector Quarterly*, 2010, 39 (6).

[30] Laura E. Grant, Matthew Potoski, "Collective Reputations Affect Donations to Nonprofits", *Journal of Policy Analysis and Management*, 2015 (7).

[31] Sandra Stötzer, Sebastian Martin & Christiana Broidl, "Using Certifications to Signal Trustworthiness and Reduce the Perceived Risk of Donors‑An Exploratory Investigation into the

Impact of Charity Labels", *Journal of Nonprofit & Public Sector Marketing*, 2023, 35 (3).

[32] Michael Chesterman, "Foundations of Charity Law in the New Welfare State", *The Modern Law Review*, 1999, 62 (3).

[33] Bennett R, Tanen N, "Image and Reputational Characteristics of UK Charitable Organizations: An Empirical Study", *Corporate Reputation Review*, 2003, 6 (3).

[34] Peng S, Kim M, Deat F, "The Effects of Nonprofit Reputation on Charitable Giving: A Survey Experiment", *International Jour-nal of Voluntary and Nonprofit Organizations*, 2019, 30 (5).

[35] Paton R, "Aces High: Charity Administration Costs", *Financial Management*, 2002, (19).

[36] Greenlee J et al., "An Investigation of Fraud in Nonprofit Organizations: Occurrences and Deterrents", *Nonprofit & Voluntary Sector Quarterly*, 2007, 36 (4).

[37] Archambeault D S, Webber S, "Greenlee J. Fraud and Corruption in U. S. Nonprofit Entities: A Summary of Press Reports 2008-2011", *Nonprofit & Voluntary Sector Quarterly*, 2014, 44 (6).

[38] Ni N, Zhan X, "Embedded Government Control and Nonprofit Revenue Growth", *Public Administration Review*, 2017, 77 (5).

[39] Agranoff, Robert, "Managing Collaborative Public Performance", *Public and Management Review*, 2005, 29 (1).

[40] Andrew Heywood, *Politics: Second Edition*, New York: Palgrave Macmillan, 2002.

[41] B. Michael Frolic, "State - Led Civil Society", in Timothy Brook and B. Michael Frolic (eds.), *Civil Society in China*, New York: M. E. Sharp, 1997.

[42] Baogang HE, *The Democratic Implications of Civil Society in China*, Hampshire: MacMillan Press, 1997.

[43] Brinkerhoff J M, "Government-Nonprofit Partnership: A Defining Framework", *Public Administration and Development*, 2002, 22 (1).

[44] Desrieux C, Chong E, Saussier S, "Putting all one's eggs in one basket: Relational contracts and the management of local public services", *Journal of Economic Behavior & Organization*, 2013 (1).

[45] Chris Ansell, Alison Gash, "Collaborative Governance in Theory and Practice", *Journal of Public Administration Research and Theory*, 2008, 18 (4).

[46] Commission on Global Governance, *Our Global Neighborhood*, Oxford: Oxford University Press, 1995.

[47] Dehoog R H, "Evaluating Human Services Contracting: Managers, Professionals, and Po-

liticos", *State & Local Government Review*, 1986, 18 (1).

[48] Donna J. Wood, Barbara Gray, "Toward a Comprehensive Theory of Collaboration", *Journal of Applied Behavioral Science*, 1991, 27 (2).

[49] Edward Shils, "The Virtue of Civil Society", *Government and Opposition*, 1991, 26 (1).

[50] Emerson R M, "Power-dependence relations", *American sociological review*, 1962, 27 (1).

[51] Eran Vigoda, "From Responsiveness to Collaboration: Governance, Citizens, and the Next Generation of Public Administration", *Public Administration Review*, 2002, 62 (5).

[52] Evers A, "Part of the Welfare Mix: The Third Sector as an Intermediate Area", *Voluntas*, 1995, 6 (2).

[53] Foster K W, "Embedded within state agencies: Business association in Yantai", *China Journal*, 2002 (47).

[54] Foster K W, "Associations in the Embrace of an Authoritarian State: State Domination of Society?", in *Studies in Comparative International Development*, Winter, 2001: 35 (4).

[55] Frolic B M, *State-led Civil Society*, New York: M. E. Sharp, 1997.

[56] Gidron B et al., *Government and The Third Sector*, San Francisco, CA: Jossey-Bass Publishers, 1992.

[57] Goffman E, *Communication Conduct in an Island Communit*, Chicago: The University of Chicago, 1953.

[59] Gordon White, Jude Howell, Xiaoyuan Shang, *In Search of Civil Society: Market Reform and Social Change in Contemporary China*, Oxford: Oxford University Press, 1996.

[59] Gray Barbara, *Collaborating: Finding Common Ground for Multiparty Problems*, San Francisco CA: Jossey Bass, 1989.

[60] Jessica C. Teets, "Let Many Civil Societies Bloom: The Rise of Consultative Authoritarianism in China", *The China Quarterly*, 2013.

[61] Joes S. Migdal, *State in Society: Studying How States and Societies Transform and Constitute One Another*, Cambridge: Cambridge University Press, 2001.

[62] Joes S. Migdal, Atul Kohli, *Viveenne shue*, *State Power and Social Forces: Domination and Transformation In The Third World*, Cambridge: Cambridge University Press, 1997.

[63] Keane, *Democracy and Civil Society*, London: Verso, 1988.

[64] Jon Pierre and Guy Peters, *Governing Complex Societies: Trajectories and Scenarios*, Palgrave Macmillan, 2005.

[65] Jone M. Bryson and Barbara C. Crosby, "Falling into Cross Sector Collaboration Successfully", edited by Lisa Blomgren Bingham, Rosemary O'Leary, *Big Ideas in Collaborative Public Management*, M. E. Sharpe. Inc., Armonk, New York, 2008.

[66] Kang X G, Han H, "Administrative, Absorption of Society: A Further Probe into the State-Society Relationship in Chinese Mainland", *Social Science in China*, 2007.

[67] Kooiman J, *Governing as Governance*, New Delhi: SAGE Publications, 2003.

[68] Latour B, *Pandora's Hope: Essays on the Reality of Science Studies*, Cambridge: Harvard University Press, 1999.

[69] Latour B, *Reassembling the Social: An Introduction to Actor Network Theory*, New York: Oxford University Press, 2006.

[70] Latour B, *Science in Action*, Cambridge: Harvard University Press, 1987.

[71] Lester M. Salamon, *The Tools of Government: An Introduction to the New Governance*, New York: Oxford University Press, 2002.

[72] McGuire, Michael, "Collaborative Public Management Assessing What We Know and How We Know It", *Public Administration Review*, 2006, 66 (6).

[73] Meyer J W, Rowan B, "Institutionalized Organizations: Formal Structure as Myth and Ceremony", *American Journal of Sociology*, 1977, 83 (2).

[74] Mohamed I S, "Good governance, Institutions and Performance of Public-private Partnerships", *International Journal of Public Sector Management*, 2015, 28 (7).

[75] Myrtle Robert C, Wilber Kathleen H, "Designing Service Delivery Systems: Lessons from the Development of Community-Based Systems of Care for the Elderly", *Public Administration Review*, 1994, 54 (3).

[76] Nathan A J, "Present at the Stagnation: Is China's Development Stalled?", *Foregin Affairs*, 2006, 85 (4).

[77] Philip C. Huang, "Public Sphere/Civil Society in China?", *The Third Realm between State and Society*, *Modern China*, 1993, 19 (2).

[78] Philippe C. Schmitter, "Still the Century of Corporatism?", *Review of Politics*, 1974, 36 (1).

[79] Provan K G, Patrick K, "Modes of Network Governance: Structure, Management, and Effectiveness", *Journal of Public Administration Research and Theory*, 2008 (2).

[80] Rosenbaum A L, *State and Society in China: The Consequences of Reform*, Boulder: Westview Press, 1992.

[81] S Cai, C Kai, B Zou, "Producer Services Outsourcing Risk Control Based on Outsourcing Contract Design: Industrial Engineering Perspective", *Systems Engineering Procedia*, 2011 (2).

[82] Salancik G R, Pfeffer J, "The bases and use of power in organizational decision making: The case of a university", *Administrative Science Quarterly*, 1974 (4).

［83］ Savas E S, *Privatization and Public-Private Partnership*, New York: Chatham, 2000.

［84］ Tam, Henry, *Communitarianism: A New Agenda for Politics and Citizenship*, New York: New York University Press, 1998.

［85］ Theda Skocpol, Marshall Ganz, Ziad Munson, "A Nation of Organizers: The Institutional Origins of Civic Voluntarism in the United States", *American Political Science Review*, 2000, 94 (3).

［86］ Trevor L. Brown, Matthew Potoski, "Transaction Costs and Institutional Explanations for Government Service Production Decisions", *Journal of Public Administration Research and Theory: J-PART*, 2003 (4).

［87］ Wang RW, Shi L, "The evolution of cooperation in asymmetric systems", *Science China: life science*, 2010 (53).

［88］ Wiarda Howard J, *Corporatism and Comparative Politics*, Armonk: M. E. Sharpe, 1997.